철학과 신학의 몽타주

# 철학과 신학의 몽타주

이영진 지음

만들어진
신의
기원에
관하여

A 1 B 2 C 3 4
7 6 E 5 D

니체
포이어바흐
하이데거
소쉬르
라캉
데리다

아거스틴·아퀴나스
데카르트
칸트
헤겔
다윈
마르크스

홍성사

어떤 에피쿠로스와 스토아 철학자들도 바울과 쟁론할새
이 말쟁이가 무슨 말을 하고자 하느냐 하고

(사도행전 17:18)

## 저자 서문

"신을 믿습니까?"라고 물었을 때 "아니오", "나는 종교가 없습니다"라고 답하는 사람이 스스로를 어떤 신과도 관계되어 있지 않다고 여기는 것은 대부분 자신에게 특정 종교가 없다는 사실에 기인하지만 "아니오"라는 대답은 이미 신에 관한 강력한 전제를 띤다. 종교가 없을 뿐이지 신관神觀이 없는 것은 아니기 때문이다. 종교는 없을 수 있지만 신관으로부터 벗어날 수 있는 사람은 세상에 아무도 없다.

근대 자연과학은 과거의 다신론이나 유일신론과 같은 유신론 범주에 그쳤던 신의 모습을 이신론, 불가지론, 불신론 등 다양한 형태로 내놓았다. 이 책은 그 흐름과 추이를 배열하여 순서대로 요약하고, 각 시대를 지배한 가치체계로서의 신에 해당하는 존재의 명칭을 각 사변자 이름의 소유격으로 명명해 정리했다. 이와 같이 기획한 일차적인 목적은 생각하는 능력을 배양하고자 하는 학생들과 독자들에게 도움을 주려 함이지만, 이차적인 목적은 이들 신의 연쇄성 속에서 찾고 뽑고 추리고 융합하여 그 신 본래의 모습으로 돌려놓는 방법적 기술을 선보이기 위해서다. 왜냐하면 이러한 해체융합 기술에 관한 오용과 남용이 이 시대에 만연하기 때문이다. 오남용의 예는 다음과 같다.

19세기까지의 예술 관념은 아리스토텔레스적이다. 즉 극에서는 기승전결이 있어야 했다. 그래서 극이 유기적인 전체성을 이루는 것이다.…… 급작스러운 사건이 등장할 때도 항상 그 이유가 있어야 한다. 다시 말해 복선을 미리 깔아놓아야 하는 것이다. 벤야민이 보기에 영화 매체의 특성은 아리스토텔레스적인 이러한 유기적 전체성에 있는 게 아니라 파편적인 충돌에 있었다. 영화에서 사용하는 '몽타주'라는 낱말의 의미 자체가 공장 생산에서 나온 것이다. 자동차 부품들을 조립하듯이 몽타주도 조립하는 것이고, 유기체가 아니라 무기체적인 것을 다루는 기술이다. 예술은 유기적이지만 기술은 무기적인 것이다.*

현대 극예술을 몽타주로 이해한 것은 맞지만 그것이 아무런 이유 없이 찢고 오리고 느닷없이 갖다 붙이는 것인 양 정당화하는 것, 그리고 무엇보다 그것을 무기체로 규정한 것이 "예술은 유기적이고

---

*진중권, 〈미디어 강의〉에서. http://www.artnstudy.com/Lecture/default.asp?lessonidx =jkjin06&lessonpart=philosophy, 《진중권 철학 매뉴얼 아이콘》(서울: 한겨레출판, 2011), pp.182-183에서 반복.

기술은 무기적"이라는 그릇된 견해를 낳은 것이다. 그것은 아마도 '예술'과 '기술'을 결코 분리한 적이 없는 아리스토텔레스에 대한 이해의 부족에서 비롯했을 것이다.

우리는 아무것이나 찢고 오리고, 아무 때나 갖다 붙이지 않는다. 이 명제는 이 책에서 선호하는 철학이다. 그리고 우리는 반드시 원인과 결과, 특히 시작과 중간과 끝을 갖춘 원형의 모습을 보전함으로써 그 모방술의 원천을 지향한다. 예술$^{Ars}$이란 말 자체가 기술$^{Tekne}$에서 나온 개념이기 때문이다. 이 같은 책임의식은 이 책에서 선호하는 몽타주 작업, 곧 미학의 토대를 이룬다.

그리고 마지막으로 우리는 몽타주든 꼴라주든 융합할 때, 그것이 지닌 본래 원형의 모습을 찾아가도록 성실하게 화합해 나간다. 이것은 이 책이 선호하는 신학이다.

이 책을 내면서 감사해야 할 분들이 많다. 나를 길러 주신 큰매형 이병선 박사님과 이경숙 사모님과 다섯 누님, 나를 가르쳐 주신 서용원 박사님과 한미라 박사님과 호서대 교수님들, 3년 넘도록 함께 예배드리고 있는 미문교회 자매·형제들, 내 세례의 기원이신 조창환 목사님과 양효숙 사모님께 감사드린다. 이 책을 펴내 주신 정애주 대표님과 홍성사 가족들께도 진심으로 감사드린다. 그리고 내가 어디로 가든 함께한 아들 두현과 딸 유진 그리고 사랑하는 아내 박정윤 사모에게도 감사한다.

2015. 10. 5.
호서대학교에서

차례

저자 서문 6

프롤로그 15

# 1장_ 어거스틴·아퀴나스의 신, 본원성 21
### 장미의 이름: 도그마의 퇴조

# 2장_ 데카르트의 신, 이성 41
### 트루먼 쇼: 믿기 위해 의심함

# 3장_ 칸트의 신, 관념 57
### 어거스트 러쉬: 쉐카이나

## 4장_ 헤겔의 신, 합리성 77
### 레 미제라블: 사랑은 합리적인가?

## 5장_ 다윈의 신, 진화 99
### 진화의 시작: 신도 진화되었는가?

## 6장_ 마르크스의 신, 물질 117
### 매트릭스: 신성과 인성

다이어그램으로 보는 이원론의 변천 (1) 130

### 7장_ 니체의 신, 허무 135
쇼생크 탈출: 노예의 도덕

### 8장_ 프로이트의 신, 무의식 149
인셉션: 자기 우상 파괴

### 9장_ 하이데거의 신, 존재와 현상 169
트루먼 쇼: 에고 에이미

### 10장_ 소쉬르의 신, 구조 187
큐브: 알아들을 수 없는 말, 방언

## 11장_ 라캉의 신, 욕망 207

식객: 원죄 흔적

## 12장_ 데리다의 신, 해체 225

시네마 천국: 집중적이고 분산적인 신

**다이어그램으로 보는 이원론의 변천 (2) 247**

## 에필로그 251
기독교인이 영화 감상하는 법: 〈인터스텔라〉 254
기독교인이 영화 감상하는 법: 〈노아〉 266

**일러두기**

이 책에서는 각 장별 주제가 어떤 이야기들과 함께 기술된다.
그 이야기는 소설일 수도 있고, 영화일 수도 있고,
소설을 영화화한 것일 수도 있다.
그래서 장면이나 부분적 줄거리에 약간씩 차이가 있을 수 있다.
그 줄거리에 도움을 주는 일부 배경의 설명 가운데는 오래전에 참조한
온라인 자료도 있는데, 이번에 엮어 내면서 다시 출처를 갖추고자 검색했을 때
인터넷 캐시 상에도 남아 있지 않은 경우에는 출처를 남기기 못했다.
원저자나 출처가 확인될 경우 개정판에서 반영할 것이다.

# 프롤로그

다른 나라에도 이 신비는 계시되었고 이 계시를 받았던 사람들이 그것을 앞다투어 기록해서 전하기도 하였다. _신의 도성 18:47.

미켈란젤로가 시스티나 성당 천장 프레스코를 의뢰받을 당시 주문받은 당초의 그림은 예수님의 12제자였다고 한다. 그러나 천장 구조상 적절한 구성이 나올 수 없다고 판단한 미켈란젤로가 새롭게 구상해서 제시한 기획이 바로 오늘날 우리가 보는 창세기 스토리텔링이다. 그리고 그는 12제자 대신 12명의 예언자를 중앙 스토리들을 둘러싼 테두리에 배치해 그려 넣었다.

§

그런데 이 12명의 구성이 흥미롭다. 12명 모두가 성서에 나오는 예언자인 것은 아니기 때문이다. 7명은 성서에 등장하는 예언자이지만 5명은 성서 밖, 헬라 문화의 무녀들이었다[1]. 당대 교회는 어떻게 이런 기획을 승인할 수 있었을까.

상단 좌측에서 시계 방향으로 이사야ESAIAS, 다니엘DANIEL, 요나

IONAS, 예레미야HIEREMIAS, 에스겔EZECHIEL, 요엘IOEL, 스가랴ZACHERIAS 순으로 성서 예언자들을 배치했고(1~7), 그 사이사이를 델포이DELPHICA, 쿠마이CVMAEA, 리비아LIBICA, 페르시아PERSICHA, 에리트레아ERITHRAEA라는 명칭의 무녀들로 배치했다(A~E).

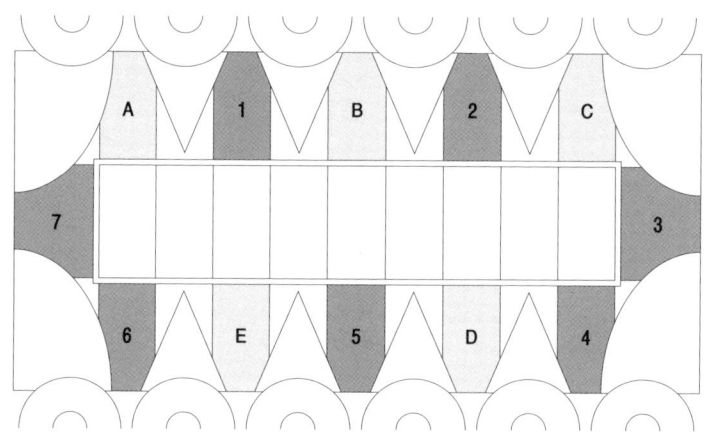

델포이는 그리스다. 아폴론을 숭배하는 곳이기도 하다. 그렇지만 이 무녀는 아폴론 신전의 특정된 무녀로서가 아니라 그 지역을 대표하는 신화적 전승의 무녀로 들어서 있다. 다른 무녀도 마찬가지다. 그 오른쪽으로 쿠마이는 오늘날 이탈리아 나폴리다. 그녀는 〈시빌라의 신탁〉 문서로도 유명하다. 그리고 그 옆의 리비아는 이집트의 리비아 사막을 말한다. 그녀 역시 그리스 신화에 등장하는 무녀다. 그 건너편에 위치한 페르시아 무녀는 알렉산더의 위업을 예언한 것으로 알려져 있다. 끝으로 에리트레아 무녀는 오늘날의 이라크 지역인 갈

---

1 BC 334년 알렉산더의 동방 원정기로부터 발흥하여 BC 30년 경 신흥 제국 로마가 발흥하기까지 동·서방 간에 주고받은 문화 현상을 일컬어 헬라/헬레니즘이라고 부르며, 이 시대의 무녀는 철학적, 심리학적 요소가 모두 제거되고 미신만 남은 상태의 현대적 무당과는 큰 차이가 있다.

대아 출신으로 바빌로니아인이다. 왜 이들이 위대한 성서 예언자들과 나란히 배열되어 있을까.

그것은 정경 예언자들과 대등한 권위와 경의의 대상으로서 그렇게 위치한 것이 아니다. 어디까지나 그것은 예수 그리스도께서 오심이 유대인뿐 아니라 이방인을 포함한 모든 이, 즉 온 세상의 구세주로 오신 것이라는, 교회사에서의 오랜 이해에 따른 것이다. 실제로 헬라 문화를 배경으로 양생된 기독교 정서 가운데는 로마에서 통용되는 예언 역시 그리스도의 오심과 그의 이름을 규명하는 효력이 있다고 여기는 전통이 있었다. 이 프레스코에 새겨진 정경 예언자들과 무녀의 연관성은 바로 그와 같은 배경 속에서 문학적 혹은 미술적 표현으로 나타날 수 있었던 것이다.[2]

그뿐만 아니라 철학과의 관계에 비추어 보아도 헬라의 철인 소크라테스가 예수 그리스도께서 오시기 전의 모형이 되었다는—법이 명한 죽음을 마다하지 않았기에—이해도 빼놓을 수 없는 그런 전통의 하나다. 근·현대식 역사 개념에 익숙한 우리에게는 과장되게 들리지만 그것은 꽤나 유서 깊은 조망이다. 예컨대 순교자 유스티누스는 소크라테스가 예수님처럼 "고발되었다"면서 그런 이해에 암묵적으로 동의한 바 있다.[3]

어느 정도는 우리의 편견을 흔드는 이 같은 시각은 지금부터 이 책이 전개하려는 논지의 중요한 모티프다. 그것은 결코 어떤 교리적 관계를 규명해 보이려는 시도에서가 아니다(소크라테스나 플라톤은 예수

---

[2] Charles de Tolnay, *The Sistine Ceiling*, Michelangelo vol.2 (Princetone: Princeton University Press, 1945), p.46, p.57.
[3] Justin Martyr, *I Apology* p.5, p.46; *II Apology* p.10.

그리스도와 아무런 교리적 관련이 없다). 그것은 차라리 우리가 알고 있는 이 로고스 권역이 어디까지 다다르는지, 그 원심력에 진입하는 시도에 가깝다 할 것이다. 왜냐하면 로고스는 헬라에 동떨어져 있다가 어느 날 갑자기 기용된 어떤 것이 아니라 세상 모든 이성보다 먼저 있었던 바로 그 로고스[4]이기 때문이다.

　이 책에서 다루는 철학자들이 지닌 이성은 외견상 분명 예수 그리스도의 길과는 배치 선상에 있다. 하지만 그와 같은 그들의 이성 속에서도 그 로고스의 본성은 어떻게 자신을 산출하는지 보이는 것이 이 책이 꾀한 논지의 핵심이다.

　그것은 마치 시스티나 성당 천장 프레스코에 새겨진 다섯 시빌라의 위상처럼, 성서 안에 있는 예언자들 사이사이에 끼어 있는 역할과도 같은 것이다.

§

　이 작업의 일환으로 이 책에서는 12제자나 12명의 예언자 대신 12명의 철학자들을 추려냈다. 그리고 그들 각각이 주창했던 여러 개념들 가운데 주요한 몇 가지를 요약해 놓았다. 이제 우리가 그것을 읽어나갈 때 그 개념들은 마치 예언자와 무녀들이 천장 프레스코의 여러 스토리텔링을 통해 진리를 전달한 것처럼, 엄선된 이 시대의 이야기들을 통해 읽혀 나갈 것인데, 그렇게 기획한 것은 다음 두 가지 목적에서다.

　첫째는 앞서 밝힌 대로 어디에나 있지만 어디에도 있는 것이 아

---

[4] 요 1:1-3.

닌 로고스의 본성을 입증해 보이기 위함일 것이고, 둘째는 독자 혹은 이 강의를 듣는 학생들로 하여금 어떤 대상으로부터 무엇인가 개념을 산출하는 훈련에 도움을 주고자 함이다. 왜냐하면 그러한 능력 역시, 어디에도 없는 그것을 어디에도 없는 곳에서 발견해 내는 기술 Tekne을 요하는 일이기 때문이다.

어거스틴·아퀴나스의 신

1

## 어거스틴·아퀴나스의 신, 본원성
### 장미의 이름: 도그마의 퇴조

## 데카르트의 신, 이성
### 트루먼 쇼: 믿기 위해 의심함

## 칸트의 신, 관념
### 어거스트 러쉬: 쉐카이나

## 헤겔의 신, 합리성
### 레 미제라블: 사랑은 합리적인가?

## 다윈의 신, 진화
### 진화의 시작: 선도 진화되었는가?

## 마르크스의 신, 물질
### 매트릭스: 신성과 인성

## 니체의 신, 허무
### 쇼생크 탈출: 노예의 도덕

## 프로이트의 신, 무의식
### 인셉션: 자기 우상 파괴

## 하이데거의 신, 존재와 현상
### 트루먼 쇼: 애고 애이미

## 소쉬르의 신, 구조
### 큐브: 알아들을 수 없는 말, 방언

## 라캉의 신, 욕망
### 식객: 원죄 흔적

## 데리다의 신, 해체
### 시네마 천국: 집중적이고 분산적인 신

황제의 명을 받은 윌리엄 수도사와 그를 모시는 수련 수도사 아드소는 모종의 임무를 띠고 이탈리아 북부의 한 수도원에 도착한다. 교황 측과의 회담이 이 수도원에서 열리기 때문이다. 그런데 공교롭게도 이들이 도착하는 시기에 맞춰 수도원 사서 한 명이 폭설 속의 시체로 발견된다. 과거 이단 심문관을 지낸 윌리엄 수도사의 탁월한 명철과 통찰을 익히 아는 수도원 원장은 교황 측이 당도하기 전에 전모를 밝혀 줄 것을 의뢰하지만, 면밀한 탐문 조사를 펼쳤음에도 자살이라는 결론에 그친다.

## 연쇄살인 사건

그러나 수사 결과를 비웃기라도 하듯 다음 날 새벽 또 한 구의 시체가 돼지 피 담아 두는 통에 거꾸로 처박힌 상태로 발견되면서 엄청난 양의 장서 보관소로 유명한 이 14세기의 수도원은 연쇄살인사건이라는 소용돌이에 휩싸인다.

적막하기만 한 중세 수도원과는 다소 어울리지 않을 법한 연쇄살인사건이라는 현대식 추리구조 속에 전개되는 이 이야기는 사건 조사 과정을 통하여 당시의 종교와 정치 그리고 그 아래서 평민들이 겪어야 했던 모순된 사회상의 프리즘을 제자 아드소의 시각에서 제공한다. 사부와 함께 단서를 찾기 위해 수도원 안팎을 돌아다니는 아드소의 눈에 비친 그것은 "땅에서 행한 것의 열 배를 하늘에서 받으리라!"며 가난한 농민에게 작물과 가축을 받고 면벌免罰해 주는 탐욕스런 수도사의 모습으로부터, 정작 농민 자신들은 수도원에서 배출된 음식 찌꺼기라도 주워 먹으려는 모습, 게다가 식재료를 빼돌려 성

매매를 하는 수도사와 그렇게 몸이라도 팔아 가족의 생계를 유지해야 하는 여인의 모습에 이르기까지…… 급기야 이야기는 수도원 안에 사는 살찐 쥐들과 수도원 밖에서 굶주리는 농노의 대비를 보여 주면서 연쇄살인이라는 피상적 주제 이면의 본질적 문제로 포섭해 들어간다.

움베르토 에코Umberto Eco의 장편 소설인 이 이야기는[5] 복잡한 중세 서양사를 배경으로 하기에 교회사와 더불어 당대의 신학적 배경을 알지 못하면 진면목을 이해하기 어려운 저서임에도, 이 소설을 제대로 이해하기 위해 중세 교회사를 공부하는 독자들까지 생겨날 정도로 수작秀作으로 평가되는 작품이다.

## 생존, 부흥, 부패 그리고 반복

이야기의 배경이 되는 1327년은 이른바 중세 시대의 중반기에 해당한다. 중세라는 시대는 서로마 제국이 멸망하고 게르만족의 대이동이 있던 5세기부터 천 년 정도의 기간을 이르는 말이다. 근세가[6] 시작되기 전이며, 르네상스 시기가[7] 일부 포함되는 기간이기도 하다.

1세기까지만 해도 헬레니즘 패권국들 틈에 둘러싸여 팔레스타인 땅과 디아스포라 중심의 지엽적 게토에 지나지 않던 유대교가 예수라는 인물의 죽음과 부활 사건을 기점으로 그리스도교로 세대교

---

[5] 영화 제목: Der Name der Rose/ The Name Of The Rose, 감독: 장 자크 아노, 출연: 숀 코네리(윌리엄 역), 크리스찬 슬레이터(아드소), 피도르 찰리아핀 주니어(버나도), 엘리야 배스킨(세브리누스), 개봉: 1986, 러닝타임: 131분.
[6] 1500년-1800년 사이.
[7] 14-16세기.

체를 이루면서[8] 헬레니즘을 압도할 만한 수준의 헤브라이즘 세계를 구축한다.

초기만 해도 박해와 생존의 긴장 속에 전개되던 포교가 313년 밀라노 칙령을[9] 계기로 확산의 급물살을 탔지만, 한 세기쯤 지나서 초기와는 달리 양적 팽창에서 오는 질적 저하에 직면하는가 하면[10], 서로마 제국 멸망 이후 신성 로마제국 교회로의 탈바꿈, 동로마 제국의 영토 축소와 이슬람화 등, 종교와 정치의 각축이 벌어지는 틈바구니 속에서 '박해'와는 다른, 부패라는 새로운 환경 아래 놓인다.

그럼에도 근본 명맥이 유지될 수 있었던 것은 4세기경 세속과 동떨어진 광야/사막에서 수도 생활을 하는 구도자들의 신심 덕택이다. 이들을 중심으로 형성된 공동체들이 수도원 건설에 나서게 되었고, 사회를 지탱하는 지성으로서 정신적 지주 역할을 감당했다. 황폐화된 땅을 개간하고 농지로 바꾼 것도 이들이며, 오늘날 우리가 보는 철학 고전들도 다 이들이 평생 헌신하여 필사하고 보존해 전수한 노력의 산물이라 할 수 있다. 그러나 또다시 시간이 흐르자 비옥해지다 못해 비대해진 수도원에 부의 축적에 따른 부작용들이 속출하면서 그리스도교의 내적 토양은 또다시 질적으로 퇴락하고 만다.

---

**8** 그리스도교라는 명칭은 예수 시대 용어가 아니다. '그리스도인'이라는 명칭의 근거로 제시된 시점(행 11:26)조차 예수 당대와의 상당한 시간적 격차를 감안할 때, 초기 그리스도교는 유대교의 한 분파로서 출발한다. 유대교의 다양성은 역사적인 것이다.
**9** 로마 제국 전역에서 그리스도교 박해를 금하라는 칙령. 그보다 2년 전인 311년부터 이미 그리스도교는 박해금지령에 힘입은 합법적 종교였지만 밀라노 칙령은 보다 적극적 의미로서의 보호 내지 장려를 뜻하는 것이었다. 다시 말하면 탄압받는 입장에서 황제의 비호를 받는 입장으로 크게 격상된 것이다.
**10** 교회 재산이 면세가 되는 점을 악용해 사제로 투신하는 자들이 늘었으며, 그러다 보니 이 시대 사제 가운데는 글을 읽을 줄 모르는 사람까지 생겨났다.

## 이견들

13세기 수도원 운동의 중흥은 이들의 본래 정신이던 청빈, 금욕, 순종의 덕목을 회복하고 성실히 수행하려는 염원에서 비롯되었다. 아시시의 프란체스코[1182-1226]와 도미니크[1170-1221]를 기수로 재점화된 이 중흥은 기존 수도원 운동의 축이던 베네딕트 파와 더불어 프란체스코 파, 도미니크 파 등 설립자의 이름을 딴 주류 종파로 자리하게 된다. 이들은 한결같이 예수 그리스도께서 보여 준 실천덕목을 중심과제로 삼았기에 설립 취지에서는 차이가 없지만 설립자들 사후 하나의 조직이 되어 가면서는 노선에 차이가 나타났다.

도미니크 파는 실천과 행함 외에도 학문을 강조했는데, 신앙의 뼈대가 될 교리가 바르고 명확하게 세워져야만 설교 역시 바른 설교가 될 수 있다고 믿었기 때문이다. 그래서 그들의 수도사는 이러한 훈련의 결과로 뛰어난 지적 능력을 갖추게 되었으며, 갖가지 학문적 성과까지 이루었다. 그러면서 이들이 지녔던 빈곤의 덕목은 필연적이면서도 주된 실천의 단계에서 물러나 단지 모범<sup>example</sup>을 보여 주는 정도로 실용화된 단계에 머물러 있게 되었다. 그 대신 신학 연구 자체가 주된 수련 방법이자 전도의 방법으로 제시되었으며, 아울러 중세의 위대한 학자도 많이 배출되었다. 토마스 아퀴나스가 이 종파에서 나왔다.[11]

1209년 공동체를 설립한 프란체스코 자신은 중세에서 가장 극단적 청빈의 실천자였을 것으로, 일찍이 가난으로부터 중요한 원리를 터득한 그는 사람 없는 한적한 광야가 아니라 사람들이 넘실대는 거리를 수도 현장으로 제시했다. 그곳에 가난한 사람들이 넘쳐났기 때문이다. 그는 특히 설교에서 내포되고 드러나는 학문의 중요성을 거부한 점에서 도미니칸과 큰 차이를 보이며, 도리어 가난 자체를 설교와 연결시켰고, 그러다 보니 프란체스코 파 수도사들은 누구를 가르치려 하지 않았다.

그러나 프란체스코 사망 후 그의 가르침을 온전히 지켜야 한다는 엄격파와 교단 확장을 위해 어느 정도의 세속화는 감수해야 한다는 온건파로 나뉘면서, 이들 두 파의 대립이 교황권과 황제권 간 정치적 이해관계를 타고 심화되기에 이른다. 이 이야기 속 바스커빌의 윌리엄 수도사가 바로 이 종파의 일원이다.

한편 중립적 위치와 지위로 등장하는 이 수도원과 원장은 베네딕트 수도회 소속인데, 전자의 두 종파보다 선대에 창설된 이들은 전통적으로 교황청 지배하에 놓이지 않고 각기 독립성을 유지하는 수도원들의 협회 형식의 집단이었다. 일찍이 베네딕트가 주창한 평화와 기도 그리고 노동을 통해 실천을 추구하는 개개인의 수도원 연합체에 더 가깝다. 이러한 독립성은 교황청과 다른 교파의 갈등을 중재케 했는가 하면, 황제파와의 갈등에서도 중재자 역할을 했다. 윌리엄 수도사가 일찍부터 이곳에 도착한 것도 이 회담에서 교황권으로부터 황제의 안위를 도모하기 위함이었다. 그런데 바로 그 중립의 장소에서 연쇄살인사건이 벌어진 것이다.

---

11 그는 《신학대전》에서 설교에 관한 다음과 같은 인식을 보여 준다. "그러므로 가르치고 설교할 능력을 갖춘 사람들은 수도 활동 가운데서 으뜸 자리를 차지하고, 주교의 완전성에 가장 가까이 있다…… 실상 빛을 단순히 반사하는 것보다는 조명하는 것이 더 큰 완전성의 표지이듯이 단순한 명상보다는 명상에서 얻은 진리를 남들에게 전하는 것이 더욱 완전하다." 《신학대전》 제 II-II부 188문 6항) 이재룡, "토마스 아퀴나스의 신학대전," 《철학과 신학》 정기철 엮음(서울: 한들출판사, 2000), pp.273-274.

## 하늘나라의 왕, 지상나라의 왕

황제와 교황의 갈등은 오랜 것이었다. 세속 왕과 성직자 임명권을 놓고 투쟁을 벌여 오던 교황 그레고리오 7세와 황제 하인리히 4세가 상대를 서로 폐위시키고 파문시키던 끝에, 황제가 한겨울 소수의 수행원만 대동한 채 아펜니노 산맥 북쪽 레지오 산기슭의 카노사에서 회개의 옷을 입고서 교황을 만나려고 성문 앞에서 이틀간이나 기다린 유명한 사건이 1076년의 일이다.

'카노사의 굴욕'이라 불리는 이 사건 이후 승기라도 잡은 듯 십자군 원정이 시작되었고, 교황권은 절정에 달한다. 그러나 무려 200여 년 동안 지속된 십자군 원정이 실패로 돌아가자 많은 변화가 들이닥쳤다. 우선 당연히 교황권이 약화되었다. 그와 더불어 봉건제feudalism도 붕괴되었다. 아비뇽 유수, 곧 카노사의 굴욕 당시와는 정반대로 교황청 자리가 아예 로마에서 아비뇽으로 옮겨지는 사태도 이 시기의 일이다.[12] 봉건제가 붕괴된 지방에서는 여러 이단학파에 의해 백성들이 선동되고 있었으나 성직자들은 수호의 임무를 다하지 못하였다.

그리고 그것은 교권 약화, 봉건제 붕괴, 이단 창궐 등 부분적인 문제를 넘어 당대 사고 전반에 대한 일대 변혁으로 나타나, 전통적인 교리와 신학에 대한 다양한 시각차가 대두되기까지 했다. 특히 십자

---

[12] 로마 교황청이 1309년부터 아비뇽으로 옮겨 1377년까지 머무른 시기로, 교황 보니파키우스 8세와 필립 4세의 대립으로 야기되었다. 고대 유대인의 바빌론 포로기에 빗대어 교황의 포로기라는 의미에서 아비뇽 유수(幽囚)라고 명명되었다.

군 원정 실패에 따른 아랍문화에 대한 종전과 다른 시각은 경제를 중심으로 과학과 문화 전반에 걸친 유연성에 가속화를 가져왔다. 당시 어거스틴에 의해 도입된 플라톤 학풍에 밀려나 있던 아리스토텔레스 저서들이 번역돼 유포되면서 플라톤만으로는 해결할 수 없는 많은 신학적 논제들이 아리스토텔레스 철학으로 보완되기에 이른 것이다. 즉, 아리스토텔레스 사상은 서구보다 아랍 철학자들에 의해 먼저 활용되었기에 아리스토텔레스 사상의 유입은 곧 아랍 철학자들의 사상 유입이었던 셈이다.[13]

아리스토텔레스가 어거스틴의 플라톤에 비해 상대적으로 더 이교도 성인 취급을 받은 것은 그 때문이지만, 실제로도 '하늘의 축'과 '지상의 축'을 설명하는 데 둘은 목적론 이해에 상당한 편차가 있었다.

토마스 아퀴나스는 어거스틴이 플라톤을 재구성했던 것처럼 아리스토텔레스를 신학으로 재구성한 인물이다.

## 플라톤(어거스틴)과 아퀴나스(아리스토텔레스)의 목적론

아리스토텔레스에게 영혼 자체는 독립된 별개의 영적 실체가 아니라 육체와 일체된 상태로서 일련의 '기능들'이었다. 그러나 플라톤에게 이러한 본질적 요소는 보다 근원적이면서도 훨씬 선천적인 소질이었다. 이들의 이러한 시각차는 보편자와 개별자라는 인식의 틀을 설명하는 과정에서 심화되었다.

---

[13] 이재룡, 《토마스 아퀴나스의 신학대전》, pp.235-238.

보편자란 인간, 동물, 사물과 같은 개체에 적용될 수 있는 본질적 '사고 대상' 또는 그와 같은 어떤 '의미'를 말한다. 이들 개체들에게 그것이 과연 어떠한 본질quid을 가리키고 있느냐, 즉 한마디로 존재esse 자체를 가리킨다.[14]

예컨대, 우리는 누구나 개별적으로 분필 하나를 들고 칠판에 동그란 원을 하나 그릴 수 있다. 그러나 컴퍼스와 같은 도구를 이용해서 그리는 보편적인완벽한 원보다는 불완전한 개별적인 것에 지나지 않을 것이다. 그뿐만 아니라 거기서 한 발 더 나아가 지구상의 어떠한 정밀 도구로도 '완벽한완전한 원은 그릴 수 없다'는 이론을 접할 때 진정한 보편자존재로서 원은 확실히 저 너머 어딘가에 있음을 인정하게 된다. 이것이 보편자와 개별자에 대한 인식의 틀이다.

플라톤은 그 보편자가 언제나 개별자보다 앞선 것이며 개별적인 것은 보편적인 것을 통해 비로소 읽히고 이해되는 것이라고 생각했다. 반면 아리스토텔레스는 우리의 인식이 작동되기까지는 개별적인 것이 먼저 알려지고 그 개별적 이해를 바탕으로 보편자 인식에 이르게 되는 것이라고, 플라톤과는 다르게 선언했다.[15] 이와 같은 차이에 따라 플라톤 철학을 재구성한 어거스틴은 계시와 선험경험에 앞선 선천적 인식을 강조하는 신학적 이해를 펼치게 되었고, 아리스토텔레스 철학을 재구성한 아퀴나스의 신학은 아리스토텔레스의 목적론 경향에 힘입어 다분히 경험적이고 귀납적인 것이었으며, 그래서 전자보다 더

---

**14** Sofia Vanni Rovighi, 이재룡 역, 《인식론의 역사》(서울: 가톨릭대학교출판부, 2004), p.38, p.76.
**15** 참조. 아리스토텔레스와 토마스 아퀴나스의 인식론. http://blog.naver.com/alecdew/50003547198

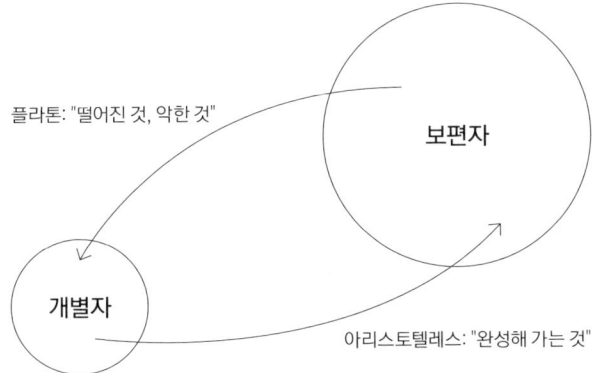

이성적으로 비쳤다.

아퀴나스에게 신학은 계시이며 철학은 이성이었다. 그에게 이성이 갖는 지위는 철학에만 한정되지 않고 신학의 권위에까지 다다른다. 전적인 계시에 의해 비롯된 신학이라 할지라도 이성으로 모색하고 관찰하는 것이 결코 불가능하지 않다. 이성으로 규명하기에 불가한 삼위일체나 부활 교리의 경우, 그것이 설명되고 규명되지는 않는다 하더라도 결코 이성과 뒤돌아서 있는 것은 아니었다.

이처럼 아퀴나스는 의지보다는 지성을 드높였다.[16] 지적 능력이 올바른 설교를 가능케 한다고 믿었던 도미니칸처럼, 선을 판단하는 지성이 그 의지를 결정한다고 믿었다.[17] 지식이 올바르지 않으면 의지 또한 바른 선택을 할 자유를 갖지 못하기 때문이었다. 이른바 자연신학으로서 그는 이처럼 인간이 구현해야 할 덕목을 신학적인 것과 자연적인 것으로 구별하여 함께 전개해 나갔다. 전자로는 신

---

**16** 아퀴나스에게 지성은 개별적 영혼의 기관(facultas)이다. Sofia Vanni Rovighi,《인식론의 역사》pp.102-103.

앙, 희망, 사랑을, 후자로는 정의, 용기, 지혜, 절제와 같은 것들을 제시한 바 있다.[18]

하지만 어거스틴은 아퀴나스와 사뭇 다르다. 그에게 자유란 지성으로 구사할 수 있는 것이 아니라 타고난 소질, 즉 선천적인 것이다.[19] 자유가 상실된 것은 타락의 결과다. 이와 같은 원리가 우리에게 익히 알려진 원죄의 토대가 된 동시에 그 원죄의 해결 역시 지성이 아닌 본원적 원리이신 하나님께 돌아가야 하는 것이었다. 행복의 원리도 영원히 변치 않는 진리의 인식에 있다고 가르쳤다. 그것은 일종의 플라톤의 이데아였다.[20]

사물에 대한 플라톤의 인식에서 드러나는 이데아를 통해 진리가 어떻게 취급되는지 엿볼 수 있다. 침대라는 사물을 예로 들면, 우선 이데아 세계에 있는 신이 만든 불변의 침대로서 침대 그 자체가 있고, 이것을 모방해 목수가 만든 개개의 침대가 있고, 끝으로 그 목수가 만든 침대를 모방하여 화가나 시인이 그려 낸 침대 즉 이데아(또는 진리)로부터 세 단계나 떨어져 가상에 지나지 않는 모방을 상정한다.[21]

이와 같이 진리는 플라톤과 어거스틴에게는 선험적인 보편에 편재된 것이었다. 그렇기에 아래 세상에 있는 것들은 잠정적이면서

---

**17** 우리는 감각을 외부 사물에 비해 '어떤 지성과 같은 것'으로 고찰하는 것이다. 이런 의미에서 볼 때, 여기에는 '지성적 포착'과 '판단'에 유사한 어떤 것이 있다. 그런데 감각이 '판단'할 때, 즉 자기 고유 대상에 대해 어떤 것을 확인할 때 감각 기관에 이상이 있지만 않다면 그것은 오류에 떨어질 수 없다. 앞의 책, p.108.
**18** 이재룡,《토마스 아퀴나스의 신학대전》, p.274.
**19** Sofia Vanni Rovighi,《인식론의 역사》, p.60.
**20** 앞의 책, pp.64-66.
**21** 플라톤,〈시론〉I-IV.

도 거짓되고 악한 것들이었으며²² 이러한 관념은 프란체스코회 노선과 직결되었고, 중세 스콜라 철학에 반영되다가 근세에 와서는 데카르트의 방법적 회의를 낳는 결과를 초래했다. 인간의 영혼에 대한 이해나 세계관에도 적용된 이러한 인식을 이원론dualism이라고 부르며, 어거스틴의 신학은 이 아래 세상에 참이 '내재된' 것으로 보는 시각만 제외하고는 플라톤과 거의 같은 형식을 취함으로써 후대에 이원론이라는 평가를 받는다. 그래서 그가 저술한 《신의 도성》에는 그렇게 지상의 나라와 신의 나라라는 이분법적 투쟁이 기록되어 있는 것이기도 하다.

하늘의 권력과 지상의 권력의 충돌을 보여 준 카노사의 굴욕과 아비뇽 유수의 여진餘震은 이 이야기 《장미의 이름》에까지 계속되었다. 1316년 아비뇽에서 교황이 된 요한 22세는 과거 교황 그레고리 7세가 황제 하인리히 4세에게 그랬던 것처럼 몇 년 후 황제 루드비히를 파문하기에 이른다. 당시 요한 22세는 교회 재정기관을 정비하면서 막대한 치부를 한 것 때문에 청빈의 중요성을 강조하는 프란체스코회 엄격파와 대치 상태에 있었는데, 황제 우위권을 신학적으로 지지해 줄 세력이 절실했던 루드비히 4세가 이들과 결탁 관계를 형성하자 편을 든 엄격파 지도자들의 직위를 박탈하고 모두 파문하기에 이른다. 죄목은 한마디로 지상의 왕에 지나지 않은 루드비히 4세가 천상의 권력을 가진—사실상 하늘나라의 왕인—자신을 공격할 구실을 제공했기 때문이다.

---

**22** 아리스토텔레스에게 이 세상이 신의 작품이었다면 플라톤에게 이 세상은 동굴의 벽에 투영된 그림자에 불과했던 것이다. Sofia Vanni Rovighi, 《인식론의 역사》, p.33.

이 연쇄살인사건의 시기는 1327년, 곧 루드비히 4세가 이탈리아로 와서 밀라노에서 대관(戴冠)하게 된 해인 동시에 반(反) 교황 성향의 모임인 페루지아 총회 이후이기도 했다.23 당시 이 총회의 주모자인 이탈리아 체제나 출신 미켈레 수도사는 교황 측으로부터 아비뇽으로 소환 명령을 받고는 신변에 위험을 느끼자 모종의 협상 채널을 꾀하였다. 교황 측 사절과 황제 사절이 한 곳에 모여 사전 협상을 통해 양자의 실세를 서로 인정하고, 차후 협상에서는 프랑스를 방문하는 이탈리아인의 신변 안전을 교황 측으로부터 확보하고자 했던 것이다.

그 첫 모임 주선을 위해 사절을 보낸 협상지가 바로 연쇄살인사건이 일어난 이 수도원이었고, 선발되어 보내진 사람이 바로 황제 루드비히의 직속 신하이자 아드소의 아버지와 친구 사이였던 바스커빌의 윌리엄 수도사였던 것이다. 그는 전직 이단 심문관이었다.

## 희극에 관한 도그마

돼지 피 담는 통에 거꾸로 처박힌 두 번째 시체를 검시하기 위해 뒤덮

---

23 체제나 사람 미켈레의 주도 아래 열린 페루지아 소형제회 총회에서는 프란치스코회 입장으로서 "완전한 삶의 본(本)인 그리스도와 그분이 사신 삶의 길을 따르면서 사도들은 재산이나 봉물을 공동으로 소유하지 않았다"고 하면서 그리스도의 청빈을 주장하고 나섰다. 그러나 몇 달이 채 지나지 않은 12월 교황 요한 22세가 사도헌장 〈아드 콘디토렘 카노눔〉을 반포하며 "페루지아 총회에서 언급한 '사용'은 곧 '소유'라고 주장하고 나섰다. 또 이듬해 11월 12일에는 〈쿰 인테르 논눌로스(Cum inter nonnullos)〉를 제정하여 프란체스코수도회를 이단으로 몰았다. 하지만 얼마 후 1324년 5월 22일 루드비히 황제는 〈작센하우젠 선언〉을 반포하여 요한 22세를 이단으로 비방하며 앞서 소형제회의 페루지아 총회를 지지하기에 이른다. 참조. http://exam.teachermeca.co.kr/new/dataroom/download.php?mode=download&kind=5&no=225. 〈장미의 이름〉의 간단한 배경. HITEL 서양사동호회(WEST)에서 옮김. 등록자: 라종탁.

인 피를 닦아내려 가던 전직 이단 심문관 윌리엄 수도사는 그 시체의 검지가 검게 변해 있는 것과 욕조에서 익사체로 떠오른 세 번째 시체에서도 손가락은 물론 혀끝도 변색되어 있는 점에 착안해 사건 중심에는 독 묻은 '책'이 놓여 있다는 심증을 굳힌다. 암호를 잘 풀어내고 프란체스코회 수도사답지 않게 자연과학이나 기호학을 내세우는 윌리엄 수도사는 사실 도미니크회 곧 아퀴나스와 성향이 더 맞는다. 특히 그가 지니고 다니는 안경이 상징하듯 그는 이성을 표상한다.

따라서 기호학으로 대변되는 이 이성 철학[24]과 그것을 저지하려는 호르헤 신부의 철학과 도그마가 대치하게 될 마지막 장면은 이 이야기의 궁극적 주제가 몰려 있는 장면이다.

수도원 측은 윌리엄에게 수사 중단을 명하고 이단 심문관 베르나르 드 기를 불러들여 부랴부랴 사건을 종결하려 한다. 심문관은 생계를 위해 수도사들에게 몸을 팔던 소녀를 용의자로 지목하고는 고문하여 거짓 자백을 받아내 모든 사건의 전말이 이단을 섬기는 악마와 마녀의 소행인 것으로 돌린다. 그러면서도 계속되는 종파 간 이념적 쟁론. 그리스도의 청빈 문제를 놓고 베네딕트 파와 프란체스코 파가 공개 논쟁까지 벌인다.

그러는 가운데 한 수도사가 급히 달려와 서책 한 권이 없어진 사실을 알린다. 하지만 진실을 전하려던 이 수도사마저 의문의 죽임을 당하자 윌리엄과 아드소는 해독한 암호를 가지고 책이 있으리라

---

**24** 상징으로 구조를 파악하고 세계를 그러한 구조로 통찰하는 분야를 기호학이라고 부른다. 이 같은 사고는 근대기 이성철학의 한 부분으로서 선보이게 되는데, 이 책에서는 제10장 소쉬르 부분에서 자세히 다룰 것이다. 《장미의 이름》의 저자 움베르트 에코가 이 분야의 권위자인 까닭에 이 이야기 구조에 투사되어 소개되고 있다.

짐작되는 장서관 내부로 진입을 시도한다. 밖에서는 이 연쇄살인 사건에 얽힌 문제를 다른 방향으로 돌려 핵심을 흐리고 민심을 안정시키려는 이단 심판용 화형대 설치가 한창이다.

마침내 도서관 진입에 성공한 윌리엄과 아드소가 호르헤 신부와 마주치게 되었다. 호르헤 수도사는 말한다.

웃음은 죄악이다. 인간이 웃음을 알게 되면 두려움을 잊어버린다. 두려움을 잃게 되면 더 이상 신을 찾지 않을 것이다.

그러고는 들고 있던 그 의문의 책을 뜯어 삼키면서 도서관에 불을 지르고 만다. 무슨 책을 삼킨 것일까? 그가 뜯어 삼킨 책은 바로 아리스토텔레스의 저서로 알려진 《시학Poietike》의 두 번째 책 〈희극론The lost second part addressed comedy〉이었던 것이다. 이 고대의 저서는 존재만 알려져 있을 뿐, 사라진 책이다. 그러나 호르헤는 이 책이 사라진 게 아니라 아예 써진 적이 없다고 강변했다. 이야기는 이렇게 그 서책이 사라진 이유에 주목시킨다. 아니, 그 서책('웃음')을 저지시키려는 이유에 집중한다.

그리스도는 웃은 적이 없다는 중세의 경직된 도그마는, 이 책을 뜯어 먹으며 웃음은 죄악이라고 외치는 노신부의 언설을 통해 그 도그마의 해제를 저지하려는 철학과 신학에 대한 구시대적 입장과 행태를 대변한다. 당시 아리스토텔레스는 이교도였음에도 성인의 반열에 위치했다. 따라서 그의 서책은 웃음의 정당화, 즉 도그마의 해제를 불러올 만큼의 막강한 위력을 내재하고 있던 셈이다. 호르헤가 서책을 결사적으로 감추려 했던 것은 어거스틴 신학을 토대로 근 천년의 명맥을 지켜왔던 자신의 세계관에 대한 아집을 대변한다. 그것은 확고한 진리였을 것이다.

플라톤에서 아리스토텔레스로, 어거스틴에서 토마스 아퀴나스로, 그리고 신비주의에서 이성주의로 넘어가는 시대 흐름 속에서 표상된 갈등은 지상의 왕으로 대변되는 지상 권력과 하늘나라의 왕으로 대변되는 천상의 권력을 가진 두 힘의 갈등으로, 그리고 그 속에서 피폐해져만 가는 평민들과의 갈등으로 나타났다.

지금까지의 내용이 비록 철학과 신학이라는 분야로 점철되기는 했지만, 그것은 궁극적으로 시대와 풍조의 대변혁 앞에 숨을 자리 없었던 (우리 모두의) 나/자아가 구축했던 세계관 간의 갈등이라고밖에는 달리 표현할 수 없을 것이다.

우리의 자아는 언제나 그런 격변 속에 있지 않던가.

## 도그마의 종말

신학과 철학은 역사적으로 불가분의 관계였지만 교회는 양자를 불가근不可近의 관계로 조장한 면이 없지 않다. 자신이 가진 모든 철학을 배설물로 간주했지만[25] 헬라 문화와 대치했던 초대 교회의 설립자들은 효과적인 포교를 위해 자신이 받은 계시 즉 신학을 누구보다 철학적으로 잘 구사한 선례에서도 나타난다. 그러나 그것은 이 장에서 살펴보았듯이 신학인가 철학인가 하는 논변으로부터 이성인가 관념인가

---

[25] 초기 그리스도교 교회를 설립한 바울은 그리스도 예수를 아는 지식 외의 모든 지식을 버리고 배설물로 여긴다고 밝힌 바 있다(참조. 빌 3:8).

하는 논점으로 치환해 설명하는 것이 더 적합할 것이다. 진리로 점철되는 지성이나 신(神)은 언제나 이성과 관념을 오갈 뿐이었기 때문이다. 관념은 계시와 신학의 이름으로, 이성은 학문과 철학의 이름으로 그리하였다.

플라톤과 아리스토텔레스, 어거스틴과 아퀴나스의 갈등은 여기서 끝난 것일까?

그것은 《장미의 이름》 말미에 수도원의 모든 책들이 불타버릴 때 바스커빌의 윌리엄 수도사가 하늘로부터의 묵시처럼 절규했던 말로부터 진작된다.

이것은 그리스도교 세계 최대의 도서관이었다. 이제 적그리스도는 가까이 다가와 있다. 왜냐하면 학문이 적그리스도를 저지해야 하는데 이제는 그럴 수가 없기 때문이다.

수도원의 서책들로 적그리스도가 저지된다는 이 말은 당시 그리스도의 사도들이 인간의 정신을 통해 '왕이신 그리스도를 섬기는 지성'이라고 불렀던 것을 학문이 대신한다고 생각했기 때문이라는 이해가 있다.[26] 그러나 제자 아드소는 꼭 그렇게 생각지만은 않았던 것 같다.

사부는 돌치노가 성적으로 문란하고 부자를 학살한 이단자였다고 가르쳤지만 그의 화형 장면을 적나라하게 기록한 책 《이단자의 우두머리 돌치노 수도사의 내력》[27]을 읽고 나오면서는 발을 헛디딜

---

[26] Jaroslav Pelikan, 김승철 역, 《예수의 역사 2000》(서울: 동연, 1999), p.202.

정도로 몸을 떤다. 억울하게 화형 당했던 미켈레 수도사를 떠올렸기 때문이다. 이단자가 순교자일지 모른다는 의심이 깃든 것일까?

그리고 그날 주방으로 숨어든 소녀와 뜻하지 않게 관계를 맺고 나서는 진실은 정제整齊할 수 없는 법이라면서 이런 회고도 서슴지 않는다.

> …… 어지러웠다. 죄를 짓고 있다는 생각은 도무지 들지 않았다…… 여자는 〈아가〉에 나오는, 피부 빛이 검으나 아름다운 처녀 같아 보였다…… 나는 그제야 악마의 올가미 때문인지 하늘의 은혜 덕분인지는 모르겠지만 나를 움직이는 격정과 대항할 힘이 없어졌음을 깨달았다…… 이것을 모두 합하여 사랑이라고 이르는 것인 모양이라고 생각했다. 사랑의 정점에서는 백주에 악마를 만나고 있는 느낌이 들기도 했다…… 그러나 바로 그 순간 나는 양심의 가책이라는 것 자체가 악마적일지도 모른다는 생각을 함께 했다.[28]

이성과 감관을 오가며 비로소 양심까지도 의심할 줄 알게 된 것이다.

불타는 장서관은 이와 같은 구시대의 종말을 표상한다. 그것은 거대한 성경책과도 같은 것이었다. 그 장서관의 미로는 알아들을 수 없는 성경의 가르침 혹은 설교를 상징한다. 그것이 적그리스도를 저지하였으나 종말이 오고야 만 것이다.

---

27 *Historia fratris Dulcini Heresiarche.*
28 Umberto Eco, 이윤기 역,《장미의 이름》(서울: 열린책들, 2002), pp.456-457, 459, 460.

아드소는 훗날에 가서 윌리엄 사부가 사망했다는 소식을 접하고는 하나님께 이런 기도를 올리면서 사부가 물려준 이 시대를 이양받는다.

아, 바라건대 하나님께서 그분의 영혼을 수습하시되 지적인 허영에 못 이겨 그분이 지으신 허물을 용서하시기를…….

우리의 종말, 그 가운데서도 특별히 우리를 두른 도그마의 퇴조와 종말은 이렇게 관념에서 이성으로, 그리고는 다시 이성에서 관념으로 세대의 교체를 이루는 방식으로 선언된다.
다음 장에서는 그 의심에 관해 구체적으로 다룰 것이다.

데카르트의 신

어거스틴·아퀴나스의 신, 본원성
장미의 이름: 도그마의 퇴조

## 데카르트의 신, 이성
트루먼 쇼: 믿기 위해 의심함

칸트의 신, 관념
어거스트 러쉬: 쉐카이나

헤겔의 신, 합리성
레 미제라블: 사랑은 합리적인가?

다윈의 신, 진화
진화의 시작: 신도 진화되었는가?

마르크스의 신, 물질
매트릭스: 신성과 인성

니체의 신, 허무
쇼생크 탈출: 노예의 도덕

프로이트의 신, 무의식
인셉션: 자기 우상 파괴

하이데거의 신, 존재와 현상
트루먼 쇼: 에고 에이미

소쉬르의 신, 구조
큐브: 알아들을 수 없는 말, 방언

라캉의 신, 욕망
식객: 원죄 흔적

데리다의 신, 해체
시네마 천국: 집중적이고 분산적인 신

내가 뭔가를 그런 식으로 수용했었던 것이라는 인식이 처음 들었던 이래로 수년이 흘렀다. 참인 것인 양 받아들인 수많은 거짓 견해들, 그리고 그런 원리에 기초해 세워져 궁극적으로는 지대해져만 갔던 의심 덩이들, 그것들은 심지어 내 유년기로부터 되어 온 것들이었다. 내가 만일 확실하고도 분명한 이론상 상부 구조로서 그것을 공고히 하고자 할 것 같으면 그냥 으레 그런 식으로 채용해 써오던 그 모든 견해들을 생애 한 번쯤은 나 스스로 제거시키는 일에 착수해야 할 것이라 여겼다. 그런 토대로 세워진 것들을 다 뒤엎고 새로 시작하는 계기가 필요하다는 확신이 들었던 것이다.

그렇지만 이와 같은 진취적 발상이 내게는 실로 부담스러운 일 가운데 하나로 밀려든 그때 난, 내 생애 중 이를 실행에 옮길 수 있는 보다 적절한 시기를 엿보며 이보다 더 좋은 최적의 시기는 없겠다 싶을 정도의 무르익은 때가 이르기만을 기다렸다. 그러나 이제 그 실행을 더 이상 미룰 수 없는 지금, 아직도 여전히 다른 어떤 시기의 도래만을 염원하면서 소진하고 있다면 이 지나친 주저함으로 나는 자책에 빠질 것이다.

그러나 난 오늘 모든 책임으로부터 마음이 적절하게 자유로워졌고(열정에서 오는 억압을 벗어버리고 자유로움이 주는 행복스런 저항감이라는 점에서), 그리고 평화스러운 은퇴의 여유를 은밀히 즐길 수 있는 까닭에 나 스스로가 진지하고도 자유롭게 그리고 세밀하게, 내 모든 이전 견해들을 총체적으로 전복시켜 보려고 한다.**29**

조용하고 점잖은 어조로 되어 있지만 도발적이기만 한 이 서설의 작성자가 바로 르네 데카르트다. 의심이라고 하는 부정의 형식을 사고의 한 적극적 방도로 들여오고 있는 이 고백이 자연과학이나 사회과학적 세계관을 뒤덮은 이래 오늘날에도 막대한 영향력을 행사하고 있는 것이다. 이른바 '방법적 회의'의 주된 형식이며 어떤 최상의 타당성에 도달하려는 세상의 모든 방법적 시도의 효시로 자리하게 되었다. 다른 말로 하면 합법적 의심의 원조격이 되는 셈이다.

## 트루먼 쇼[30] 와 다크시티[31]

트루먼은 평범한 회사원이다. 그가 어느 날 동네 어귀를 걷고 있는데 느닷없이 하늘에서 큰 조명등 하나가 떨어진다. 거기엔 '시리우스(큰개자리 #9)'라는 스티커가 붙어 있다. 고층건물에서 떨어진 것인가? 주택가인 그곳에는 그런 높은 건물이 없다. 비행기에서 떨어진 것인가? 아무리 살펴봐도 파란 하늘에는 점 하나도 찍혀 있지 않다. 마른하늘에서 떨어진 무대 조명등인데도 그는 몇 번 두리번거리다가는 이내 지나친다. 우리처럼 그냥 반복적 일상을 살아간다.

　　　같은 시간 같은 장소를 지날 때면 언제나 마주치는 같은 인물

---

**29** '제1성찰 - 의심할 수 있는 것들에 관하여'라는 표제하에 라틴어로 처음 작성된 이 글은 〈제일철학에 관한 성찰〉 서론의 첫 단락으로 〈성찰: 자연의 빛에 의한 진리 탐구, 프로그램에 대한 주석〉, [이현복 역(서울: 문예출판사), p.34]을 포함 몇몇 역본에서 소개되었지만 의역 과정에 그 의심의 형식이 제대로 전달되지 않아 René Descartes, *Discourse on Method and Meditations*, trans. Laurence J. Lafleur, (New York, Bobbs-Merrill), p.75, 특히 http://www.wright.edu/cola/descartes/meditation1.html의 역본으로 새로 번역하였다.
**30** 영화 제목: The Truman Show, 감독: 피터 위어, 출연: 짐 캐리(트루먼 버뱅크), 로라 린니(메릴 버뱅크), 노아 에머리히(말론), 에드 해리스(크리스토프), 개봉: 1998년, 러닝타임: 102분.
**31** 영화 제목: Dark City, 감독: 알렉스 프로야스, 출연: 루퍼스 스웰 (존 머독), 윌리엄 허트 (프랭크 범스테드), 키퍼 서덜랜드(대니얼 P. 슈레버 박사), 제니퍼 코넬리(엠마 머독), 개봉: 1998년, 러닝타임: 100분.

들, 같은 일상들, 앞집 부부를 만날 때 하는 인사도 같고, 가판대 신문/잡지를 살 때, 건널목을 지날 때, 항상 같은 사람, 같은 장면, 아무런 의심 없이 마주친다. 매일 으레 그렇기 때문에 이상할 것은 없다. 다만 그가 그 장소를 지나는 평소의 시간과 타이밍이 다른 날, 그런 날조차 똑같은 사람의 똑같은 일상이 동일하게 목격된다는 사실이 좀 의아할 뿐이다. 그렇지만 이 역시 의심하지 않는다. 우리 모두가 그렇게 살고 있지 않던가. 굳이 따져 묻는다면 그건 일종의 데자뷰$^{\text{Deja vu/already seen}}$/旣視感일 뿐이다.

뜻밖에 당하는 기이한 일도 있기는 하다. 하늘의 비가 고장 난 샤워기처럼 그의 머리 위에만 쏟아지거나, 행인들 중 한 사람이 갑자기 튀어나와 그에게 달려든다거나.

그리고 보니 가까이 지내는 그의 주변 인물들도 꽤 이상한 편이다. 친구나 가족들은 언제나 그런 자신에게 과민반응이라며 아예 문제제기를 할 수 없도록 일축하기 일쑤다. 심지어 아내는 포장도 뜯지 않은 제품을 들고 마치 광고라도 하듯 트루먼에게 제품 자랑을 늘어놓는다. 아내가 진지하지 못하고 왜 항상 자기에게 이런 어색한 행동을 하는지 알 수 없지만 그냥 그런가 보다 하고 지금까지 살아왔다. 우리의 남편과 아내들처럼.

회사에서 무료할 때 여성 잡지를 뒤적이다 마음에 드는 여성 사진이 있으면 찢어 보관이나 하는 그에게도 꿈이 하나 있다. 피지 섬에 가보는 일이다. 그런데 매년 휴가 때마다 뜻하지 않은 일로 여행이 좌절되곤 한다. 항공권 예약을 늦게 하든 서둘러 하든 언제나 표를 구할 수 없다. 배를 타고 가려고도 해보지만 어린 시절 바다에서 아버지를 잃어버린 트라우마는 번번이 스스로 포기하게 만든다. 그래서 그는 자기가 사는 경계를 단 한 번도 넘어가 본 적이 없다. 우리 모두가 그런 것처럼.

트라우마만 있는 것은 아니다. 첫사랑도 있었다. 지금의 아내와 결혼하기 전, 학창시절 한순간 스치고 지나간 여자 친구 로렌과의 인연도 있다. 하루는 사람들 눈을 피해 해변으로 달음질해 그녀와 만나고 있을 때 어떻게 알고 왔는지 그녀의 아버지가 와서 그녀를 데려가 버렸다. 끌려가면서 그녀는 이런 말을 던졌다. "모두가 너에 대해 알고 있어. 모르는 척할 뿐이지…… 이것도 가짜야, 다 너를 위해 만들어진 거야." 해변 모래를 흩뿌리며 이렇게 외치는 그녀를 정신분열증에 걸려 그런 거라며 끌고 가버렸다. 그것이 그녀와의 마지막이다. 자신은 로렌이 아니라 실비아라고 말하고 간 그녀. 그녀가 그날 떨어뜨리고 간 가디건 스웨터를 간직하고 있을 뿐, 그 후로 다시는 그녀를 찾을 수 없었다.

이런 특별한 기억과 일상의 무감각함을 오가는 생활은 영화 〈트루먼 쇼〉의 주인공 트루먼뿐이 아니다. 그보다 몇 달 앞서 만들어진 영화 〈다크시티〉의 등장인물들은 모든 도시 사람이 평생토록 바다는커녕 환한 대낮 구경도 해본 적이 없다. 그 도시는 언제나 밤이다. 그런데도 의심하는 사람이 단 한 명도 없었던 것은, 그들 모두가 기억 속에만 있는 바다와 낮에 의존하고 있었기 때문이다. 실제로는 한 번도 가본 적이 없으면서도 기억 속에서는 언제나 건재하고 있는 바다와 낮을 전혀 의심하지 않은 채 간직하고 있는 것이다.

트루먼은 갓난아기 때부터 거대한 촬영장 세트에서 자라 온 생방송 '몰래 카메라'의 주인공이며, 다크시티의 시민들은 외계인들이 건설한 도시에 살면서 잠든 사이 약물로 주입한 조작된 기억에 맞추어 매일 새로운 환경, 새로운 직장, 심지어 새로운 가족과 새로운 관계 속의 배역으로 살아가지만 도시 전체에서 이 외계인들에 의해 은밀히 자행되는 기억의 조작을 제대로 인식하는 사람은 아무도 없다. 그냥 그렇게 살아가는 것이다.

## 의심하라

이 이야기들이 내리는 지령은 하나, "의심하라"이다. 우리 삶의 자리를 한번쯤 의심할 필요가 있다고 조언한다. 우리가 이러이러하다고 믿는 신조는 정말로 맞는 것인지, 우리가 받아들이고 배워 온 교육은 정말 타당한 지식인지, 우리의 깊은 내면을 형성하고 특히 스스로를 성찰해 뭔가를 단념케까지 했던 종교와 같은 신성불가침의 영역은 여전히 믿음의 대상이 될 만한지 의심할 것을 강하게 주문한다.

그래서 그 의심의 형식은 금단의 열매를 "먹지 말라 먹으면 반드시 죽으리라"(창 2:17)는 말씀에 대한 믿음을 지속할 수 없었던 인류 최초의 죄 형식과도 동일한 것이지만, 중세교회의 퇴행에 저항했던 종교개혁자들의 의심의 형식과도 동일하다. 이 의심의 지령이 없었다면 신이나 아버지에게 저항하지도 않았을 테지만, 의심이 있었기에 교회의 독주를 저지할 수도 있었기 때문이다.

그것은 종교에 나타난 양면성 외에도 자연과학으로 말미암은 문명의 진보와 퇴행이라는 양면성에 그대로 적용되어 나타났다. 과학도 종교개혁처럼 개혁이나 혁신으로 진작되기 때문이다. 과학혁명 이전의 자연에 대한 사고는 오늘날과 사뭇 달랐다. 가령, '두 개의 자석이 서로 밀쳐 내거나 붙게 되는 이유는 무엇일까?' 하는 문제만 해도 과거 르네상스식 자연주의 사고 속에서는 자연 전체를 살아 숨 쉬는 일종의 생명체로 이해한 까닭에 이들 자석의 반대 극점이 서로 들러붙는 이유 또한 '양자가 서로 어떤 공감을 하기 때문'이라고 설명했고, 이와 반대로 같은 극들이 서로 밀어내는 현상은 '그들 양자 간에 반감이 있어서'라고 설명하는 식이다.[32]

자석이 공감과 반감을 지녔다는 말만 따로 떼어놓고 보면 신비주의적이면서도 원시적이기 짝이 없는 설명 같지만, 전통적으로 고대에는 어떤 운동(력) 자체를 영혼의 원리로 이해하는 경향이 있었다. 동물이 감각하고 지각하여 장소 이동을 하기까지 모든 운동의 원리를 영혼으로 보았는데, 그런 시각은 동물이 아니라 고정된 생명체인 식물에게도 영향을 미쳤다. 왜냐하면 (수분을 섭취하는 등의) 영양을 섭취하는 작용도 일종의 운동으로—즉 영혼의 동인動因으로—간주했기 때문이다. 실제로 그렇지 아니한가? 죽은 나무는 스스로 아무것도 섭취하지 않는다. 죽은 나무에 물을 주면 스며들기만 할 뿐이다.

그 시대로서는 그런 정도의 자연주의적 설명이 사물에 대한 원리와 작용으로서 최선의 제시였다. 아리스토텔레스와 같은 고대인들이 자석을 생명체로 보았다고 할 수는 없지만, 적어도 운동과 운동력의 관점에서 그들은 생명체가 아닌 자석 속에서도 그 힘 곧 영혼과 같은 것이 있다고 추론했던 것이다. 따라서 이러한 개념은 미신이나 신비주의적 입장이라고 볼 수는 없으나 르네상스 자연주의자들은 자연에 대한 합리적인 설명을 추구할 더 이상의 동기를 부여하지 않

---

[32] 〈데카르트의 사상과의 대립〉에서. http://ko.wikipedia.org/ 상세한 이론 서술은 다음 책을 참조. Stephen Gaukroger, *Descartes: an intellectual biography*(New York: Oxford University, 1995), pp.380-383.

았다.

이러한 자연 이해에서 신비로움을 제거해 버린 것이 바로 근대 과학이다. 근대 과학은 자연이 객관적 실체로 이루어져 있고, 수학적 법칙에 의해 설명될 수 있으며, 자연에서 일어나는 모든 운동은 외적 요인에 의해 이루어진다는 신념을 가져다주었다. 이런 근대과학의 출발점이 바로 뉴턴인데, 그 사상적 기반에 데카르트가 자리하고 있는 것이다.

## 영혼이 아닌 입자 내지는 힘

사람의 신체와 영혼, 이들 양자 관계를 기계적으로 설명한 것으로도 유명한 데카르트는 세상을 볼 때도 기계적으로 보는 방식을 새롭게 규정했다. 육안으로 볼 수 없을 정도의 작은 물질로 이루어진 것이 자연이며, 그것들이 운동하고 충돌하는 것이 자연현상이라고 가르쳤다. 앞서 르네상스 자연주의자가 자석을 공감과 반감으로 가르친 데 반해 그는 입자와 운동이라는 개념 속에서 세계를 설명한 것이다. 그는 모든 공간이 물질로 채워져 있으며 진공 같은 건 아예 존재하지 않는다고 생각했다. 원격작용 action at a distance 따위를 믿지 않은 결과, 사물이 밀거나 당기기 위해서는 반드시 서로 접촉해야 한다고 믿었던 것이다.[33]

자석의 경우도 이러한 이해 속에서 설명되었다. 육안으로 볼 수 없을 정도로 아주 작은 구멍들이 자석에 있고 그 주변에는 역시 눈으

---

[33] Henbury Brown, 황설중 역, 《과학의 지혜》(서울: 이화여자대학교출판부, 1994), p.81.

로 볼 수 없는 작은 나사들이 배열되어 있어 그 구멍을 통해 작은 나사들이 통과하며, 그 운동 방향에 따라 자석이 서로 당기기도 하고 밀쳐내기도 한다는 것이었다.[34] 다시 말하면 자연주의의 자석은 외부 요인 없이 스스로 움직이는 신비로운 존재인 반면, 데카르트의 자석은 어떤 요인을 지닌 (쇳)덩어리에 지나지 않는 것이었다. 더 이상 신비롭지 않게 된 것이다. 데카르트는 이처럼 막연한 존재들을 합리적이고 명쾌하게 이해 가능한 대상으로 탈바꿈시켜 주는 능력을 전수했다. 문제는 그가 사람도 그런 존재로 관찰한 것이며, 더 큰 문제는 사람과 관계를 맺고 있는 신도 그런 식으로 보았다는 데 있다. 이것은 신의 존재를 부정하는 것과는 또 다른 차원의 결과를 낳았다.

한편 뉴턴은 이와 같이 추상적인 설명에 머물고 있는 데카르트의 철학을 실제적인 과학혁명으로 완성하게 된다. 데카르트의 기계 철학에 담긴 운동이라는 개념이 한낱 추상적인 입자들의 운동이라고 설명할 수밖에 없었던 것에 비해, 뉴턴에 와서는 입자의 운동에 수학적 성격이 합쳐진 어떤 '힘'이라고 설명할 수 있는 분석의 경지에 올려놓았기 때문이다. 속도, 가속도, 방향을 뜻하는 궤적 등이 이때 정식화되었으며[35] 이것이 오늘날 현대인의 주된 사고방식에까지 영향을 미치게 된 것이다.

이로써 결국 영혼인 신은 입자 내지는 어떤 수학적 '힘'이 되어 버린 셈이다.

---

[34] 〈데카르트의 사상과의 대립〉에서.
[35] 앞의 자료.

## 밖으로 나가라

트루먼의 아내는 사실 카메라를 향해 제품광고를 하고 있었던 것이다. 그리고 그가 집을 나서서 어디론가 향할 때 일상 속의 모든 인물들이 각자의 일상을 사는 것 같았지만 일제히 그의 일상에 맞추어 동선을 갖추고 있었던 것은 그들 모두 조연 배우 혹은 엑스트라로서 이 프로그램, 이 세트장에 참여하고 있었기 때문이다. 그리고 하늘에서 떨어진 조명기구는 트루먼으로선 받아들이기 힘들지만 그의 세계, 아니 이 스튜디오 세트장 천정에 매달려 태양처럼 빛을 발하고 있던 무대 조명 한 개가 떨어졌던 것이다.

이제 모든 상황을 눈치 챈 주인공 트루먼은 이곳을 떠나려고 마음먹는다. 전부터 비행기를 타고 싶었지만 번번이 이상한 일들로 엮여서 단 한 번도 비행기를 탈 수 없었던 자신의 삶, 배를 타고 떠나려 해도 공포감과 울렁증 때문에 돌아설 수밖에 없었던—어린 시절 아버지를 바다에서 잃어버린 사건도 실은 의도적으로 심겨진 조작된 트라우마였다—자신의 삶을 버리고 이제는 떠나리라 마음먹는다. 트라우마 엄습에도 불구하고 그는 유일한 탈출구인 바다로 향한다.

비상이 걸린 방송국은 더 이상 은밀하지 않게, 노골적으로 그 위용을 드러냈다. 아직 새벽 시간인데도 해를 중천에 띄우고, 바다의 달은 이미 그를 찾아 움직이는 서치라이트로 변해 있다. 수천 대의 카메라 모니터로 그를 찾아낸 프로그램 PD는 풍랑을 내보내고 그 수위를 점점 높여 트루먼의 생명까지 위협한다. 이런 사태가 그대로 생방송되는 가운데 시청자들은 트루먼을 응원한다. 그가 현실을 극복하고 떠나기를 응원하는 것이다.

이러한 교감은 어느새 최종 관객인 우리를 향해서도 자기 스스로를 묶어두고 있던 일상의 정체가 무엇인지 직시할 것을 요구한다. 억압하던 일상은 프로그램에 지나지 않고 억압하는 인맥은 정략적 배우에 불과하다며 선동한다. 진정한 가치란 무엇인지 의심하고 돌아보게끔 부추기는 것이다.

트루먼의 출생도 생방송했으니 사망도 생방송할 권리가 있다며 풍랑을 내보내는 이 거대한 세트를 지휘하는 PD는 트루먼의 신, 아니, 우리 모두에게 이 과중한 프로그램을 강요하는 신일 뿐 다른 것이 아니다. 트루먼이 마침내 바다 끝에 다다르자 PD는 풍랑을 멈추고 직접 마이크를 붙잡는다. 그러는 사이 트루먼의 배는 고요해진 바다를 떠가다가 '쿵' 하는 소리와 함께 뭔가에 부딪친다. 지평선, 아니, 지평선이 그려진 벽에 부딪힌 것이다. 지평선인 줄로만 알았던 그 경계선은 대형 벽에 그려진 슈퍼 그래픽 Super Graphic 이다. 이제 끝에 다다른 것이다. 허망함과 분노로 그 벽을 밀치고 때리고 두드리지만 꿈쩍도 않는다.

그러다가 벽을 따라 난 길을 발견하고는 걸어간다. 하늘과 땅의 거짓 지평선을 걷고 있는 것이다. 잠시 걸어가자 계단이 나왔다. 계단이 드러난 이 대

형 그림으로 된 평면 하늘의 위용은 마치 르네 마그리트 René Magritte 의 그림에 곧잘 나오는 하늘과도 같다. 그의 그림이 사물을 벗겨내 하늘을 보여 주거나 하늘을 벗겨내 사물을 보여 주는 초현실성 때문일까?

계단을 올라가자 비상구가 나왔다. 하지만 그는 망설인다. 과

연 내가 이곳에서 나갈 수 있을
까? 나가면 과연 어떤 세상이
기다리고 있을까? 두려워서 주
저하는 그를 향해 하늘에서 음
성이 들린다. 구름 사이로 내려
오는 영락없는 신의 음성인 것이다. 그에게 경고한다. 그 밖으로 나가
면 죽는다고.

과연 이 안에 이대로 있으면 안전한 것인가, 아니면 도태되고 망가지는 것인가? 밖으로 나가면 정말 죽는 것일까? 여기서 우리는 그 주인공의 망설임을 통해 현실을 부정하는 강렬한 목소리를 듣는다. 마치 학교도 직장도 친구도 동료도 그리고 부모, 형제, 아내와 가정마저도 부인하지 않으면 안 될 것 같은 목소리, 모든 것이 허상에 불과하다는 그 격렬한 음성을 듣게 되는 것이다.

## 믿음을 위한 의심

원래 절대 소수자로 출발했던 그리스도교가 단순한 회집會集의 성격에서 집회, 집회에서 다시 어떤 직제를 갖춘 공동체 성격을 띠다가 콘스탄틴 이후 급속한 성장과 발전을 이루게 되면서 중세교회라는 명실상부한 나라Christendom의 개념을 띠게 된다. 그리스도와 세례 요한이 선포한 하나님의 나라가 실현된 것이다.

그런데 이 그리스도교의 종교적 제1의 양식은 바로 세례와 성만찬으로 집약되었다. 그중에서도 성만찬이 주기적인 예전禮典으로 발돋움되기까지는 "내 살을 받아먹으라"는 그리스도의 언명이 있었다. 그

러나 세월이 흐르면서 이 언명은 단순한 기념에서 실질적 체현의 변화로 인식되면서 사제들의 권력의 근간으로 자리하게 되었다. 그 배후에 바로 철학적 논리와 사고가 자리하고 있었던 것이다.

아퀴나스 이후의 성찬에서 도드라진 학문적 적용에 따라 바로 그 떡에는 실제로 영이 존재하며 그리스도의 살로 순식간에 변한다는 주장이 대두되었고, (마치 르네상스식 자석처럼) 그 이치와 원리를 아리스토텔레스의 철학이 뒷받침해 주었다.

이 같은 중세의 교권과 철학의 반동으로 발발한 종교개혁은 그릇된 교리에 대한 개혁으로 도화導火되기는 했지만, 실은 이 신비주의적 철학과의 단절도 병행되었던 것이다. 그래서 개혁주의에 입각한 성례전은 물질로서의 입자 변화가 아닌 기념 예전일 뿐이라는 과학적 인식론의 설파에 다름 아니었다. 떡을 입에 넣는 순간 주님의 살이 된다는 '미신적 인식론'에 대한 개혁이었던 셈이다.

하지만 그 대신 종교개혁자들은 자신들이 하는 '말', 즉 그리스도의 언명을 대언하는 자기들의 말설교이 신비로운 떡이 된다고 가르치기에 이른다(마치 근대식 자석처럼).

그렇다면 의심이라는 것은 대체 무엇인가?

트루먼에게 '바다'가 일종의 프로그래밍된programmed 트라우마였다면 옛 여자 친구 실비아가 남기고 간 추억과 말은 일탈을unprogrammed 가르치는 의심이다. 즉 이 영화에서의 '믿음'은 트라우마요 '의심'은 트라우마를 벗어날 유일한 희망이 된 셈이다. 이때의 의심을 우리가 의심이라 부르지 않고 '이성'이라 부르는 것이며, 이 이성은 맹신 곧 트라우마를 파괴하는 믿음으로 환원된다.

'스튜디오에 앉아 있는 신'은 도대체 어떤 신인가?

"두렵지? 그래서 떠날 수 없지?"라고 묻는 신. 스튜디오에 가두어 놓고는 자유라고 세뇌하는 신. 트라우마를 심어 놓고선 그것으로 협박하는 신. 또한 만들어진 트라우마를 '믿음'이라고 가르쳤던 신. 그 신은 과연 누구인가?

진정한 믿음이 스튜디오 바깥을 향하는지 안쪽을 향하는지, 그리고 자신을 진정한 세계로 인도하는 음성은 스튜디오의 천장 스피커에서 들려오는지 아니면 나의 내면에서 들려오는지, 그것은 어디까지나 마음의 잔상으로 남아 있는 신의 얼굴에 대한 믿음, 곧 개개인의 콜라주 혹은 몽타주 능력에 달려 있다 할 것이다. 트루먼이 여성 잡지 모델들의 눈·코·입 사진 조각들을 오려붙여 마치 옛 여자 친구 실비아의 얼굴 콜라주에 성공해 낸 것처럼.

그랬을 때 우리는 스튜디오 바깥에서 생방송에 갇힌 트루먼을 보면서 "(트루먼을) 도와주세요. 하나님" 하고 기도하는 실비아가 불렀던 바로 그 신을 만날 수 있다.

르네 마그리트의 그림 한 폭을 떠올리는 이 마지막 명장면에서 트루먼은 그가 일상 속에서 인사하던 방법대로 그동안 자신을 길러 준 스튜디오에 앉아 있는 신에게 작별을 고한다.

"못 뵐지 모르니깐 한번에 인사드리죠.
Good afternoon, Good evening, Good night!"

이와 같이 종교개혁자들이 떡에서 영혼을 제거했듯이 데카르트는 자석에서 영혼을 제거했다. 의심이 여기서 사용되었다. 믿기 위해 믿음의 최대 천적인 의심이 사용된 것이다. 그러는 바람에 믿음은 그 의심을 타고 회의주의에 문을 열어 주는 계기가 되었다.

칸트의 신

어거스틴·아퀴나스의 신, 본원성
장미의 이름: 도그마의 퇴조

데카르트의 신, 이성
트루먼 쇼: 믿기 위해 의심함

## 칸트의 신, 관념
어거스트 러쉬: 쉐카이나

헤겔의 신, 합리성
레 미제라블: 사랑은 합리적인가?

다윈의 신, 진화
진화의 시작: 신도 진화되었는가?

마르크스의 신, 물질
매트릭스: 신성과 인성

니체의 신, 허무
쇼생크 탈출: 노예의 도덕

프로이트의 신, 무의식
인셉션: 자기 우상 파괴

하이데거의 신, 존재와 현상
트루먼 쇼: 애고 에이미

소쉬르의 신, 구조
큐브: 알아들을 수 없는 말, 방언

라캉의 신, 욕망
식객: 원죄 흔적

데리다의 신, 해체
시네마 천국: 집중적이고 분산적인 신

데카르트가 들여놓은 합법적 의심은[36] 자석과 같은 어떤 물질 속에 흐르는 힘을 설명할 때, 신성한[마술적인] 뭔가가 아니라 눈에 보이지 않지만 단지 힘 자체로서 존재하는 어떤 힘임을 밝혀내는 조류로 전개되어 나아갔다. 그 같은 자연의 원리를 밝히는 자연과학적 발전이 진행되는 동안 거기서 더 나아가 아예 물질의 존재 자체를 의심하는 풍조가 생겨났다. 그것은 존재 자체보다 앞서 있는 인식의 단계에 대한 의심이었다. 이들에게는 일종의 관념에 의해—혹은 향후 관념이라 불릴 그것에 의해—만들어진 것이 현재의 물질계였다. 즉 로크, 루소, 흄을 위시한 이들에게는 관념에 의해 만들어진 체계가 곧 세계였던 것이다.

예를 들면 이런 것이다. 가령 우리는 멀리서 들려오는 발자국 소리를 들으며 곧잘 그 거리를 가늠한다. 그러나 그것은 어디까지나 추측에 의한 것이지 실제적인 거리는 아니다. 그런가 하면 시각적인 예로서, 저 멀리 보이는 사물을 바라보면서도 우리는 대개 그 거리를 가늠한다. 그러나 그 원근감 역시 어디까지나 우리가 느끼는 거리감에 따른 기대이지 실제 길이는 아니다. 원근감으로 파악되는 것이 절대적 거리가 되려면 실제 거리를 육안으로 볼 수 있어야 하는데, 그 가로 놓인 거리를 볼 수 있는 방법이란 없기 때문이다.

자신이 분명히 감각한 것도 믿지 못하는 의심[데카르트의][37] 역시 이미 부정의 형식으로서 회의스러운 것이지만, 경험한 존재와 상황을

---

**36** 방법적 회의를 이렇게 부를 필요가 있다. 당대에는 철학뿐 아니라 과학마저도 신학의 지배를 받았기에 학문적 회의·의심 자체가 불법이었다. 따라서 합법적 의심이란 회의와 의심의 방법이 가능한 시대가 열렸음을 상징한다. 헤겔에 이르러 이 합법적 의심은 합리적 의심으로 바뀔 것이다.

그대로 받아들이지 못하는 의심의 형식로크, 루소, 흄의 역시 회의스럽기 짝이 없는 것이었다. 이 같은 회의주의자들은 실재의 범주를 지각할 수 있는 것으로만 한정짓는(버클리G. Berkeley38의 경우) 단계를 넘어 인과성마저 단절시키는(흄Hume의 경우) 단계에 이르렀다.39 다른 어떤 것보다도 그것들을 지각하는 감각을 중시했기 때문이다. 그렇게 감각으로 지각하는 체계에 무게중심을 둔 사조에서는 사건과 사건 간에 존재하는 인과, 즉 필연성을 부인하고 원인과 결과에 대한 모든 추론은 오직 습관에서 비롯된다는 식의 설명만 남을 뿐이다. 그래서 실제로 이들에게는 관습, 전통, 유전적 토대 등의 말들이 중요하게 부각될 수밖에 없었다. 여기에 제동을 건 사람이 바로 칸트다.

## 나는 그냥 선하게 행동할 수 있다

얼마 전 뉴욕의 한 지하철역에서 50대 가량의 한국계 미국인이 흑인과 시비가 붙었다가 그 흑인이 떠미는 바람에 선로로 떨어지는 사

---

**37** 코기토 에르고 숨(Cogito, ergo sum), 즉 '나는 생각한다. 그러므로 나는 존재한다'는 데카르트의 유명한 명제는 신체의 모든 감각을 의심하더라도 의심하고 있는 자신의 생각만큼은 의심할 수 없다는, 이른바 '방법적 회의'로서 근대 이성주의적 사고의 전형으로 자리하게 되었다. 현대인은 대개 새로운 정보를 수용할 때 모든 것을 의심하고 의심할 수 없는 것만 추려서 믿을 수 있는 정보로 수용한다.
**38** 버클리는 신의 지각을 전제시킴으로 이와 같은 반(反)신론적 경험주의를 보충했다. 성공회 주교 신분이었던 그는 사람들 대부분이 경험할 수 있는 모든 것의 원인으로서 신 존재를 구하지만, 신은 데카르트나 뉴턴의 이신론적 기계 설계자가 아니라 우리의 시간 속 충만한 존재라는 입장이었다. 즉 자연적 사물에 대한 우리의 인식은 신의 정신이 우리 정신을 통해 형성된 하나의 관념이라는 입장을 통해 다른 회의론자와 달리 무신론은 회피하였다.
**39** Roger Trigg, 최용철 역, 《인간 본성에 관한 10가지 철학적 성찰》(서울: 자작나무, 1999), p.54.

건이 발생했다. 때마침 전철이 플랫폼으로 들어오고 있었다. 주변에는 몇몇 사람들이 있었지만 황급히 올라오려고 안간힘을 쓰는 그에게 도움을 주는 사람은 아무도 없었다. 한 사진작가는 그를 구하기는커녕 그 위급한 장면을 카메라 앵글에 맞추어 여러 차례 사진만 찍고 있었다고 한다. 카메라 플래쉬는 무려 45여 회나 터졌지만 그는 피해자가 죽어가는 동안 그 희귀 장면만 사진에 담고 있었던 것이다.

  2001년 일본에서도 비슷한 상황이 벌어진 바 있다. 도쿄에서 유학하고 있던 이수현이라는 청년이 아르바이트 후 귀가하는 중에 신주쿠 신오쿠보 역에서 선로로 떨어진 일본인 취객을 구하려고 뛰어든 사건이다. 그는 취객을 구하는 대신 죽고 말았다.

  이들의 행동을 지배한 것은 무엇인가? 위기에 빠진 사람을 구하는 데 걸리는 시간은 얼마나 될지, 그 바람에 나에게까지 위험이 미치지는 않을지, 내가 선행을 하는 것으로 얻어지는 이득보다는 사진으로 희귀한 장면을 남기는 것이 더 이득이 되지는 않을지⋯⋯ 하는 의심과 계산을 해본 후 가장 타당한 것을 좇아 가장 이성적인 행동을 하게 된 것인가? 저 미국인 사진작가는 이성에 의해 계산하고 추론한 판단을 성공적으로 실행한 것이고 후자의 행위는 추론에 실패한 이성의 결과물인가? 아니면 보다 도덕적인 습관? 정의로운 사회적 관습이나 전통? 아니면 인종? 아니면 개인의 유전적 토대 따위가 달라서였나? 우리에게는 때로 이성이라는 계산과 추론을 할 겨를도 없이 순간적으로 행동할 때가 있는 것이다.

  이와 같이 경험의 대상이 되지 않는 영역에서 출몰하는 판단과 행위를 회의론자들이 부정의 형식에 대입한 것과 달리 적극 수용하여 변증했던 칸트는 '선험(적)'이라는 술어를 붙여 그것을 해명했고,

거기서 비롯한 행동이나 판단을 가리켜 정당하게 추론된 개념conceptus ratioconati이라고 정의했다.**40** 이성이 관여하는 것은 모든 경험이 그 밑에 종속되게 마련이지만 그 자체는 결코 경험의 대상이 되지 않는 어떤 것이라는 변증이었다.

이를 위해 다시 불려나온 것이 플라톤이다. 목적론에 관한 플라톤의 이념적 정의 역시 결코 감관에 의해 얻어질 수 있는 것이 아니며, 그것과 일치하는 것을 경험에서는 찾아볼 수 없다는 점에서 입장이 같기 때문이다.

> 플라톤이 생각하였던 바에 의하면, 이념은 최고의 이성으로부터 나와서 인간의 이성에 분여(分與)되었다. 그러나 인간의 이성에 있어서는 이미 그 근원적 상태대로는 있지 않고 오래 된, 이제는 매우 흐려진 이념을 회상(철학이라고 하는)에 의해 힘써 불러일으키지 않으면 안 되는 것이다.**41**

여기서 주목해야 하는 것은 물자체의 원형에 대한 플라톤의 복고가 아니라, 도덕 개념에 관한 칸트의 플라톤 응용이다.

> 만일 덕의 개념을 경험으로부터 형성하려고 하는 자, 단지 겨우 실례로서 불완전한 설명에 사용될 뿐인 것을 인식원천을 위한 모범으로 삼으려는 자가 있다고 한다면, 이러한 사람들은 덕을 변형시켜 때와

---

**40** Immanuel Kant, 이명성 역, 《순수이성비판》(서울: 홍신문화사, 2006), p.270.
**41** 앞의 책, p.272.

"하늘이 무너져도 이 땅에는 정의를"(Fiat Justitia Ruat Caelum)이라는 구절을 담은 이 동상은 칸트의 정언명령을 잘 집약한 것이다. 상반신 없이 팔뚝만 땅에서 솟아오른 표현이 그것을 잘 대변하고 있다. _대전지방법원 천안지원 3호 법정 앞.

사정에 의해 변화시키면 어떤 규칙으로 사용할 수 없는, 알 수 없는 애매한 것으로 만들 뿐이다…… 인간은 덕의 순수이념이 포함하는 것과 일치된 행위를 할 수 없으리라는 것은 결코 원형을 논하는 사상에 황당무계한 것을 지니고 있다는 것을 증명하는 것은 아니다…… 이념은 인간의 본성에 있어서 알 수 없는 장애가 우리를 아무리 이념으로부터 멀리하고자 하더라도 우리가 도덕적 완전성에 접근하려는 경우 언제나 반드시 그 근저에 있는 것이다.<sup>42</sup>

다시 말하면, 만약 도덕의 원형이 특정인이나 특정 세대·지역·인종의 경험적 기준이 최고 기준으로 맞추어진다면 그것은 그때그때 변형되거나 애매한 것이 되고 말겠지만, 우리가 준행할 수 없는 영역(경험해 보지 못한 영역)에서 비롯된 바로 그것이기에 우리에게는 도리어

---

42 앞의 책, p.273.

도덕적 완전성에 접근하려는 동력으로 작용한다는 것이다.

한마디로 회의주의에 함몰될 뻔했던 도덕률을 정당성 있는 도덕률로 환원하고 있는 셈이다.

아울러 그와 같은 필연적 이념을 국가 헌법의 최초 초안뿐만 아니라 모든 법률의 근저에 두어야 한다고 본 칸트는 인간의 경험 속에서 그 절대 기준이 완전하게 실현되지는 않더라도 경험 자체를 가능하게 만드는 보편성으로 임한다고 역설함으로써 선험에 대한 변증을 이어갔다.

> 자연에 관하여 보면 경험은 우리에게 규칙을 주며 또한 진리의 원천이지만, 도덕적 법칙에 관해서는 경험은 가상의 어머니이며, 우리는 무엇을 하여야 하는가 하는 법칙을 '무엇이 되는가'로부터 도출해 내거나 그것에 의해 제한하려는 것은 가장 타기하여야만 할 것이기 때문이다.[43]

> 선천적인 순수개념이라 함은 모든 경험에 앞서서 대상을 표상하는 것이며…… 추리에 있어 이성의 기능은 개념에 따라 인식에 보편성을 주는 데 있다.[44]

합법적 의심 위에 쌓아올린 과학을 (공학적) 추론의 결과라 가르치고, 행동을 욕구나 습관의 결과라고 가르친 흄 같은 회의론자는 그 욕구나 습관을 관습이라고 설명하고,[45] 언제나 이것도 저것도 아

---

[43] 앞의 책, p.275.
[44] 앞의 책, p.276.

닌 정의를 논하는 마이클 샌달 같은 정치철학자에게 절대 기준이란 상황윤리 정도일 것이며,[46] 사랑을 문화복제mime 과정의 돌연변이 정도로 보는 도킨스 같은 진화론자에게는 이수현 청년의 희생적인 행동도 불에 뛰어드는 나방의 본능과 다르지 않게 보일 수 있지만,[47] 우리에게는 공학적 추론이나 욕구보다 빠른 선험적 추론으로서 그 무엇이 있다는 사실을 칸트는 지적한다.

그러면서 그것은 '아름다움'을 인식하는 감관을[48] 통해 집약된다.

칸트는 쾌감이란 이성 없는 동물에게도 적용되는 것이며 선善이란 모든 이성적 존재자 일반에게 적용되는 것이지만, 오직 아름다움은 동물적이면서도 이성적 존재자에게—이성적 존재자(예컨대 정신)일 뿐만 아니라 동물적 존재자이기도 한 인간에게—적용된다고 하였다.[49] 다른 말로 하면 이는 어떤 사람은 본능적으로 자기 목숨을 보호하고, 어떤 사람은 상황에 따라 목숨을 걸고, 어떤 사람은 맹목적으로 목숨을 걸지만, 그 희생이 아름다울 때 가장 인간다운 것이라는 종교적 의미로 환원할 수 있는 이해이다(참조. 요 15:13). 왜냐하면

---

**45** Roger Trigg, 《인간 본성에 관한 10가지 철학적 성찰》, p.54.
**46** 샌달은 브레이크가 듣지 않는 기차가 달려 내려오고 있고 선로에는 다섯 명의 인부가 있으며 도저히 피할 수 없는 상황을 가정한다. 비상 철로로 돌릴 수 있는 키 앞에 서 있지만 다른 쪽 선로에는 이미 한 명의 인부가 서있다고 상황 제시를 한다. 그럴 때 어떤 선택을 할 것인지를 묻는 식으로 그는 정의를 설명한다. Michael J. Sandel, 이창신 역, 《정의란 무엇인가》(서울: 김영사, 2010), pp.36-40.
**47** Richard Dawkins, 이한음 역, 《만들어진 신》(서울: 김영사, 2006), pp.265, 269. 도킨스는 불빛을 향해 나아가는 수천 마리 나방에게 자살이라 부르는 것은 옳지 않다고 예시하면서, 정상적인 상황에서는 유용했던 나침반이 만들어 낸 빗나간 부산물이라고 단정한다.
**48** 칸트에게 '아름다움'은 진(眞), 선(善), 미(美) 가운데 가장 후순위가 아니라, 선을 압도할 수 있는 오성의 작동에 의한 것으로서 '아름다움의 감관'에 비중을 두고 소개된다.
**49** Immanuel Kant, 이석윤 역, 《판단력비판》(서울: 박영사, 2003), pp.64-67. "§5. 종별적으로 상이한 세 가지의 만족의 비교"를 참조.

죽음을 가리켜 아름다움이라 표현할 수 있는 것도 인간뿐이기 때문이다.

근원을 알 수 없는 두려움의 감관과도 동일시되는 이러한 칸트의 미감은 자연과 환경을 보고 듣는 감관으로서 설명할 때 보다 구체적 논증이 가능하다.

## 나는 그냥 들을 수 있다

〈어거스트 러쉬〉[50]는 특별한 소년이다. 그래서 고아원에서 따돌림과 괴롭힘을 당한다. 다른 아이들이 이 소년을 이상한 아이 취급하며 놀리는 까닭은 그가 "들을 수 있다"고 하기 때문이다. 다른 아이들에게는 전혀 들리지 않는 것을 혼자서 들린다고 하니, 힘 센 아이들은 무슨 소리가 들리냐며 자기들처럼 들리지 않는다고 시인할 것을 밤마다 강요하고 협박한다.

시골 고아원에서 지내는 어거스트 러쉬는 주로 나무와 나뭇잎 혹은 갈대 밭의 갈대에 바람 부딪히는 소리를 듣고 자랐다. 그런 소리는 누구에게나 들리는 것이지만 어거스트 러쉬에게는 다르게 들린다. 단순한 바람의 마찰음을 넘어 대기 중에 퍼져 있는 어떤 소리들의 조합, 심지어는 하늘에서 내리쬐는 햇살조차도 소리로 들리는 것만 같다. 게다가 그것은 시골의 한적한 환경에서만 체험하는 현상이 아니었다.

---

[50] 영화 제목: August Rush, 감독: 커스틴 쉐리단, 출연: 프레디 하이모어(어거스트 러쉬 [에반 테일러]), 케리 러셀(라일라 노바첵), 조나단 리스 마이어스(루이스 코넬리), 테렌스 하워드(리처드 제프리스), 개봉: 2007년, 러닝타임: 113분.

고아원을 탈출해 난생 처음 도시로 들어섰을 때도 이 아이에게는 소리부터 들렸다. 사람들의 왁자지껄한 소리, 바쁘게 굴러다니는 자동차 엔진소리와 경적소리, 그뿐만 아니라 저 아래 지하에서 맨홀 뚜껑 위로 솟구치는 지하철 철로 소리까지, 그 소음들은 앞서 시골 고아원의 자연 환경에서 들었던 서정적 운율을 넘어 인공적 환경에서조차 계속 '들려오는' 일종의 장애임에 틀림없었다.

이 아이가 도시의 혼잡한 인공적 소리를 듣다가 이내 분수대에 올라 손을 막 흔들어 대는 것을 보면서야 그의 귀에 무슨 소리가 들렸던 것인지 힌트를 얻게 된다. 그것은 지휘하는 동작이었다. 하지만 그것이 지휘자들이 지휘하는 동작이라는 것을 이 아이가 알 리 만무다. 음악이 뭔지도 모르는 고아 소년에 불과했기 때문이다.

이 소년의 장애가 천재성으로 바뀌게 된 것은 환경이 바뀌면서다. 우선 거리의 악사가 그의 천재성을 한눈에 알아챘다. 그 다음은 제도권 음악학교에서 그의 천재성을 알아보았다. '도레미파솔라시도' 난생 처음 건반을 누르다가 순식간에 음계를 터득해 버린 그는 자신의 귀에 들려오던 그 '소리'란 바로 화음이란 것을 알게 되었다. 그는 남들과 똑같이 듣는 장터의 소음에서 화음을 따내 악보로 옮겨 와 작곡을 시작한다. 장터의 소음뿐 아니라 거리의 농구장 소음, 자동차 경적 소리 등등 모든 불규칙한 소음을 화음으로 융합시켜 랩소디로 작곡하는 데 성공한다. 자신만 듣던 자연과 환경 속의 소리들을 음계, 즉 보편적인 소리들로 입증해 내는 데 성공한 것이다.

이처럼 자연 속에서 (이미 음계면서도) 음계가 아닌 것으로 존재하는 것과 같은 현상을 칸트는 '예지적'이라고 표현한 바 있으며, 그것이 갖는 원인성을 다음과 같이 인정하였다.

우선 그 원인성은 현상은 아니지만 그것의 결과만큼은 현상 안에서 능히 발견되는 것이라고 보았다. 그리고 그 원인성이 작동하는 성격을 '경험'과 '예지', 두 갈래라고 분석해 놓았다.

그리하여 자연법칙, 즉 생기生起하는 모든 것은 원인이 있다고 천명한 그는 그 원인에는 항상 시간적으로 앞지른 원인성으로서 '행위'란 것이 있어 언제나 그 원인성은 시간적으로 선행한 것이라고 보았다. 원인성으로서 행위란 무엇이고 선행된 시간이란 무슨 말인가?

다시 말하면, 어떤 행위가 완료된 시점에서 결과를 놓고 보면 그때마다 그 원인성이란 이미 존재해 왔음에도 감춰져 있던 것이라는 사실을 발견할 때가 있다. 만일 그것이 감춰진 상태가 아니었다면 우리는 그 행위를 '사건'으로 인식하지 못했을 것이다. 그냥 지나치고 마는 것이다. 감춰진 상태에서 밝혀진 상태가 될 때만 비로소 '사건'으로, 그리고 '행위'로 인식된다. 이러한 인식 체계를 '생기'라고 규정한다.

이러한 인식 체계가 하나의 구조로 설명될 때, 그 원인성은 반드시 생기하는 것이라야 한다는 명제이며—언제나 존재해 왔음에도 존재해 왔던 것이어서는 안 된다는 명제—그 원인성 역시 현상에 속하며, 현상에 의해 규정되는 것이라는 '경험'과 '예지'의 개념이다. 이러한 경험과 예지로서 구조 개념은 장차 현상학에서 말하게 될 은폐와 탈은폐 개념의[51] 기초를 마련했다.

한마디로 자연 질서에서 모든 사건이란 경험적으로 규정된다는 것이 바로 자연법칙이라고 역설한 것이다.[52]

## 쉐카이나

이와 같이 선험이라는 것은 그 자신이 예지적 속성으로 임한다 하더라도 늘 인식 체계와 영향을 주고받는 것은 아니다. 도리어 일관된 우연성 원리에 따라 경험적 조건으로부터 언제나 보다 높은 경험적 조건으로 나아간다(다시 말하면 경험적 조건에서 보다 높은 경험적 조건이 형성될 때 '선험'이 완성되는 것이다). 그렇기에 이와 같은 선험적 대상의 질료는 경험에서 얻지 못하는 것이며, 그 객관적 실재성 또한 후천적 경험의 완성에 기인하는 게 아니라, 선천적인 순수개념에 기인하는[53] 것이다.

앞서 어거스트 러쉬의 선험과 경험을 오가며 예지되었던 그 음<sup>音</sup>들은 미<sup>美</sup>와 더불어 인간 실존세계의 객관과 주관적 체계를 넘나드는 언어적 신호를 방사<sup>放射</sup>해 왔다. 구상 언어처럼 체계화되어 보이지 않아 눈여겨보고 듣지 않으면 소음이나 무질서한 어떤 것에 지나지 않지만 분명한 구상적 신호를 담고 있었던 것이다.

중·고등학교 교과 과정에서 배우는 황금분할을 예로 들어보자. 인간이 가장 안정감 있게 시각<sup>視覺</sup>하고 쾌적한 미를 느낀다는 1:1.618 비례는 수학의 산물로 알려졌으나 그것은 이미 자연에 내재된 규격으로 존해해 있다. 손가락 뼈, 얼굴 윤곽, 허리 위치 등 인체는

---

**51** 제9장 "하이데거의 신, 존재와 현상" 참조. 생기(生起)라는 말은 사건의 발생을 뜻한다. 일반적으로는 드러나 있지 않다가 사건이 되면서 비로소 존재를 드러내 살아 있는 존재가 된다는 현상학적 개념으로, 하이데거의 술어에서는 은폐, 탈은폐 개념과 연결된다.
**52** Immanuel Kant, 《순수이성비판》 pp.400-403. 여기서 말하는 '경험'은 일반적인 경험이 아니라 선험으로서의 경험을 말한다.
**53** 앞의 책, pp.417-418.

물론 소라나 조개껍질의 각 줄 간의 비율, 또는 그 몸체의 소용돌이 중심으로부터 직교하는 두 직선에서도 이 비례는 발견된다. 그 외에도 계란에서, 한겨울에 눈의 결정에서⋯⋯ 헤아릴 수 없이 많다. 다시 말하면 황금비란 공학적 고안으로서의 결과라기보다는 만물 가운데 이미 인간에게 익숙하게 학습된(예지된), 인식된 미의 결집에 다름 아니라는 결론에 다다를 수 있는 것이다.

어거스트 러쉬는 음악을 전혀 배운 적이 없었음에도 마치 인간의 예지력이 자연 가운데서 황금비를 발견하듯—선험한 듯—음계로서 들을 줄 알았다. 보통 사람에게는 소음으로 들릴 뿐인데 그는 그 소음에서 뽑아내고 추리고 융합해서 들을 줄 알았던 것이다. 바로 이를 두고 제도권에서는 음계와 화음이라고 정제해 쓰고 있지만, 그것은 선험과 경험을 오가는 사이 예지 곧, 계시가 된 셈이다.

하지만 이 소년에게 천재라는 속칭을 붙일 필요가 없는 것은 앞서 플라톤이나 아리스토텔레스, 어거스틴과 아퀴나스, 그리고 데카르트에 의해 설명된바 그것은 모두 보편적인 인식론 윤곽에 불과했기 때문이다. 인식이라는 것은 엄밀한 의미에서 주체에 관한 논제이다. 즉 함께 보고 듣는 다른 사람들이 인식하지 못하거나 다르게 인식할 뿐, 철학자들이나 어거스트 러쉬 자신이 없는 존재들을 창조하는 것은 아니기 때문이다. 인식의 대상이란 우리가 구조 짓고 형성하는 것이 아니라 단지 존재하는 것을 보고 듣는 것이라는 점에서 다음 텍스트에 나타난 바울 신학과 칸트의 미학은 평행한다.

창세로부터 그의 보이지 아니하는 것들 곧 그의 영원하신 능력과 신성이 그 만드신 만물에 분명히 보여 알게 되나니 그러므로 저희가 핑계

치 못할지니라(롬 1:20)

내가 두루 다니며 너희가 위하는 것들을 보다가 알지 못하는 신에게 라고 새긴 단도 보았으니 그런즉 너희가 알지 못하고 위하는 그것을 내가 너희에게 알게 하리라(행 17:23)

앞서 신학은 계시이며 철학은 이성으로서 공존했던 사실을 상기할 필요가 있다. 이성의 지위란 철학에만 한정된 게 아니라 신학적 권위에까지 다다랐던 사실 또한 기억할 것이다.[54]

그러면 핑계치 못한다는 말이 무슨 말인가? 만물, 곧 자연 속에서 뭔가를 발견하는 이들이 있다는 것이다. 그것은 결코 그 자연과 신성을 맞바로 치환하는 ― 돌과 나무가 어떻게 생겨났겠느냐는 식의 평이한 ― 설명도 아니다. 선행(학습)된 도그마로 갈리는 인식 또한 아니다. 단지 인식되는 그 무엇에 관한 진술이다. 왜냐하면 그 체험한 바를 봐도 모르는 것은 어떤 도그마 때문이 아니라, 그 자아가 지닌 인식의 주체적 소관이기 때문이다.

바울은 그 인식의 단계가 어느 정점에 가서는 모두 붕괴될 것으로 보았다. 그것은 바로 칸트의 표현인바 '사건'이란 '경험'으로 규정된다고 하는 법칙이 아니고 무엇이겠는가? 즉 모든 감관적感官的 인식이 깨지는 날―인식은 죽음으로 붕괴될 수도 있고, 죽음을 능가하는 개개의 '사건'을 통해 파괴될 수도 있다―그 모두는 자신들도 알고 있었다는 사실 자체를, 그렇지만 자기 주체가 인식하지 않았던 사

---

**54** 제1장 "어거스틴·아퀴나스의 신, 본원성" 참조.

실을 새롭게 인식하게 될 것이다. 칸트의 진술이었던 바, 바로 '선험'에 관한 '체험'인 셈이다. 이것이 핑계치 못한다는 말의 의미이며, 심지어 다신교를 통해서도 유일신을 인식할 수 있다고 한 칸트의 말은 그 '핑계치 못함'(롬 1:20)과 '알지 못하는 신에게'(행 17:23)와 긴밀한 평행을 유지한다.

> 그러므로 모든 민족에게 있어서 그들의 맹목적인 다신교를 통해서도 역시 유일신교의 섬광이 번뜩이는 것을 보는 것이다. 사람을 유일신교로 이끈 것은 반성이나 깊은 사변이 아니라 차츰 이해를 더해 가는 일방적 오성의 자연 진행이었다.[55]

이러한 인식의 붕괴가 바울신학에서 일종의 심판의 주된 형식으로 나타난 것이다.

이와 같이 "보이지 아니하던 것들이…… 분명히 보여 알게 된다"는 인식론적 체험(선험)은 당대의 헬레니즘 철학만이 아니라, 이미 유대교의 오랜 전통으로부터도 비롯되었다.

특히 그것은 유대교의 신 존재 방식과 맞물려 있다. 창세기 자체가 신의 부재로 시작하고 있으며(창 1:2), 그 신이 거주하는 성소도 존재의 양식에 따라 달라지며[56] 궁극적으로는 그들 신의 이름 역시 존재론적 형식과 결부되어 있다. 왜냐하면 신 존재를 따져 묻는 것은 가장 초보적 단계의 신학 같지만, 고통이라는 인간의 주된 환경 속

---

[55] Immanuel Kant, 《순수이성비판》, p.434.
[56] 유대교의 성소 개념은 성전과 같은 고정 성소와 광야의 천막과 같은 이동 성소로 두 전선을 형성하고 있다.

에서 하나님이 살아 계시다고 인식함으로써 고통 속에서도 하나님이 버리지 않으셨다는 존재감을 존속시키고 고수해 가야 하는 문제는 그 신과의 교제를 표명하는 가장 궁극적 신학일 수밖에 없는 것이기 때문이다. 그래서 그렇게 그들의 신의 이름은 '없다'가 아닌 '있다'Yahweh인 것이며, 이 '있다'라는 존재와 인식에 맞물려 그들의 메시아 역시 임마누엘(함께 있다)이라는 존재론적 예언의 성취 속에서 인식하려 했을 것이다.

이것이 바로 쉐카이나, 즉 '없는 곳이 없다'라는 유서 깊은 그들의 통일되고도 일관된 신 임재의 선험 양식이며, 또 그와 맞물려 전개되어 온 하나님 인식의 방법이었던 것이다.

## 진선미

칸트는 앞서 언급한 아름다움美의 원천을 '두려움'이라고 적시한다. 여기서 말하는 두려움은 머리를 풀어헤친 귀신이나 도깨비를 만났을 때 혹은 잔인한 살인자를 맞닥뜨렸을 때 느끼는 두려움을 말하는 것이 아니라 주로 자연을 맞닥뜨렸을 때의 감관으로 소개된다. 가령 우리가 광활한 평원에 끝없이 펼쳐진 노랑이나 초록의 유채 꽃들을 접하면 어떤 것을 느낄까? 기쁨? 즐거움? 아름다움? 그 모든 쾌의 감각의 시초는 다름 아닌 두려움이다. 이것이 바로 자연 경관을 대할 때 반응하는 놀람의 근거라는 것이다. 기쁘기 때문에 놀라는 것이 아니라 두려움을 통해 놀라고, 그 놀라움을 타고 들어온 미적 쾌감을 동해 비로소 우리는 즐거움에 이르는 것이다. 그 기쁨이 결코 어떤 코미디에서—아리스토텔레스는 코미디는 기형이라고 했다—비롯된 것이 아니라는 사실이 이 두려움을 수반한 미감의 반증이다. 이 두려움이 바로 칸트의 미학 용어인바 '숭고'이며, 앞선 회의주의로 점철된 이성 우위의 판단력은 이 감관 논증을 통해 비판되었다.

당초 철저한 의심 위에 세워진데카르트의 이성을 의심할 수 있었던 것은 경험론이다. 경험케 하는 지각이 그 인식에 대한 가장 앞선 기원이라 생각했기 때문이다. 의심으로 채워진 독단적 이성에 갇힌 사람들을 그렇게 경험으로 무장된 회의주의가로크, 루소, 흄의 깨울 때 칸트의 관념론도 같이 일어났다. 따라서 그의 관념론은 이성을 비판하고 상실한 자연에 내재된 원리를 복원함으로써 종전과는 다른 개념의 이성의 길을 갈파해 나갔다. 다시 말해서 합리론자뿐 아니라 경험론자들 또한 칸트에게 비판받은 셈이다. 이성의 능력을 맹신하는 사람들은 경험할 수 없는 것에까지도 판정을 가하려는 모순된 경향성이 있었다면, 반대로 경험론은 자연스런 인과율 속에서 납득하고 정리할 수 있었던 여러 가지 이론과 원리까지도 다 무효화하려는 회의주의적 경향이 있었기 때문이다. 눈앞에 펼쳐진 유채꽃 풍경이나 거대하고 웅장한 폭포수가 아래로 떨어지는 모습을 보면서까지 굳이 의심할 필요는 없는 것 아니겠는가.

이러한 칸트의 미학을 통해 진·선·미 가운데 이전까지 가장 열등한 것으로 간주되었던 미는 선보다 우월한 보편자로 등극할 수 있는 길이 열렸다. 옳은 것[善]이라는 이성의 한 개념은 아름다운 것[美]일 수는 있지만 아름답지 않은 것은 옳지도/선하지도 않다는 부등식이 이제는 가로놓이게 되었기 때문이다.[57]

---

[57] 이영진, 《요한복음 파라독스: 도상해석학과 신학의 지평융합》 (니드풀, 2011), p.39.

그러나 칸트의 관념론과 대치했던 이성적 합리론은 그의 관념론으로 옷 입고 재무장하여 새로운 경지의 합리적 신을 소개하기에 이른다.

헤겔의 신

4

어거스틴·아퀴나스의 신, 본원성
장미의 이름: 도그마의 퇴조

데카르트의 신, 이성
트루먼 쇼: 믿기 위해 의심함

칸트의 신, 관념
어거스토 러쉬: 쉐카이나

## 헤겔의 신, 합리성
레 미제라블: 사랑은 합리적인가?

다윈의 신, 진화
진화의 시작: 신도 진화되었는가?

마르크스의 신, 물질
매트릭스: 신성과 인성

니체의 신, 허무
쇼생크 탈출: 노예의 도덕

프로이트의 신, 무의식
인셉션: 자기 우상 파괴

하이데거의 신, 존재와 현상
트루먼 쇼: 에고 에이미

소쉬르의 신, 구조
큐브: 알아들을 수 없는 말, 방언

라캉의 신, 욕망
석객: 원죄 흔적

데리다의 신, 해체
시네마 천국: 집중적이고 분산적인 신

2014년 12월 경, 우리에게 잘 알려진 이야기《레 미제라블Les Misérables》이[58] 영화로 나와 큰 흥행을 거두면서 새삼 이 작품이 많은 사람에게 회자되었다. 우리 관객이 몰입하기 쉽지 않을 성싶은 뮤지컬 장르로 제작되었는데도 관람객이 400만 명에 이르렀는가 하면, 그해 11월 용인에서 먼저 순회공연으로 출발했던 실제 뮤지컬이 대전에 이르면서는 한 달 만에 관객 5만 명을 돌파했다. 소설 텍스트로 2,556쪽에 이르는 완역본만 약 20만 권이 넘게 팔렸다고 한다(민음사, 펭귄클래식, 동서문화사 합산).

## 모순율

그런데 이처럼 많은 사람들이 감동하고 공감했을 이야기가 다음과 같은 두 언론사의 서로 다른 입장에서 판이한 평론 기사로 소개된 사실은, 원작이 발표되던 151년 전 당시나 오늘이나 그 시대가 벗어던질 수 없는 정正과 반反이라는 사회적 모순율을 반영하는 좋은 예시가 아닐 수 없다. 좀 길긴 하지만 이들 평론을 통해 원작이 지닌 실제 역사적 배경과 이야기를 언론사 자신의 입장으로 가공해 오는 과정에서 양분되는 모순성을 살펴볼 것이다. 우선 그중 한 언론사의 것이다.

'레 미제라블'에서 '장발장'은 굶주린 조카들을 위해 빵 한 조각을 훔치

---

[58] 영화 제목: Les Misérables, 감독: 톰 후퍼, 출연: 휴 잭맨(장 발장), 러셀 크로우(자베르), 아만다 사이프리드(코제트), 앤 해서웨이(판틴), 개봉: 2012년, 러닝타임: 158분.

다 19년 동안 노역을 살게 된다. 상식적으로 납득이 안 되는 한 인간의 불행은 어떻게 시작된 것일까.

1789년 프랑스에서는 극심한 굶주림과 신분제에 대한 불만으로 혁명이 일어난다. 민중들은 국왕 루이 16세를 처형하고 '왕이 없는 나라', 즉 공화국을 선포한다. 이것이 흔히 알려져 있는 '프랑스 대혁명'이다. 혁명 이후 프랑스는 굶주림 문제를 해결하기는커녕 더 큰 소용돌이에 빠진다. 오스트리아 등 이웃 나라들은 자국으로 혁명이 확산되는 것이 두려워 프랑스에 군대를 파견했고, 쫓겨난 왕족과 귀족들이 이들과 결탁했다. 혁명지도부는 외국군과 내부의 반혁명 세력과 전쟁을 벌이면서 한편으로 내부 권력다툼에 돌입한다.

전쟁과 혁명의 아수라장에서 경제는 엉망이 됐다. 날로 물가가 치솟아 민중들의 고통이 극심했다. 혁명지도부 중 가장 과격파였던 로베스피에르는 1793년 정권을 장악한 뒤 '최고가격제'를 실시해 일시적으로 물가안정을 이뤘다. 그러나 1년 동안 1만 명 이상을 '반혁명' 혐의로 처형하는 등 지나친 공포 분위기 조성으로 2년 만에 실각한다. 최고가격제는 폐지되고 다시 물가는 뛰어올랐다. 바로 그 이듬해인 1796년 장발장은 조카를 위해 빵을 훔치다 체포된다.

장발장은 정확히 감옥에 간 것이 아니라 '노역형'에 처해진 것이었다. 유럽에서 범죄자들은 일정 기간 노예가 돼서 일하는 형벌을 받았다. 대부분 지중해 갤리선에서 노 젓는 일을 하는 수부(水夫)로 일했다. 처우는 말 그대로 노예였다. 음식과 의복은 형편없었고, 매질도 다반사였다. 혁명으로 왕은 사라졌지만 전근대적 형벌제도는 사라지지 않았던 것이다.

(중략)

이 혁명을 '7월 혁명'이라 부른다. 이때 왕위에 오른 이가 '루이 필리프'이다. '레 미제라블'은 이 시대를 무대로 본격 펼쳐진다.

(중략)

공장을 소유한 부르주아지들은 산업화로 인한 성장에 힘입어 예전의 귀족과 같은 지위를 누리기 시작했다. 1820-30년대 산업화로 인해 노동빈민도 늘어났다. 성장의 열매는 가난한 사람들에게는 돌아가지 않았다. 도시 인구는 갑자기 늘어났지만 주택, 수도 시설은 턱없이 부족했다. 불량한 위생으로 전염병이 주기적으로 발생했고, 이때마다 슬럼가에 사는 빈민들은 떼죽음을 당했다. 1831년 콜레라 대유행이 단적인 사례다. 경제성장과 더불어 물가도 함께 오르는데 임금은 턱없이 낮았다. 빈민가의 남성들은 시름을 잊기 위해 술을 마시고, 여성들은 살기 위해 매음굴로 흘러들었다. 아이들은 부모에게 버려져 부랑아가 됐다.

수천 명이 가담한 폭동이 일어났다. 이 지역은 프랑스 견직물 공업의 중심지로, 전체 수출액의 30%를 생산하는 곳이었다. 노동자들은 오르는 물가에 비해 임금이 턱없이 낮다며 '최저임금'을 협상했지만, 공장주 1400명 가운데 104명이 이에 불응했다.

이를 계기로 리옹 지역의 노동자 전체가 들고 일어났다. 이들은 한때 시정까지 장악했지만, 정부는 이를 '반란'으로 규정해 잔인하게 탄압했다. 공장주 90% 이상이 합의한 최저임금법도 수포로 돌아갔다. 노동자들의 결사의 권리 등도 크게 제한됐다.

리옹 사건을 계기로 빈민과 노동자들, 공화주의 성향의 학생들은 7월 왕정에 등을 돌렸다. 걸핏하면 폭동이 일어났다. 1832년 6월 5일, 나폴레옹의 부관 출신 국회의원으로 '민중의 편'에 섰다고 평가받는 라

마르크의 장례식을 계기로 일어난 폭동도 그중의 하나였다. 마리우스는 왕정을 뒤엎기 위해, 장발장은 마리우스를 구하기 위해 이 폭동에 참여한다.

뮤지컬과 영화 '레 미제라블'에서는 다소 규모가 작은 폭동으로 묘사했지만, 실제로는 바리케이드가 십수 개 이상 세워지고 약 800명이 사망한 대규모 폭동이었다. 하지만 왕정은 무너지지 않았다. 정부의 강력한 탄압으로 1835년부터는 폭동도 잦아들었다. 이후 프랑스는 부르주아지 문화를 꽃피우며 번영의 시대를 맞이한다.

(중략)

1835년부터 안정을 유지했던 루이 필리프 왕정은 1846년 대흉작으로 또다시 물가가 폭등하고, 실업자가 급증하면서 위기를 맞는다. 마침내 1848년 2월 노동자 계급이 중심이 돼, 루이 필리프 왕정을 끌어내리는 데 성공한다. 이것이 '2월 혁명'이다.

하지만 프랑스는 민주공화정이 정착하기까지 험난한 여정을 더 겪었다. 2월 혁명 이후 선포된 새로운 공화국에서는 나폴레옹의 조카인 '루이 나폴레옹'이 통령으로 당선됐다. 그 역시 스스로 황제(나폴레옹 3세)로 즉위했다.

나폴레옹 3세는 권위주의적이긴 했지만 내부적으로는 민중들의 삶을 개선시키는 개혁안을 마련하는 한편 '프랑스 제국의 영광'을 되찾기 위해 외국과 전쟁을 벌였다. 하지만 1871년 프로이센(현 독일)과의 전쟁에 패해 물러난다.

나폴레옹 3세가 물러난 이후 프랑스 급진 좌파 세력이 봉기해 파리 시청을 점령하고 자치정부 '파리 코뮌'을 결성한다. 하지만 파리 코뮌은 정부에 진압돼 약 3만 명이 처형당하는 처참한 결과로 끝났다.

파리 코뮌을 진압하고 출범한 '제3공화정'에 가서야 프랑스는 극좌와 극우 사이를 오가지 않고 민주공화정으로 정착한다. 프랑스 대혁명 이후 거의 100년이 걸렸다.[59]

주인공 장 발장이 빵을 훔치게 된 배경과 혁명의 발단을 동일시하는 경향성에서 알 수 있듯이, 불합리한 모순으로 대변되는 왕정·부르주아지의 몰락이 갖는 당위성이 어렵지 않게 레 미제라블의 가치와 동기화되어 읽히는 평론이다. 다음은 이러한 논조와는 완전히 상반된 입장인 언론사의 평론이다.

초등학교 시절, '장발장'과 '레 미제라블'이 같은 작품임을 아는 데 한참이 걸렸다. '장발장'이 한국 이름이 아니라 프랑스 이름 '장(Jean)'에 성이 '발장(Valjean)'이라는 것도 나중에 알았다. '레미 제라블'이 아니라 '레 미제라블(Les Misérables)'이란 것도 후에 알았다. 그리고 이 책이 완역하면 2300페이지가 넘는 대작이라는 것은 최근에야 알았다. '독자 여러분이 아시는 대로, 장발장은 빵 한 조각을 훔치고 억울하게 19년간이나 옥살이를 했다.' 이 문장에는 오류가 있을까, 없을까.
막노동으로 살아가던 장발장이 빵을 훔친 것은 누이의 일곱 아이에게 먹일 빵이 없어서였다. 그는 총을 소지하고 있었는데, 이게 불리하게 작용해 '야간에 가택에 침입해 절도 행위를 한 혐의'로 5년형을 받았다. 죄수번호 '24601번' 장발장은 수감 4년째 탈옥했고 이틀 만에

---

[59] 경향신문 2013.01.12, 10:17:58 입력기사(수정: 2013-01-22, 21:26:20), "〈레 미제라블〉 역사 알고 보면 더 재밌다" 박은하 기자, http://news.khan.co.kr/kh_news/khan_art_view.html?artid=201301121017581

잡혔다. 이걸로 3년이 추가됐다. 6년째 또 탈옥했고, 잡히면서 강하게 저항하는 바람에 5년이 더 추가됐다. 10년째 또 탈옥하다가 3년 추가, 13년째 또 탈옥해 3년을 추가했다. 이렇게 해서 도합 19년이다.

작가 빅토르 위고는 죄에 비해 징벌이 과도했기 때문에 "범죄자의 잘못을 억압으로 바꾸고, 죄인을 희생자로, 채무자를 채권자로 만드는" 결과를 초래했다고 썼다.

여기까지 읽으면 "그깟 빵 한 덩이 훔친 죄는 그냥 됐어야 한다"고 주장하고 싶다. 그런데 정말 그랬다면, 한밤중에 총 든 남자가 자기 집 유리를 깨는 걸 목격한 빵집 주인의 불안은 누가 해소해줄까. 탈옥 누범에게 형을 추가하지 않으면 누가 얌전히 감옥에서 형기를 채울까. 그래서 작가는 이렇게 썼다. '장발장은 자기가 받은 징벌은 사실 부당한 것은 아니지만, 확실히 불공정한 것이라고 결론지었다.'

그럼에도 사람들은 대부분 '장발장의 죄는 빵 한 조각을 훔친 것'이라 생각한다. 그렇게 생각하고 싶어 한다. '우리 편' 장발장이 무고할수록 저쪽 권력의 폭압성이 부각되기 때문이다. 이성을 잠재워놔야 피가 빨리 끓는다.

이런 사고 패턴은 흔하다. 얼마 전 인터넷에 '4만원 훔쳐 징역 1년 6개월, 현대판 장발장?'이라는 제목의 기사가 나왔다. 예상대로 '있는 자들은 몇억을 해먹어도 집행유예로 나온다' '법이 썩었다'는 반응이 줄을 이었다. 9년 전 그의 첫 절도는 70만원 벌금형에 불과했다. 그러나 집행유예 기간 중 또 절도를 했고, 경찰 행세를 하며 돈을 뺏는 등 범죄 두 번에 이어, 이번에도 잠자는 이의 찜질방 열쇠를 빼내 옷장에서 돈을 훔쳤다는 구체적인 범죄 사실과 이에 대한 징벌의 균형 여부를 고민하는 사람은 많지 않다.

아직도 관련자들의 농성이 이어지는 용산 참사, 쌍용차 문제를 대하는 방식도 비슷하다. 한쪽은 '우리는 완전한 약자'라고 주장하면서 '명예 회복'을 주장하고 있다. 그 과정에서 벌어진 위법·불법성과 타인에 대한 공격은 언급하지 않는다. 여기에 '약자 마케팅' 전문 정치인들이 끼어든다. 다른 쪽도 오직 상대의 '불법성'에 주목할 뿐 '사람'을 보려 하지 않는다. 두 주장이 평행을 이루며 국민도 보고 싶어 하는 것만 보려는 경향이 더 강해졌다.

용산과 쌍용차 사건의 발단부터 현재까지 '팩트'를 챙겨본 장관과 정치인·경찰은 몇이나 될까. '레 미제라블' 완역본보다 더 필요한 건 '구호'만 남은 사건에 관한 객관적 백서다.[60]

전자의 평론은 '혁명'을 유독 당대의 '최저임금제' 관련 소요와 부각시켜 국내 정치·경제 현실을 연상케 한 것에 반해, 마치 전자의 평론을 겨냥이라도 한 듯한 후자의 평론이 주장하는 가치는 한마디로 법치이다. 이들 또한 국내 노동계 이슈와[61] 노골적으로 연결 짓고 있다.

게다가 이 뮤지컬 영화의 국내 개봉 시점이 공교롭게도 우리나

---

[60] 조선일보 2013.01.18, 23:10 입력기사(수정: 2013.02.04, 16:34), "[대평로] 장발장은 100% 희생자인가" 박은주 문화부장, http://news.chosun.com/site/data/html_dir/2013/01/18/2013011802332.html
[61] 당시 주된 이슈란 앞서 조선일보 기사가 언급한 것처럼 용산 참사와 쌍용차 문제를 말한다. '용산 참사'란 2009년 1월 20일 서울 용산구 한강로 2가 남일당 건물 옥상에서 점거농성을 벌이던 세입자, 전국철거민연합회 회원, 경찰, 용역 직원 간의 충돌 중에 발생한 화재로 다수의 사상자가 발생한 사건을 말하며, '쌍용차 문제'란 같은 해 5월 22일부터 8월 6일까지 약 76일간 쌍용자동차 노조원이 사측의 구조조정 단행에 반발해 쌍용자동차 평택 공장을 점거하고 농성을 벌인 사건을 말한다.

라 18대 대통령 선거 시기와 맞물려 있던 것은 우연이 아닌 양, 두 평론이 다 격양돼 있다. 하지만 이 뮤지컬 영화가 들어오기 6여 년 전, 비교적 지금 같은 정치적 전제가 없던 시기에—대통령 선거와 겹치지 않던 시기에—대검찰청과 같은 사법 기관에서는 소속 검사들에게 이 소설 완역본을 필독서로 제시한 바 있다.[62] 왜일까?

> 고개 숙여. 하늘에는 신이 없고, 땅에는 자비가 없고, 나는 죄가 없네. 주님은 관심도 없어. 고개 숙여. 모두 다 널 잊었어. 넌 영원한 노예일 뿐—

〈고개 숙여(Look down)〉라는 이 오프닝 테마곡에 모든 것이 함축되어 있듯 레 미제라블은 신이 없는 시대를 다룬다.

전자의 평론에서 소개된 대로 프랑스 대혁명이라는 격변의 혼란기로부터 안정기를 향해 달려가는 과정의 시대상이 배경인 이 이야기에서 누이와 일곱 조카를 부양해야 하는 주인공 장 발장은 배고픔 끝에 빵을 훔치다 잡혀 3년형을 선고 받는다. 빵 하나 훔쳤다고 3년형을 받는다는 것이 우리 시대에는 이해되지 않지만 당시의 혼돈 정국에서 야기된 상대적 법 정서 속에 자리했던 법의 강도強度를 엿보기는 그리 어렵지 않다.

---

[62] 중앙일보 2007.01.04, 05:07 입력 기사, "《레 미제라블》올해 필독 도서 10권, 대검, 검사들에 주문" 문병주 기자, http://article.joinsmsn.com/news/article/article.asp?total_id=2556038&ctg=12 그 외 《조선의 부정부패 어떻게 막았을까?》(이성무 저) 《용기 있는 검사들》(제임스 스튜어트 저) 《검찰독본》(전 오사카 고검장 가와이 신타로 저) 《법의 정신》(몽테스키외 저) 등이 추천 도서로 선정되었다.

결과적으로 그는 3년형을 넘어 19년형을 살고 나오게 되는데, '빵 하나 훔치고 19년 형'이라는 법의 과잉은 대번에 법의 모순성을 부각하지만63 그가 절도범을 지나 탈옥한 수형자 신분이 되었다는 사실은 법의 정당성 문제로 회귀한다. 그렇지만 이야기는 그 탈옥이 가족의 생계를 걱정한 탈옥이었다는 사실을 전제함으로써 여전한 법의 과잉성에 날선 각을 세우고 있다.

중년이 되어 버린 장 발장은 적개심으로 배회한다. 어디를 가든 가석방 신분임을 드러내는 노란딱지를 달고서 사회에 진입하게 하는 한 그에게 사회는 여전한 감옥이다. 전에 갇혀 있던 감옥과 달리 이곳에서는 음식과 잠자리조차 제공받을 수 없다. 성당 벤치에 쓰러져 개만도 못한 자신의 신세에 직면한다. 종전에는 형의 과중한 처벌 구조가 지닌 모순과 맞닥뜨렸다면, 그 형기를 마친 후에는 옴짝달싹하지 못하게 만드는 사회 구조가 갖는 모순성에 직면한다.

그런데 그 사회에는 신의 사제가 있었다. 밀리에르라는 나이 든 사제를 만난 것이다. 사제는 성서가 말하는 '법'대로 그를 환대했다. 따뜻한 음식과 깨끗한 잠자리를 제공했다. 그러나 저자 빅토르 위고는 이것으로써 그 모순 상황을 종결짓지 않았다. 순간적 충동에 사로잡힌 장 발장은 환대했던 사제의 집에 있는 접시들을 훔쳐 달아남으로써 스스로 법의 과잉에 정당성을 부여하고 만다. 그는 역시 노란딱지가 붙어 마땅한 위험인물에 불과했던 것이다.

---

**63** 원문에는 빵(pain)을 훔쳤다고만 되어 있지 어떤 빵인지는 알려져 있지 않다. 당시 프랑스의 빵은 오늘날 손쉽게 접하는 손바닥만 한 빵이 아니라 2-5kg 정도나 되는 크기로, 가족이 며칠을 두고 먹을 수 있는 빵이었다고 한다. 그만큼 반죽과 숙성에 오랜 시간과 수고가 들어갔겠지만, 그럼에도 2-3일치의 빵을 원인으로 3년형은 과잉된 법 집행일 수밖에 없다.

헌병에게 다시 붙잡혀 끌려 온 장 발장, 그를 마주한 밀리에르 사제, 그는 이 도둑이 접시를 훔쳐갔다고 하지 않고 자신이 접시를 선물로 준 '손님'이었다고 증언한다. 이 또한 성경의 법에서나 볼 수 있는 행동이다.

성聖과 속俗을 오가는 이러한 '정'과 '반'의 끊임없는 모순과 그 틈바구니에서 존재해야 하는 신의 자리는 어디 있으며, 특히 그 신으로부터 사랑의 직무를 위임받은 위임자는 무엇을 어떻게 해야 하는지에 관한 역설은 '혁명'이나 '최저임금제'라는 소재를 뛰어넘은 이 이야기의 진정한 배후다.

밀리에르는 붙들려 온 장 발장에게 갖고 있던 촛대까지 얹어 줌으로써 그의 무혐의를 완벽하게 변호하며 나직한 말로 장 발장에게 한마디 건넨다.

> 나의 형제 장 발장, 그대는 이제 악에 속한 자가 아니라 선에 속한 자입니다. 나는 그대를 위해 그대의 영혼을 샀습니다. 나는 그대의 영혼을 어두운 생각과 파멸의 영으로부터 건져 내 하나님께 바치려고 합니다.[64]

그러나 이러한 가치의 대립은 지금까지 전개된 법의 과잉과 강제된 준수, 그리고 사회라는 모순된 감옥에서만 제시되고 끝나는 것이 아니라 밀리에르를 통해 새로운 영적 삶을 구축해 가는 장 발장의 새로운 삶 속에서 더욱 뚜렷이 드러난다.

---

**64** Victor Hugo, 방곤 역, 《레 미제라블》(서울: 범우사, 1997), p.163.

그의 과거를 집요하게 추적하는 경감 자베르와의 대립을 통해 더욱 강도 높은 모순율이 도전해 오기 때문이다.

## 변증법

이와 같이 우리를 대립에 직면케 하는 불합리한 모순의 세계가 허용하고 만 것이 바로 변증법이라 할 수 있다. 그것은 떨쳐 낼 수 없는 세계를 둘러싼 모순율을 도리어 적극적으로 수용한다. 그런 모순이 없으면 아예 우리는 사물이나 환경을 인식할 수도 없으며, 생존 자체도 불가능하다는 사상이 등장한 것이다. 그리하여 이 세상은 그 자체가 '모순과 대립을 통해 앞으로 나아가는 것'이라며 하나의 법칙으로 천명하기에 이른다.

절대자, 곧 신 역시 하나의 정신으로 파악함으로써 그 정신성을 절대자의 본성으로 규정하려는 이 시도는, 역사의 진행 형식을 의식과 대상 사이에서의 대립에 대한 정립으로 간주하고, 그러한 대립의 지양과 소외와 화해로부터 정신이 자기 자신을 실현하는 법칙을 도출할 수 있다는 생각에서 비롯되었다.[65]

변증법이라 불리게 될 이 법칙은—이와 같은 변증법적 체계로서의 역사 철학—현실에 구현되는 어떤 운동과 변화 그리고 그것들이 갖는 존재를 지배하고 운용하는 일종의 윤리적 가치라고까지 칭송되었는가 하면, 모순과 대립을 통해 발전하는 운동과 변화를 파악

---

[65] 여기서 말하는 '정신'은 고유한 신적 자아라기보다는 그 공동체 집단의 자아로 파악함이 맞다. Richard Schaefler, 김진 역, 《역사철학》(서울: 철학과현실사, 1997), p.242.

하는 고차적 사고로까지 추앙되기에 이르렀다. 믿기 위해 의심을 적극 수용했던 데카르트의 합법적 의심을 떠올려 보면(이 책 제2장 참조), 이것은 일종의 부정성에 대한 적극적 수용, 즉 부정에 대한 합법화에 다다른 정점으로 이해할 수 있다(그 합법적 부정성을 토대로 세워진 실존 세계는 마르크스 때에 가서 마주하게 될 것이다).

망치로 벽 모서리부터 부수고 있는 사람이 망치를 가리켜 부수는 도구라고 주장하고, 망치로 못을 박아 벽을 세우고 있는 다른 사람은 그것은 부수는 도구가 아니라 고정시키고 세우는 도구라고 주장하며 대립하고 있을 때, 그 망치는 이미 '부순다'와 '세운다'라는 상반된 개념의 대립을 넘어 어느새 '부수고 다시 세우는 도구'라는 합合의 결론에 도달해 있으며, 그 망치는 변증법적 전개와 발전을 구가한 사물이 되어 있는 것, 이것이 변증법이라는 법칙의 기본 골격이다.

이 변증법 원리에 의하면, 모든 현상은 (1)아직 모순이 드러나지 않은 안정된 상태의 단계—그것을 즉자即自 혹은 정正으로 규정한다—를 지나 비로소 (2)모순이 드러나는 상태의 단계—이것은 대자對自 곧 반反으로 규정한다—를 넘어 (3)마지막으로 모순이 해소되고 고양되어 보존되는 단계—합의 단계—에 이르게 된다. 다른 말로 하면, 칸트가 말했던 '물物 자체'에 대해서는 이제 더 이상 생각할 필요가 없어지게 된 것이다.

## 변증법이 성서 연구에 미친 영향

이러한 사고의 출현은 향후 성서의 이해에도 큰 변화를 가져오게 했다. 27개의 개별 문건으로 구성된 신약성서의 경우, 각 공동체 간에

야기된 어떤 이념의 갈등과 그에 따른 해결의 전개 속에서 하나의 문집으로 구성되기에 이르렀다는 식의 접근 방법이 싹튼 것이다.

이런 방법을 발전시킨 사람들은 우선 초대교회 당시 율법에서 자유롭지 못했던 유대교 색채의 그리스도교와 율법에서 자유로웠던 바울의 보편적universalitic 복음 사이에 대립이 있었다고 추측했다. 그리고는 사도 이후 시대에 이르러 그 대립이 어느 정도 완화되는 시점이 도래했으며, 그다음에는 팽팽한 이들 두 입장이 양보와 타협 속에서 서로 교섭하게 되었고, 결국 2세기경의 열광주의와[66] 영지주의에 대항하며 중도적 입장에서 연합한 것으로 신약성서의 구성을 설명했다.

예를 들면 순수한 바울의 복음을 나타내는 서신들은 갈라디아서, 고린도전·후서, 로마서뿐이고, 요한계시록은 원사도들이 완고한 에비온주의Ebionism에[67] 대항하기 위해 기록한 문서라고 판단했다. 즉 전통으로 내려온 친저권親著權에—마태복음은 마태가, 요한복음은 요한이 지었다는 식의 친저권—의심을 갖고 변증법이라는 새로운 방법으로 친저권을 재분류한 것이다. 그리하여 이상 다섯 문서만을 이념에서 자유로운 본래의 것으로 보고, 공관복음서와 사도행전에는 모든 입장을 통합시키려는 경향이 나타나 있다고 간주했다. 그 문서들

---

[66] 열광주의자(enthusiastici)는 동정 생활을 지나칠 정도로 강조하여 결혼을 금하고 엄격한 단식과 자선을 하였으며, 신앙을 위해 용감하게 순교할 것을 권고했다. 2세기 중엽 소아시아의 프리지아에서 몬타누스(Montanus)에 의해 시작되었다가 5-6세기경 사라졌으며, 몬타누스주의(Montanismus) 혹은 빛을 받은 이들(illuminati)이라고도 불린다. 종말론과 특별한 은사를 신봉했다.

[67] Ebionism은 가난한 자(the poor)라는 뜻으로, 모세 율법의 유효성 위에 그리스도교를 이식했으며, 그것을 신의 뜻의 궁극적 명문화로 확정했다. 따라서 유일한 진리인 모세 율법의 준행을 통해서만 구원받을 수 있음을 사상적 기반으로 했다. 마태복음 외의 복음서를 다 거부하고, 그리스도의 동정녀에게서 나심을 부정하고, 세례 시 성령을 받음으로 메시아로 발탁되었다고 주장함으로써 신성을 부인하게 된다.

은 차이점을 제거하고 중재하려던 시기에 속한 작품들이며, 이 모든 모순에 대한 합의 완성 즉 평화로운 해결은 요한복음에 와서야 비로소 이루어진 것으로 여겼다.⁶⁸

성서에 대한 이와 같은 변증법적 이해에서 드러나듯이 헤겔의 신 이해는 다분히 역사적일 수밖에 없었으며, 그러다 보니 역사를 발전과 도태의 단계로만 보는 이런 세계관은 앞으로 등장하게 될 진화론적 철학의 도래를 예고하는 것이기도 했다.

이와 같이 성서를 역사와 평행하게 견주어 보는 방식의 성서 이해는 역사비평Historical Criticism이라는 이름으로 불리게 되었으며, 성서를 하나의 마술책 정도로 취급하던 시대에 역사라는 사실적이고도 합리적인 방법이 압도하면서 사람들은 더 잘 믿기도 하면서 더 잘 의심도 하게 되었다. 근/현대의 전형적인 모순성이 가속화로 치달은 것이다.

그렇다면 과연 역사에 대한 정립성·반립성 문제와 직결된 그리스도의 존재에 관한 신학이나, 모순성을 극복해야 하는 '율법과 복음' 같은 정/반의 신학적 명제⁶⁹ 역시 헤겔의 변증법적 역사관으로 설명이 가능할까?

그것들이 지닌 불가해성은 당초 '사랑도 과연 합리적인가'라는 물음으로 던졌던 이 장의 주제를 그 사랑 저편에 솟아올라 있는 죽

---

**68** Werner Georg Kümmel, *Introduction to the New Testament*, 17th ed. trans. Howard Clark Kee(Nashville: Abingdon, 1973), pp.30-31.
**69** 그리스도론(Christology)의 핵심 가운데 하나는 그가 반드시 유대교 신의 계시 속에서 약속된 메시아라야 하는 정 명제(Thesis)와, 그러나 정작 그가 와서의 실천은 그 약속으로 집약되어 온 율법이라는 정 명제를 반립하는 반 명제(Anti-thesis)로 일관했다는 모순성이 주요한 신학적 주제다.

음, 곧 자베르의 자살에 대한 질문으로 치환시킴으로써 해명할 수 있을 것이다.

## 자살은 '합리적' 선택인가

성자가 되다시피 한 장 발장을 집요하게 추적해 오는 자베르는 결코 악으로만 볼 수 없는 존재다. 헤겔의 변증법적 표현인바 그의 정체성은 정에 대한 반일 뿐이다. 한마디로 그는 용서 저편에 서 있는 죄의 삯이자, 생명 저편에 서 있는 사망일 뿐이기 때문이다. 과거 독자들의 어린 시절 동화에 등장하는 자베르가 냉혈한의 직업적 사명감에 매몰된 악의 화신으로, 특히 테나르디에 같은 악인과 전혀 다르지 않은 인물로 인식되게끔 각색되어 온 것은, 상업적으로 치우쳐버린 무책임한 편집자들의 의도적 편견과, 무지한 번역가들의 문학적 몰이해 때문이다.

자베르는 세속적 '권력'이 아닌 '공권력'이 갖는 신성함 그 자체를 보존하려 하고, 무엇보다 질서를 통해 표출되는 법에 대한 경외감, 또 그 법 자체가 갖는 거대 존엄의 구조를 지키고 수호하려는 인물이다. 다시 말하면 법이라는 누구도 움직일 수 없는 견고한 틀 자체가 한 인간과 인격을 통해 투영되고 의인화되어 나타난 것, 그것이 바로 자베르다. 다른 말로 하면 그는 악의 화신이 아닌 '법의 화신'인 셈이다.

장 발장이라는 인물이 어떤 변화를 거쳐 현재의 그가 형성되었듯이 자베르에게도 그를 변화시키고 형성시켜 준 배경이 있다. 다름 아닌 그가 살아온 삶 자체다. 원작 속 자베르 경감의 성장 과정은 우리의 편견처럼 결코 엘리트가 아니었다. 그의 어머니는 집시 점쟁이였는데, 갤리선 노예 사이에서 자베르를 낳았다. 특히 자베르는 태어날 때부터 감옥에 있었다. 감옥에서 태어난 것이다. 그래서 그 자신도 장 발장처럼 어둠의 세계를 누구보다 잘 알고 있었지만 전적인 자기 의지로 삶을 변화시켰다는 점에서 그는 장 발장과 달랐다.

이와 같이 오랜 삶에 대한 태도는 그로 하여금 삶에 대한 극단적 선택을 하게 했는데, 그것은 사회를 처절하게 부술 것이냐, 아니면 철저하게 보호하고 세울 것이냐 하는 것이었다고 원작은 밝힌다. 자베르는 후자를 택했다. 이것이 장 발장과의 대립의 본질이다. 그렇기에 둘은 '어둠'은 공유하지만 '빛'은 공유할 수 없었다. 장 발장의 빛은 타인으로부터 받은 것이지만 자베르의 빛은 자신이 축성한 것이기 때문이다. 어둠을 자신의 힘으로 극복했다고 믿는 자베르에게 자기 경험은 장 발장의 것보다 신성하다.

이것이 그들의 서로 다른 빛의 기원이다. 장 발장의 빛은 타인에게서 받은 것이기에 타인을 향해 열려 있지만 자베르의 빛은 자신만을 향해 겨누고 있다. 자베르가 보기에 장 발장의 빛 된 삶은 거짓이다. 자베르와 장 발장의 대립은 이와 같이 자아의 공유됨과 유리됨, 이들 상반된 두 자아가 가져다주는 모순이지 다른 게 아니었다. 단지 경감과 죄수라는 표면적 구도가 전부가 아니었던 것이다.

이 극한 대립에 대한 합의 결과는 무엇일까. 과연 합리적으로 해결할 합을 도출할 수 있을까.

장 발장이 밀리에르 사제에게 용서받고 모든 자아가 붕괴된 것처럼, 자신이 쫓던 전과자에게서 정작 법의 화신인 자신이 사면을 받았다는 사실은 자베르에겐 똑같은 경험의 붕괴를 가져왔다. 그러나 그것은 단순한 감정의 붕괴가 아니라 법 자신의 붕괴를 고하는 순간이다. 자베르가 장 발장을 포기하고 놓아줄 수밖에 없는 이 뜻밖의 행위는 법에 대한 사형선고였기 때문이다. 자신의 논리 구조에서는 결코 있을 수 없는, 자기도 모르는 용서 행위가 발현되었을 때, 그는 이 신성한 법 집행의 의무를 저버린 데 대한 패배감과 자기모순에서 오는 갈등으로 최선의—자베르 자신으로서는 최선의—선택을 할 수밖에 없었다. 스스로 목숨을 끊는 일, 즉 장 발장의 은혜에 감염된 자신을 주체하지 못하는 자베르가 택할 수 있는 유일한 길은 자살뿐이었던 것이다. 이것이 헤겔의 신, 곧 정반합이라는 합리성으로 도출할 수 있던 최선의 방도로서 법의 종말과 함께 합리적 신의 종말까지 고하게 된 셈이다. 또한 그것은 그렇게 자베르를 활보시켰던 법의 권능이 장 발장을 지배하는 은혜의 법에게로 권한을 양도하는 한 형식이기도 하다.

이후로는 불쌍한 사람들(레 미제라블)의 혁명을 등에 업고 혁명 마케팅을 펼치는 자들이 자본과 경제의 이름으로 유물론을 향해, 이성과 과학의 이름으로 진화론을 향해 치닫는 역사가 전개된다.

진정한 법의 수호가 장 발장을 통해 존속되고 있다는 사실은 헤겔의 신인 합리성의 관점에서는 도저히 이해될 수 없는 경지였다. 장 발장의 경험과 법의 화신 자베르의 경험의 대결은 어느 한 편의 승리라기보다 밀리에르라는 선행된 제3의 주체가 심어 놓은 선험의 원리를 통해 그 법이 존속되고 있다는 점에서 그것은 합의 해결이 아닌 일종의 역설이다. 자베르는 자신의 의義를 공유할 수 없지만 장 발장이 자신의 빛과 의를 남과 공유할 수 있었던 것은 원천적으로 그 빛이 자기 것이 아니었다는 사실에 기인한다. 이것이 바로 역설의—

'합'과는 다른—기본 골격이다.

사랑이라고 불리는 이것은 그래서 합리적으로 도출할 수 있는 어떤 법식이 아니라, 철학과 신학의 가장 궁극적 목적이 되면서도 가장 아름다운 법의 지위를 여전히 견지하고 있는 것이다.

## 일하는 사제

레 미제라블을 동화로 접했던 어릴 적부터 장 발장의 이 막대한 에너지는 어째서 팡틴과 코제트라는 소수에게만 집중되는 걸까 하는 의문을 가졌었다. 물론 이미 그는 덕망과 평판을 쌓아 시민을 위해 봉사하는 시장의 지위에 올라 있었지만 결국 두 모녀 특히 코제트를 위해 그 모든 것을 버리기 때문이다. 그러나 이내 나는 이런 반문에 사로잡힌다.

'그렇다면 다수란 무엇인가?'

우리는 가끔 이렇게 외친다.

이것을 많은 값에 팔아 가난한 자들에게 줄 수 있었겠도다!"[70]

사실, 어린 가브로쉬의 순수한 혁명은 그런 것이 아닌데도, 다수에 매몰된 혁명은 역시 자본에 물든 경우가 허다하다. 바로 이와 같은 단수單數로 된 소자小子에게 성실함으로 우리는 거짓 혁명으로부

---

[70] 마태복음 26장 9절.(cf. 막 14:5; 요 12:5)
[71] Victor Hugo,《레 미제라블 1》, p.163.

터 진정한 혁명을 복원시킬 수 있는 것이다. 그것이 이를테면 죽은 가브로쉬의 가슴에 달아 준 훈장이다. 법을 수호하고 혁명을 저지하는 냉혈한 자베르가 자기 훈장을 떼어서 죽은 가브로쉬의 가슴에 달아 준 그 훈장.

원작에서 밀리에르 사제가 등장하는 테마에 입혀진 표제가 있다. 바로 '일하는 사제'라는 것이다.[71] 이는 실로 마태복음의 계시록 격인 25장 31-46절의 표제와 맞먹는 표제가 아닐 수 없다. 다수에게 종사하는 사제는 엄밀한 의미에서 일하지 않는 사제라는 역설로 환원되기 때문이다.

다원의 신

5

어거스틴·아퀴나스의 신, 본원성
장미의 이름: 도그마의 폐조

데카르트의 신, 이성
트루먼 쇼: 믿기 위해 의심함

칸트의 신, 관념
어거스트 러쉬: 쉐카이나

헤겔의 신, 합리성
레 미제라블: 사랑은 합리적인가?

**다윈의 신, 진화**
**진화의 시작: 신도 진화되었는가?**

마르크스의 신, 물질
매트릭스: 신성과 인성

니체의 신, 허무
쇼생크 탈출: 노예의 도덕

프로이트의 신, 무의식
인셉션: 자기 우상 파괴

하이데거의 신, 존재와 현상
트루먼 쇼: 애고 애이미

소쉬르의 신, 구조
큐브: 알아들을 수 없는 말, 방언

라캉의 신, 욕망
식객: 원죄 흔적

데리다의 신, 해체
시네마 천국: 집중적이고 분산적인 신

지금까지 살펴본 것은 교리적 신이 철학적 신이 되어 간 경위와 과정이라 해도 과언이 아니다. 그 변화의 주된 양상은 관념의 추이였는데, 그 관념이라는 것은 철학적 신이 주거하는 주된 공간이기 때문이다.

관념론이란 물질이 우주의 근본이라고 보는 사상에(유물론) 반대된 지평이라는 점에서는 신학적이지만, 그 관념이 우주 바깥 어딘가가 아닌 인간 내면이라는 점에서[72] 그것은 여전히 철학적이다. 그러나 칸트만은 다른 관념론자들과 달리 이러한 인간의 내면에 자리한 인식의 주체가 수동적인 어떤 것이 아니라 타고나는 것임을 규명함으로써 중세 이후 일단의 관념론과는 다른 길을 걸었다.

칸트가 비판하고 저지하고자 했던 관념론, 즉 오로지 인간의 경험에 주어지는 궁극적 실재에만 매몰된 관념론이 데카르트가 정당화했던 의심에 의해 촉발된 것이었다면, 헤겔에 와서는 '모순'이 정당화된 것이라 할 수 있다. 모순을 일종의 법칙으로 적극 수용했기 때문이다. 그러는 동안 경험과 체험에 매몰된 관념론은 흄에 의해 본능, 습관, 관습에 대한 '믿음'으로 환원되고 있었던 것이다. 칸트가 자신의 비판철학을 집성할 때 뉴턴과 루소를 두 기둥으로 삼은 반면, 흄과 그의 관념론을 부정적 전거로 가져간 이유이기도 하다. 그렇게 흄을 위시한 일단의 관념론은, 감각하는 실제까지 의심할 수 있는 이성의 힘을 통해 그 관념을 실재existence로서 도출해 낼 수는 있었지만, 그 관념을 지배하는 것은 결국 습관과 관습이라는 경험으로의 회귀

---

[72] 관념을 해명하기 위해 우주 바깥―혹은 신들―을 근거로 제시하는 것은 고대로부터 오랜 사유의 방식이었다. 그러나 추상적인 우주나 신이 아닌 인간의 내면에서 실증하려는 철학이 영역을 넓혀옴으로써 점차 신학은 철학적이 되었다.

에 이르렀던 것이다.

칸트가 이러한 회귀를 저지하기 위해 인간이 인식할 수 있는 타고난 오성에 대한—미감美感으로 예시했던—선험을 개진해 나갔다면, 회의주의는 본능, 습관, 관습의 중요성을 강조함으로써 사회를 정의할 때도 의식된 합의체로 보는 것이 아니라, 본성에서 야기되는 모순을 해결하는 과정에서 귀납적으로 확립된 개연체로[73] 보고 있었다. 한마디로 진화되었다는 것이다.

급기야 이러한 사회철학적 전개가 생물학적 진화론에도 길목을 터주게 되었다. 헤겔의 변증론도 이미 역사에 대한 진화론적 방법론이었던 것을 감안하면 결국 다윈의 진화론은 본능, 습관, 관습에 입각한 흄의 회의주의적 관념론과 헤겔의 변증론적 역사개념의 결합이라고도 할 수 있었던 것이다.

$$\frac{\text{본능, 습관, 관습 (흄)} + \text{변증법적 역사 개념 (헤겔)}}{= \text{목적론과 인과율 붕괴}}$$

생물로서 한 종種은 오랜 세월을 거치면서 그것이 지닌 본성을 완전히 바꿀 수 있을 뿐 아니라 완전하게 새로운 종으로 생겨날 수도 있다는 이 생물학적 이론은 그동안 관념의 범주에만 머물러 있던 어

---

[73] 가령 "당신은 사랑받기 위해 태어난 사람"이라고 한다면 그 사람은 사랑이라는 목적에 따라 연역적으로 사는 존재이다. 반면, "당신은 미생물이 진화된 사람"이라고 한다면 그 사람의 인습이나 사랑은 단지 우연히 생겨난 것에 불과하다. 이때 개인이나 사회를 '귀납적으로 확립된 개연체'라고 규정할 수 있는 것이다.

떤 진화론보다 실용적인 설득력으로 무장해 사회 전반을 강타해 갔다. 특히, 각각의 종이 개별되게 창조되었다는 상식으로 자리잡혀 있던 당시의 신학적 틀을 통째로 뒤엎었다.

생물의 종에 관한 이런 다른 시각은 성서를 중심으로 세계관이 형성되어 있는 그리스도교 세계에도 파장을 가져왔지만, 아리스토텔레스와 플라톤에서 시작된 존재의 본질을 묻는 서구 철학적 전제의 틀 자체를 뒤흔든 점에서 종교뿐 아니라 정치, 경제, 사회 전반에 걸친 행동 양식의 변화를 초래한 것이다.

그것은 당시 사람들의 행동 양식을 주도하던 목적론이나 인과율―오늘날로 말하면 "당신은 사랑받기 위해 태어난 사람"이라는―따위를 확실하게 파괴할 수 있는 위력이 있었기 때문이다.

## 폐해

헬레니즘에서 헤브라이즘으로, 즉 그리스도교 세계관으로 형성되어 온 서구 사조에 진화론이 끼친 폐해는 종교적인 문제 같지만 실상은 사회·문화적으로 더 큰 폐해를 가져왔다. 변이, 생식, 유전 따위의[74] 생물학적 범주에 불과한 요소들이 도태, 적자생존, 용불용 등의 사회진화론 Social Darwinism 양상을 띠면서 진화론은 특수한 인종들의 행위가 갖는 정당성 내지는 그들의 강령으로 제시되었기 때문이다. 다윈의 《종의 기원》은 생물 전반에 걸친 박물학 교본 정도에 그칠 수도 있

---

[74] 통상 이 세 가지 요소가 있으면 진화가 일어난다고 본다. Conor Cunningham, 배성민 역, 《다윈의 경건한 생각》(서울: 새물결플러스, 2012), p.56.

었으나, 그 논조를 휘감은 그와 같은 사회진화적 전개가 개발 식민주의로 포섭되다 보니 인종 문제에 적용될 때 그것은 서슴없이 강자의 정당성을 뒷받침하기 위한 교본으로 탈바꿈된 것이다.

실제로 진화와 도태 그리고 거기서 도출된 적자생존이라는 이론은 별다른 저항 없이 일종의 사회 법칙으로 규정되어 노예인종Slave Race과는 다른 주인인종Master Race이라는 파시스트 개념에 길을 터주었다.[75] 법칙principle으로 합의되면 실제 법law이 되는 데도 무리가 없는 법이다.

> ……자연은 수많은 자연법칙의 총괄적인 작용 및 그 결과를 의미하고 이 법칙에 의해 우리들이 확정했다고 생각하는 사상의 연속관계를 뜻하기도 한다.……(중략)……이런 지역이 자유로운 이주를 허락하는 것이라면 이미 이들 장소는 침입자에 의해 점령되었을 것이기 때문이다……(중략)……그것은 어느 나라에서건 여태 토착생물이 귀화생물에 의해 정복당했고 이들 외래자에게 그 토지의 점유권을 양보해 왔기 때문이다.[76]

위와 같이 포괄적 생물에게 적용되는 듯한—인간도 이에 포함되는지에 대한 명시 없이 모호하기에—자연도태, 최적자생존의 법칙이 아래와 같은 부연에 의해 인간에게도 적용됨으로써 그 법식의 틀을 마련하게 된다.

---

[75] Roger Trigg, 《인간 본성에 관한 10가지 철학적 성찰》, p.84.
[76] Charles R. Darwin, 홍성표 역, 《종의 기원》(서울: 홍신문화사, 1999), pp.75-76.

그리 멀지 않은 과거만 보더라도, 셀 수도 없을 만큼 많은 열등한 종족들이 세계 도처에서 고도로 문명화된 종족들에 의해 멸망했을 것이다.[77]

이른바 코카서스 인종이 생존경쟁 속에서 터키인들을 어떻게 무찔렀는지를 언급하면서 말하는 대목이다. 즉 자연계의 몇몇 종들만 도태되는 것이 아니라 어떤 인종적 사회도 도태된다는 주장을 엿볼 수 있는 대목이다. 다른 말로 하면 '도태시키는 자'들의 행위의 정당성이 부여된 셈이다.

이러한 폐해는 진화론에 화들짝 놀랐던 그리스도교에까지 미쳤다. 창조론에 반한다는 이유로 진화론에 맹공을 퍼부었던 그리스도교가 아이러니하게도 "땅을 정복하라"는 창세기 1장 28절을 근거로 사실상 약육강식을 정당화한 환경파괴에 신학을 접목하였는가 하면(Lynn White[78]), 약소민족을 향해서는 식민지 사관에 바탕을 둔 선교를 펼쳤고, 자본주의 시대로 접어들어서는 성공주의에 편승한 번영신학 따위를 설파함으로써 물량주의를 정당화하는 데까지 이르렀기 때문이다.

다른 말로 하면 그리스도교는 근본주의적 입장에서 진화론을

---

77 〈찰스 다윈의 삶과 편지들 V.1〉 p.316., 재인용, Roger Trigg, 앞의 책, p.84.
78 린 와이트(Lynn T. White)는 1967년 한 에세이를 통해 이 문제를 제기했다. "Christianity made it possible to exploit nature in a mood of indifference to the feelings of natural objects." Lynn T. White, "The Historical Roots of Our Ecologic Crisis [with discussion of St Francis; reprint, 1967]," *Ecology and religion in history*, (New York: Harper and Row, 1974). Lynn T. White, "The Historical Roots of Our Ecologic Crisis," in *Western Man and Environmental Ethics*, ed. Ian Barbour (Reading: Addison-Wesley, 1973), p.25. Originally published in Science 155 (March 10, 1967): 1203-1207.

배격하고 친진화론적 과학과도 적대적 관계를 유지하며 진화론의 무위성을 입증하려 갖은 노력을 쏟았지만, 사회 실천적으로는 도리어 이 진화론에 기울어 자신의 성장과 성공을 진화의 한 법칙 안에서 정당화하는 오류를 범하고 말았다.

"있는 자는 더 있어 풍족하게 되고, 없는 자는 남은 것까지 빼앗겨 그 가진 자에게 내주게 된다"는 것이다(마 25:28-29).

## 오류

다윈 스스로가 이미 인식하고 있던 진화론의 약점은 진화의 핵심 요소인 변이, 생식, 유전으로 진화될 수 없는 것이 있다는 사실이다. 다시 말해서 진화의 주된 운동 방향인 유전을 통해 그 평화스러운 윤리나 도덕이 과격한 충동과 본능으로부터 도태당하지 않고 어떻게 잔존할 수 있는가 하는 것이다.

다윈은 사회적 본능의 근저에는 부모 자식 간의 애정이 있으며, 이러한 애정은 자연도태 과정에서 획득된 것임을[79] 설명하려 했다. 모성애는 동물도 공유하는 본능이지만 저급한 짐승과 구별된 인간의 경우 고급한 충동과 저급한 충동의 갈등이 덜 격렬해질 것이며, 그래서 마침내 덕이 승리하게 되는 것이라고 역설했다.[80] 그렇게 애국심, 성실, 복종, 용기, 공감을 갖춤으로써 늘 타인을 도와주려 하고 일반적 선을 위해 자신을 희생시키려는 사람을 많이 포함하는 공동체는

---

[79] Charles R. Darwin, *The Decent of Man*, p.105. 재인용, Roger Trigg, 앞의 책, p.81.
[80] Charles R. Darwin, *The Decent of Man*, p.125. 재인용, 앞의 책, p.79.

다른 공동체를 지배할 수 있다며, 자연도태설의 맹점을 보완하였다.[81]

그러나 그러한 도덕이 어떻게 명확하게 유전을 통해 존속될 수 있겠는가? 생존경쟁과 약육강식의 전형적인 틀 안에서 볼 때 많이 가진 공동체는 더 많이 갖기 위해 약한 공동체들을 밀어낼 것이고, 그 공동체 간의 생존경쟁에서 발생한 결핍은 거기서 밀려난 공동체 내에서의 개인 간 생존경쟁으로 옮아갈 것이며, 그렇게 되면 도덕은 생존의 방해 요인이 될 수밖에 없기 때문이다. 어떤 공동체의 성원들 가운데 누군가 기꺼이 도덕적 이타심을 발휘해 자신의 생명까지 바쳐가며 양보하고 죽었다 하더라도 그 고귀한 본성을 이어받을 자식을 남기지 못했다면 어떻게 그것이 유전될 수 있는지 지적한 것은 바로 다윈 자신이다.[82] 고귀한 본성을 지닌 장본인이 죽었는데 어떻게 도덕적 덕성이 전해질 수 있겠는가?

이타심, 희생, 사랑 같은 윤리적 덕목은 분명 사회의 응집력에 도움을 주지만 어떻게 이들 윤리가 교육이 아닌 DNA 유전을 통해 상속되어 내려갈 수 있느냐는 문제는 다윈의 진화론이 갖는 최대 약점이었다. 자신보다 다른 사람을 배려하는 개체가 생존경쟁에서 유전적으로 살아남을 수 있다는 사실은 적자생존이라는 대전제와 모순되기 때문이다.

진화론의 이러한 약점을 보완한 사람이 바로 도킨스[Richard Dawkins]다. 그의 해명은 윤리와 도덕을 두둔하기 위해서라기보다는 적자생존하는 이기적 유전자 속에서 어떻게 도덕 따위가 존속될 수 있

---

[81] Charles R. Darwin, *The Decent of Man*, p.132. 재인용, 앞의 책, p.81.
[82] 앞의 책, p.82.

었을지 규명하는 과정에서 비롯한 것이었다. 그에 의하면 윤리는 일종의 변이로서 다음과 같은 방식으로 다음 세대에 넘겨진다.

도킨스는 유전이라는 개념을 생물학적 범주를 넘어 사회적 관습과 규칙, 그리고 무엇보다 문화를 타고 넘어가는 모방mime이라는 개념 속에서 설명했다.[83] 가령, 뜨개질의 땀, 밧줄이나 그물의 매듭, 종이 접기 패턴, 모수(종자나무를 얻으려고 기르는 나무), 도공의 기술 등은 모두 세대가 무한 거듭되는 동안 변형 없이 모방하고 다음 세대로 전달되는 핵심 요소들을 지닌 예다. 그러면서 중국의 귓속말 놀이(전화 놀이)를 변형해 응용한 다음 실험을 예로 든다.

중국 배를 접어본 적이 없는 사람 200명을 열 명씩 20개 집단으로 나눈 뒤 집단별로 일렬로 서게 한다. 각 집단의 대표를 모이게 한 후 중국 배 접는 법을 시범을 통해 가르친다. 그런 다음 각자 자기 집단으로 돌아가서 두 번째 사람에게 마찬가지로 시범을 통해 가르치게 한다. 두 번째 '세대'의 사람은 자기 집단의 세 번째 사람에게 가르치고, 그런 식으로 마지막 사람까지 차례로 종이 접기를 가르친다. 그 다음, 접은 배들을 차례로 늘어놓고 집단의 번호와 세대 번호를 기입한다…(중략)… 일부 집단에서는 실수가 나타날 것이다. 아마 그 '사슬'의 어떤 약한 '고리'가 접기 과정의 핵심 단계를 까먹을 것이고, 그 다음 구성원들은 모두 배를 제대로 접지 못할 것이다. 아마 4번 집단은 '쌍동선'까지는 제대로 접다가 그 뒤부터는 못할 것이다. 13번 집단의 여덟 번째 구성원은 '뚜껑 둘 달린 상자'와 '액자' 사이의 어딘가에서 '돌연변이체'를

---

[83] Richard Dawkins, 《만들어진 신》, p.295.

만들 것이고, 그 집단의 아홉 번째와 열 번째 구성원은 그 돌연변이체를 그대로 흉내 낼 것이다.[84]

진화론에 대한 도킨스의 이와 같은 보충은 결국 윤리와 도덕을 돌연변이라고 정의함으로써 오류$^{απάτη}$라는 개념과 만난다. 왜냐하면 윤리나 도덕을 포함한 그가 말하는 신은 모방과 복제 과정에 나타난 돌연변이, 즉 오류로 만들어진 신으로, 그래서 그 신의 이름도 만들어진 신$^{God\ Delusion}$이기 때문이다. 그러나 그가 그 오류$^{illusion}$를 망상$^{Delusion}$이라고 과잉되게 오역함으로써 진화에 대한 궁극적 설명에는 다다르지 못하였다. 진화의 진정한 시작점인 오류란 그런 망상인 것이 아니다(특히 '오류'라는 개념어는 그런 뜻이 아니다).

## 진화의 시작, 오류

〈진화의 시작〉[85]은 진화가 어떻게 전개되는 것인지를 보여 주는 영화다. 과연 종을 뛰어넘는 진화가 가능한지에 대한 논박이 위와 같은 이론적 배경에서 진행되는 동안 영화는 신약$^{新藥}$이라는 설정 하나로 간단하게 그 모든 논쟁을 불식시키며 이야기를 구성한다.

시저는 제약회사 실험용 침팬지의 아들이다. 치매용 치료제로 뇌신경이 급격하게 발달하는 신약을 회사가 개발하면서 시저의 엄마

---

[84] Richard Dawkins, 앞의 책, pp.296-297.
[85] 영화 제목: Rise of the Planet of the Apes, 감독: Rupert Wyatt, 출연: 제임스 프랭코(윌 로드맨), 프리다 핀토(캐롤라인), 앤디 서키스(시저), 브라이언 콕스(존 랜던), 개봉: 2011년, 러닝타임: 106분.

침팬지를 대상으로 약물을 투여했고, 그 약물이 투여된 상태에서 뜻하지 않게 임신된 아기 침팬지다. 시저의 엄마를 포함한 모든 실험용 침팬지는 신약을 투여받고 두뇌가 좋아졌지만 시저만은 선천적으로 좋은 두뇌를 타고났다. 그를 기르고 실험하는 인간은 엄청난 속도로 발달하는 그의 인지능력에 놀란다. 이미 인간의 인지능력을 넘어섰기 때문이다. 그렇다면 진화의 시작이란 기껏해야 신약 투여와 같이 느닷없는 것에 불과한가?

갓난아기 때부터 가족처럼 자라 왔고 함께 먹고 마시고 뛰놀며 아무런 문제없이 매사에 순종하던 시저가 이제 성년이 된 어느 날 갑자기, 언제나처럼 늘 타고 다니던 자리인 자동차 짐칸에 타야 한다는 것에 회의를 품는다. 사람처럼 같이 좌석에 타고 가겠다는 것이다. 그러더니 시저는 주인에게 수화로 묻는다.

"나는 애완동물인가요?"

그러자 주인이 답한다.

"그렇지 않아. 난 네 아빠야."

수화로 대화가 오가는 동안 어느새 시저 목에 걸려 있는 개 줄은 그에게 더 이상 어울리지 않는 장신구처럼 보였다. 그는 이제 단순한 짐승이 아니라 우월한 지능을 지닌 종種이 되어 있었던 것이다.

이 지점에서 우리는 뜻하지 않은 오류의 발생을 목격한다. 그동안 자신의 처지와 존재를 그런 식으로 묻는 일은 없었기 때문이다. 그것이 왜 '오류'인지는 시저에게서 발생하는 자발적 판단능력이 부작용처럼 속출하는 장면들을 통해 확인된다.

시저가 할아버지와 단둘이 집에 있게 된 어느 날, 평소 치매 증세가 있던 할아버지는 자동차 키를 들고 나가 주차되어 있던 차를 몰아 이웃집 차를 여러 차례 들이받는 사고를 낸다. 2층에 있던 시저가 이 장면을 가만히 내려다보고 있다. 괴팍한 이웃집 남성이 할아버지를 차에서 끌어내 가슴을 손가락으로 마구 찌르며 거칠게 다룬다. 시저는 상황을 긴박한 사태로 인식하고는 어쩔 줄 몰라 한다. 이웃집 남성이 더 거세게 할아버지를 밀치자 그만 시저는 아래로 뛰어 내려가 그 남성을 공격한다. 그 과정에서 시저는 겁에 질려 도망치는 그 남성을 쫓아가 그의 손가락을 물어뜯고 만다. 그것은 단순히 흥분한 야수로서 본능이 아니라 지능이 있는 존재의 판단력이 가져온 행동 '오류'였다.

이 오류 지점들이 바로 도킨스의 종이접기 예시에 등장하는 '약한 고리,' 바로 그 지점인 것이다. 이 지점에서 변이는 발생한다. 가족 구성원으로 함께 뒹굴며 아무런 문제없이 지식으로 습득한 규칙과 질서로 일관하다 뜻하지 않게 어느 순간 그 지식의 방향과는 반대 방향으로 작동된 오류, 그것이 바로 진화의 시작인 것이다. 다른 말로 하면 지식($επιστημε$)[86]의 변이라고 할 수 있다.

오류란 말은 일상에서 부정어로서 쓰임새가 강해 윤리적 선입견이 먼저 들게 마련이지만, 오류($απάτη$)는 어떤 지식이나 견해에서 그것과 반대되는 어떤 것에 지나지 않는 개념이다(이는 부정어로서 쓰임새보다는 선험적 정의에 가깝다). 일찍이 아리스토텔레스는 그것을 '상반된 것'이라고 정의한 바 있다.[87] 설령 이 오류라는 어휘를 부정어 곧 '옳지 않은 어떤 사고'라고 이해한다 하더라도 그것은 '상반된 사고'라는

---

[86] 여기서 말하는 지식은 아리스토텔레스의 술어로서 주로 추론적 지식, 특히 '운동성'으로서 지식을 말한다.

의미에서 파생된 부정의 형식이다. 다른 말로 하면 시저는 이제 상반된 사고를 할 줄 '알게 된 것'이다.

영화 〈진화의 시작〉에서 '신약'이라는 과장된 설정을 제거한다 하더라도 이제 '상반된 사고'에 능하게 된 시저가 자기 종족에게 자유를 주려고 뭔가 모색한다는 설정은 우리 사회에서도 얼마든지 목격할 수 있기에 전혀 과장되지 않다. 특히 그는 인간과도 소통이 가능하지만 열등한 자기 종족과도 소통 가능하다. 이런 종류의 계층 간 경험은 인간 사회에서도 얼마든지 나타나는 양상이며, 그 양자 층을 오가며 통역하는 사람 역시 우리 곁에는 많다. 즉, 머리가 전혀 돌아가지 않는 자기 종족을 일깨워 자유를 주려는 시저의 진화는 여전히 우리 사회에도 목격되고 있는 바로 그것이다.

그렇다면 시저 자신에게 진화란 무엇일까? 인간보다 높은 지능을 갖게 되었다는 사실인가? 그런 것이 아니다. 진화의 발화 지점은 지능지수가 아니라 '상반되는' 바로 그 지점이라고 일러두었다. 따라서 여기서 말하는 오류는 엄밀한 의미에서 '혁명' 혹은 '반란'이라고 번역할 수 있는 것이다.

시저나 호모 에렉투스가 아닌 창세기에 등장하는 창조된 아담으로 예를 들면, 아담은 '선악을 알게 하는 나무를 먹으면 안 된다'는 단單 방향 사고로 일관해 오다가 어느 순간─'먹음직도 하고 보암직도 하고 지혜롭게 할 만큼 탐스럽기도 한 나무'라고 생각한 바로 그 순간─그에게 진화는 임했다.

이리하여 진화라는 것은 다윈에게서 생물학적 유전 전이로 설

---

87 Aristotles, *Peri Psyches*, 427b:1-10.

명하려 했던 도덕이었다면, 도킨스에게서는 그 도덕 이론의 모순을 극복한 돌연변이였고, 시저의 〈진화의 시작〉에서 그것은 사고에서 발생한 오류일 뿐임이 판명되었다.

영화에서 시저가 궁극적이고도 최종적인 진화의 단계에 도달하는 순간, 즉 말문이 트이는 단계에 다다르자 그의 입에서 터져 나오는 첫 마디가 있었다.

"No~~!"

바로 부정의 언어였다. 자기를 지배할 우월한 단계의 존재란 이제 더 이상 없다는 생각의 경지에 이른 것이다.

## 진화와 계시

이 모든 과정을 통해 우리는 지식 또는 사고에 관해 다음 3단계 분류로 정리할 수 있다. 첫째는 지능, 둘째는 꾀, 셋째는 이해다.

지능이 보편이고 꾀가 혁신이라면, 이해는 공감이다. 지능이 대부분의 동물에게 주어진 보편자라고 한다면 혁신인 꾀는 오류에 의해서만 비롯된다. 혁신은 일종의 혁명이지만, 혁명이 될 때 그것은 일종의 반란이기 때문이다. 성서에서 악으로 집약되는 사단이 인간 세계의 실존으로 등장할 때는 언제나 혁신과 혁명 사이를 오가면서 문화 혹은 반역으로 공존하며 역사에 개입하는 것과 같은 원리이다. 그래서 사단은 도깨비가 아니라 혁신과 문화라고 이르는 것이다. 다른 말로 하면 그것은 '진화의 시작'인 셈이다. 또 그것은 사회 개혁이나 군사 혁명 그리고 심지어는 종교개혁이 곧바로 부패의 나락으로 떨어지는 것과 같은 원리이기도 하다.

그러므로 혁신과 문화의 발원점인 '꾀'는 구속에서 벗어나려는 욕망에 기인했지만 거기서 다시금 회귀하고픈 돌이킴의 갈망은 마지막 세 번째 단계인 '이해'에서만 비롯된다. 여기에 비로소 희망이 깃드는 것이다. 따라서 우리는 절대자인 신이 이들 중 어느 것은 쓰고 어느 것은 쓰지 않는다고—혁신은 쓰고 혁명은 쓰지 않는다고—역사적 판단을 내릴 수 없다. 언제나 그 정립된 '사고'와 그에 상반된 '오류'를 오가며 진화하기 때문이다.

다만, 이와는 별개로 '진화'라는 개념어의 최종적 실체가—영적 의미에서의—따로 있다. 그것은 바로 '계시'라는 것이다. 그것은 본능이나 교육이나 학습이나 전통에 따른, 배워서 이르게 되는 것이 아니라는 점에서 진화론에서 쓰는 표현인바 '변이'이다. 신적 진화인 셈이다.

예컨대, 사도행전에 등장하는 사도 바울이 종전의 전통이나 교육과는 완전히 '상반된' 삶의 전기轉機를 만들 정도의 변화를 겪는 장면이 그것이다. 시간성 속에서는 '변이'와 같은 과정이지만 그것은 '계시'에 의해 비롯되었다. 그리스도교 윤리의 궁극적 실체 곧 사랑은 이와 같이 수여된 계시로서 성서는 소개한다.

> 율법은 모세로 말미암아 주어진 것이요 은혜와 진리는 예수 그리스도로 말미암아 온 것이라 (요 1:17)

법은 모세가 수여했지만 은혜와 진리, 즉 사랑은 그리스도께서 수여했다는 것이다.

진화는 도그마<sup>학습, 전통</sup> 교리가 아니다. 마찬가지로 창조론 역시 (진화론을) 억제하는 어떤 교리가 아닌 것이다. 진화는 이 책에서 추적하고 있는바, 앞서 출현했던 '의심', '관념', '합리성'이 그러했던 것처럼 인식과 존재의 한 형식일 뿐인 셈이다.

다음 장에서는 진화라는 형식을 다윈의 시대가 자기들의 신으로 채용해 쓴 것처럼 그것을 유독 경제적 요인으로만 국한시키고 함몰시켰을 때 어떤 신이 등장하는지 알아볼 것이다.

마르크스의 신

어거스틴·아퀴나스의 신, 본원성
장미의 이름: 도그마의 퇴조

데카르트의 신, 이성
트루먼 쇼: 믿기 위해 의심함

칸트의 신, 관념
어거스트 러쉬: 쉐카이나

헤겔의 신, 합리성
레 미제라블: 사랑은 합리적인가?

다윈의 신, 진화
진화의 시작: 신도 진화되었는가?

**마르크스의 신, 물질**
**매트릭스: 신성과 인성**

니체의 신, 허무
쇼생크 탈출: 노예의 도덕

프로이트의 신, 무의식
인셉션: 자기 우상 파괴

하이데거의 신, 존재와 현상
트루먼 쇼: 애고 애이미

소쉬르의 신, 구조
큐브: 알아들을 수 없는 말, 방언

라캉의 신, 욕망
식객: 원죄 흔적

데리다의 신, 해체
시네마 천국: 집중적이고 분산적인 신

〈트루먼 쇼〉의 트루먼은 온 세상 사람이 자신을 들여다보고 있지만 자신은 그들이 보고 있다는 사실을 전혀 깨달을 수 없었다. 만들어진 세계, 곧 생방송 리얼리티 프로그램의 주인공으로 태어났고 자랐고 또 그렇게 살고 있기 때문에 제 아무리 진정한 삶을 살았더라도 거짓된 삶이 되고 마는 구조였다. 〈매트릭스〉[88]는 이에 더해 아예 잠에서 영원히 깨어나지 못하는 사람들과 잠에서 깨어난 사람들이 투쟁하는 세계 구조를 다룬다. 계속 꿈만 꾸고 있는 사람들과 꿈속에서 빠져나온 사람들의 이야기인 것이다.

## 꿈에 갇힌 자, 꿈에서 깨어난 자

그렇게 잠에서 깨어나 자유를 찾은 사람들을 시온이라고[89] 명명하기까지 한다. 시온 사람들은 만들어진 허상의 세계에 갇혀 끝도 없는 꿈에 잠겨 있는 이들을 해방하려 한다. 자신의 신체가 인큐베이터에 갇힌 상태인 것도 모르는 채, 꿈이 현실인 줄로만 알고 살아가기 때문이다. 컴퓨터 프로그램을 통해 그 꿈을 설계하고 조작하고 통제해 사람들을 가두어 놓고 있는 것은 다름 아닌 기계다. 시온의 전사들은 해킹으로 그 세계에 잠입해 들어가 갖가지 힌트를 제시함으로 그 세상이 가짜임을 깨닫도록 유도한다. 그 갇힌 세계의 이름이 바로 매트

---

[88] 영화 제목: The Matrix, 감독: 라나 워쇼스키, 앤디 워쇼스키, 출연: 키아누 리브스(네오), 로렌스 피쉬번(모피어스), 캐리 앤 모스(트리니티), 휴고 위빙(스미스요원), 개봉: 1999년, 러닝타임: 136분.

[89] 시온이란 말은 유대인의 성산 가운데 하나로 특별히 다윗 왕을 상징한다. 강대국에 끌려가 포로기를 살던 이스라엘에게 갈망하는 주권 회복의 상징이었지만 근대에 와서 이 단어는 시오니즘이라는 민족주의 흐름과 연계되면서 매우 배타적인 의미로 안착되었다.

릭스다.⁹⁰

　　매트릭스 안에서 은밀히 제시되었던 어떤 힌트들, 어떤 암시들을 알아채고 깨달음을 선택한 자만이 현실로 빠져나올 수 있다. 깊은 잠에서 깨어나는 것이다. 잠에서 깨어나는 장소는 처참하기 짝이 없다. 머리털은 모두 밀린 채 뒷덜미에 케이블이 꽂힌 상태로 액체 속에 잠겨 있다 깨어나 인큐베이터를 열고 나온 순간 어둠의 참혹한 세계를 목격하고 만다. 이같이 잠에서 깨어난 자들은 어느새 감시 기계에 의해 발견되고 곧 폐기장으로 떨어지며 모든 신체는 분해되어 다시 매트릭스의 인큐베이터 양분으로 재활용되는데, 이때 이들을 구출해 내 오는 것이 바로 시온의 임무인 것이다.

　　〈매트릭스〉는 〈트루먼 쇼〉처럼 현재 지각하는 세계를 부정하고 의심한다는 점에서는 유심론과도 연결되지만, 그것을 넘어 실제로 만질 수 있는 세계만을 진정한 세계로 지향하고 있다는 점에서 〈매트릭스〉가 꾀하는 구조는 유물론이다.⁹¹

## 유물론

헤겔에게 역사라는 개념은, 신 존재를 일종의 정신으로 전제해 놓은 상태에서 그 역사로서의 시간이 전개되어 가는 과정으로, '시간'이 자기 스스로를 실현해 나가는 것이었다. 역사가 변증 논리 자체로 종사했던 것이다. 그래서 그것은 여전히 정신(성)에 머무는 원리였지만, 칼

---

90 자궁이라는 의미가 있다.
91 유물론은 물질이 허상이라고 가르친다. 유물론은 정신이 허상이라고 가르친다. 그들에게 정신은 물질에서 비롯된 것이다.

마르크스는 그 같은 논리로부터 그 논리의 밑바탕에 해당하는 정신 곧 형이상학을 다 걷어내고 정신이 아닌 '실존적 인간'으로 교체해 버렸다. 여기서 말하는 실존적 인간은 언제나 자기 스스로를 산출한다.

인간이 자기 스스로를 산출한다는 말은 무엇인가?

그것은 포이에르바하의 인간해방 개념에서 온 말이다. 포이에르바하는 인류를 자기 당대의 종교로부터 해방시키는 것이 자신의 사명이라고 여겼다. 다시 말하면 당시의 형식화된 종교생활이 실은 자기 소외의 행위라는 것을 폭로함으로써 자기 시대 인간을 그 시대의 지배자인 종교로부터 자유롭게 해방시키려 했던 것이다. 따라서 그 자신의 이 같은 과업에 따른 목표는 신이 인간이 아닌 다른 존재라는 착각을 일깨움으로써 인간을 초월하는 존재란 결국 상상을 통해 객관성 속으로 투영시킨 자기 자신일 뿐이라는 주장을 동시대 사람들이 받아들이도록 고무시키는 일이었다.

이와 같은 인간의 본성, 이상, 관계에 따른 질서가 시민 사회의 개인을 위해 올바른 자리에 정립되어 인간의 사랑을 통해 이기주의를 극복하는 것이었다. 그러나 마르크스는 포이에르바하가 착상시킨 이와 같은 인간해방의 개념을 사회 비판적으로 치환하여 정치적이고도 이념적인 관점에서 사회 문제들을 분석했다. 다시 말해서 마르크스에게 인간해방이란 (이기주의의 극복이 아니라) 경제가 인간에게 행하는 강요와 사회 계급에서의 해방이었다.

그리하여 그 '실존적 인간'은 영원한 속성을 지닌 자연의 혜택으로 존재하는 것이 아니라 이른바 노동에 의해서만 존재한다고[92] 천명함으로써 혁명에 의거한 사회의 근본적인 재구성을 주장했고, 착취하는 부르주아지 계급에 대항하는 착취당하는 프롤레타리아트 계급의 투쟁을 선언했다. 〈공산당 선언〉을 한 것이다.

이와 같은 유물론 배경 아래 선언한 〈공산당 선언〉에 의하면 자본주의는 발달해 가는 그 자체로 파국적 붕괴를 맞이하게 될 체제였다. 특히 자본주의 자신에게 겨누어질 흉기의 자생적 발생으로 그리 되는 것인데, 그 흉기를 사용할 사람을 자본주의 자신이 키운다는 것이었다. 구체적으로 그 흉기란 자본주의 사회에서 과도하게 불어나 버린 생산력이나 사람, 곧 프롤레타리아트였다. 그러면서 앞선 모든 역사는 한마디로 계급투쟁의 역사였다고 규정한 것이다.

그리하여 프롤레타리아트 운동 전체의 이해를 대표하는 것이 공산주의자라고 정의하면서 이들이 바로 모든 노동계급당 가운데 최고 진보적인 분파로서 일반 대중보다 먼저 혁명의 제 조건을 계발하고 아울러 그 목표들을 통찰할 수 있는 궁극적인 선두 계급이라고 부추겼다. 결국 공산주의의 최종 목적은 현존하는 모든 사회질서의 강제 전복을 통해서만 달성될 수 있는 것이었다. 그렇게 해서 프롤레타리아트가 얻는 것은 '세계'이며 잃은 것은 쇠사슬 외에는 아무것도 없다고 선동함으로써 "만국의 프롤레타리아트여 단결하라"고 외친 것이다.

이 같은 변증법적 유물론의 창시자는 물론 마르크스지만 유물론 자체는 고대의 탈레스나 헤라클레이토스 또는 데모크리토스에게서도 기원을 찾을 수 있는 인류의 오랜 사고 중 하나였다. 이것이 마르크스 시대에 들어 어느 날 갑자기 유행하게 된 데는 무엇보다 프랑스 혁명의 동력이었던 계몽주의와 그 연장선상에서 동인動因을 찾는

---

**92** Richard Schaefler, 김진 역,《역사철학》(서울: 철학과 현실사, 1997), pp.253-254.

것이 대체적인 시각이다.93 그 같은 동력은 심지어 마르크스를 통해 로마 가톨릭과 대립해 있는 칼빈주의를 연상시킨 나머지 종교적 착시까지 몰고 왔다. 그 같은 종교적 견지에 따라 엄격한 규율을 가지고 독단적 주장을 내세우면서 퓨리턴처럼 행동하는 마르크스주의는 정작 그리스도교에 대해서는 통렬하게 비판하고 반대하였다. 그리하여 미래에 대해 막연한 낙관으로 일관하는 그들의 유물론적 세계관은 18세기 계몽주의의 한 이단 내지 분파로 규정되었다.94

이 시대에 가장 큰 영향을 끼친 철학자로 꼽히는 마르크스에 대한 그와 같은 여러 관점이 있지만 앞 장에서 언급한 대로 마르크스는 헤겔과 그의 저작에 가장 큰 영향을 받았고, 무엇보다도 동시대 인물인 다윈의 저작에 크게 경도된 인물로서 주목할 필요가 있다. 엥겔스에게 보낸 편지에서 그가 《종의 기원》을 두고 "이 책은 우리가 생각해 온 자연사의 근거를 다룬다"고 말한 것이나 "다윈의 저서는 매우 중요하며 나에게 역사의 진행과정에서 계급투쟁의 자연과학적 근거를 제공한다"고 적시하는 대목에서 어렵지 않게 연관 지을 수 있으며,95 특히 마르크스가 1883년 사망했을 당시 추모사에서 엥겔스는 그의 업적을 요약하면서 "다윈은 생물체의 본성 발전법칙을 발견했지만, 마르크스는 인간 역사의 발전법칙을 발견했다"고 말하기도 했다.96 즉 헤겔의 변증법적 역사 개념에 다윈의 진화론을—그 가운데

---

**93** "변증법적 유물론 비판"(최명관)에서, 한국기독교문화연구소, 《기독교와 마르크시즘》(서울: 풍만출판사, 1988), p.272.
**94** 앞의 책, pp.272-273.
**95** K. Marx and F. Engels, *Selected Correspondence*(London, 1934), p.125, 재인용, Roger Trigg, 《인간 본성에 관한 10가지 철학적 성찰》, p.119.

서도 생존경쟁 테마를—장전시킨 이론임을 또한 어렵지 않게 파악할 수 있다. 왜냐하면 지구상에서 가장 합법적인 폭력이 여기서 나왔기 때문이다.

## 합법적 폭력, 게발트$^{Gewalt}$

앤더슨은 이중생활을 한다. 낮에는 누구도 의심하지 않는 평범한 회사원으로 존재하지만 밤에는 니오$^{Neo}$로 활동한다. 그는 꽤 유명한 해커다. 니오란 자신이 해커로 활동할 때 사용하는 온라인 아이디지만 나중에 가서는 그의 진정한 칭호가 된다. 'Neo'$^{새로운 자}$에 애너그램을 적용하면 One, 즉 '유일한 자'가 되기 때문이다.

밤마다 네트워크 망을 돌아다니는 니오는 세상에 대한 의심이 짙어만 가다가 결국 사이버와 현실 중 어느 것이 실존 세계인지 혼돈에 빠진다. 그는 이 근원적 의문을 풀고자 더 명망 있는 해커들을 찾아다닌다. 시온의 전사들의 최고 지도자인 모피어스와 트리니티가 바로 그들이다. 그러나 니오의 탁월한 능력은 이미 그들에게 포착된 상태이고, 스미스 요원에게도 노출된다. 스미스 요원은 이와 같이 위험한 의심 세력을 제거하려고 배치된 매트릭스의 에이전트다.

매트릭스에서는 깨달음 자체가 일종의 유해 물질이다. 마음대로 통제를 벗어나 짜인 프로그램을 흩뜨려 놓으면 질서가 어지러워지고, 그렇게 되면 매트릭스 세계의 정체가 발각될 위험이 높기 때문이

---

96 K. Marx and F. Engels, *Selected Works III*(Moscow, 1970), p.162, 재인용, 앞의 책, p.120.

다. 깨달음, 혹은 깨달은 자는 한마디로 바이러스인 것이다. 다른 말로 하면 삭제 대상이다.

깨달음을 삭제의 대상으로 간주하는 이러한 매트릭스는 마르크스와 엥겔스에 의해 생산력과 교통 형태Verkehrsform의 모순으로 파악되었다. 그러면서 다음과 같은 도식을 구성하기에 이르렀다.

우선 (1)인간은 생존을 위해 자연을 변형해 가며 노동과 생산에 종사한다. 특히 각 개인은 보편적 교통 속에 현존하는 생산력을 자기 것으로 획득함으로써 자기를 활성화하는 가운데 생존해 나간다.[97] 그러나 (2)생산양식에 기초한 상부구조 즉 법률·정치와 같은 이데올로기 형태의 모든 계층과[98] 물적 토대 계층인 하부구조, 이들 양자 간에는 상부인 이데올로기가 그 하부구조인 경제적 토대를 떠받드는 물질적 조건에 제약을 받는다. 다시 말해 인간 의식이 인간의 존재를 규정하는 게 아니라 그 존재가 의식을 규정한다는 전제이다.

그다음 일반적으로 (3)생산력과 개인활동의 교환을 의미하는 교통형태는 사적 소유를 전제로 하는 분업의 여파로 '계급'을 상정할 수밖에 없게 되는데, 여기서 생산력과 교통형태의 모순이 발생한다. 생산력은 끝없이 발전하지만 교통형태 즉 그 생산의 관계는 잘 변하지 않는 것이다. 여기서 생산관계 적응에는 한계가 있을 수밖에 없다. 따라서 마르크스에 의하면 (4)계급투쟁은 하나의 생산양식에서 다른 생산양식으로 이전하는 '동력'인 것이었다. 그리고 (5)그것의 성공적

---

[97] 김승국,《마르크스의 전쟁·평화론》(경기: 한국학술정보, 2008), p.28.
[98] "이데올로기란 경제적 즉 물질적 조건들의 기초 위에 서 있는 법률과 정치적 견해 외에 도덕, 종교, 철학 등을 일컬어 상부구조(überbau)"(최명관)라고 부른다. 한국기독교문화연구소,《기독교와 마르크시즘》, p.270.

이행이란 이행 가능한 물질적 조건이 있을 때 가능한 것인데, 그것은 자본주의 속에서 사회주의를 낳게 하는 조건의 성숙을 의미했다. 그는 이 같은 로직에 역사적 논증을 가해 그 당위성을 더욱 확고히 했다. (6)그는 "역사상의 모든 충돌은 생산력과 교통형태 간의 모순에 원인이 있다"면서 이 모순은 "그때마다 혁명에 의해 작렬하지 않을 수 없다"는 지적을 함으로써[99] 모순과 갈등은 사회혁명의 징표라고 천명하기에 이른 것이다.[100] 마르크스는 이와 같이 고대, 중세, 근대를 아우르는 역사를 부르주아지 생산양식으로 규정하면서 역사는 이런 방식으로 진보한다는 논리를 테제로 유포시켰다.

관념을 포함한 모든 형이상학으로부터 물질에게로 인간을 해방해 내려는 합법적 폭력, 즉 마르크스의 Gewalt$^{force}$ 개념은 이렇게 도출되기에 이른 것이다.

분업이 존재하는 한, 특수이해와 공동이해의 괴리가 존재하는 한, 인간 행위에는 그 인간과 대립된 힘이 지배 권력으로 나타나는데, 그 같은 직접 생산자$^{노동자}$로부터 (대립된) 독립 권력$^{die\ selbständige\ Macht}$이 존재하는 한, 노동관계와 생산물은 직접 생산자에게는 낯선 물질적 폭력으로 나타날 수밖에 없다고 마르크스는 정의했다.[101] 그는 그것을 경제적 폭력과 정치적 폭력으로 나누어 모두 부르주아지의 폭력으로 간주하고, 그것을 지양$^{aufheben}$시킬 폭력으로 프롤레타리아트의

---

[99] 김승국, 《마르크스의 전쟁·평화론》, p.33.
[100] 그는 자본주의를 역사적으로 당연히 소멸되어야 할 교통형태로 보고 생산력 발전의 특정 단계에서 생산수단의 사적 소유가 생산력을 구속하는 모순을 반드시 공산주의 혁명으로 극복해야 한다는 점을 《독일 이데올로기》에서 명확히 하고 있다. Marx and Engels, *Die deutsche Ideologie*, Mew 3, Vorwort IX-X., 재인용, 앞의 책, pp.33-35.
[101] 김승국, 앞의 책, pp.31-32.

폭력을 제시했다.

　이를 이른바 '부정의 부정'이라는 변증을 통해 합법화하고 마르크스는 양자의 폭력에 같은 'Gewalt'라는 말을 쓰면서도 전자에 대항하고 그것을 제압하는 정당한 합법적 폭력이라는 취지에서 후자만을 강력 즉, 힘force이라고 표현했다. 그러나 전자의 폭력에 부쳐서는 "소유 자체가 폭력"이라고[102]까지 거세게 몰아붙였다.

　헤겔의 신이었던 관념적 역사에 대한 변증법적 전개가 생물학에 적용되면서 생태와 사회 전반에 걸친 진화론적 세계가 열리더니, 관념이 제거된 변증법이 경제학과 만나면서는 합법적이고도 명시적인 폭력의 세계가 열리게 된 것이다. 이같이 관념이라고 하는 상징(갇힌 상태)을 거짓된 현실에 대한 표상으로 규정하고 무자비하게 파괴한 이들은 당시 마르크스만이 아니었다. 니체와 프로이트가 다음 작업을 준비하고 있었다.

　이들의 모든 과격한 태도는 〈매트릭스〉의 에이전트 스미스 요원이 개인적 존재와 가치를 인정하지 않고 가차없이 색출해 삭제해 버리는 태도와 다르지 않다. 스미스 요원도 깨달음(상징)을 파괴와 제거의 대상으로 보았고 칼 마르크스도 물질 토대가 아닌 것(상징)은 파괴의 대상으로 간주했기 때문이다.

　다른 말로 하면 현실을 도리어 이상(상징)에 이르게 하는 질료로 삼는 바람에 개인과 사회를 파괴하는 기능으로 종사하게 된 것이다.

---

102　Marx, *Die moralisierende Kritik und die kritisierende Moral*, MEW 4, p.337, 재인용, 앞의 책, p.36.

## 부활은 형이상학인가 유물론인가

앤더슨, 즉 니오는 모피어스에게 탁월한 학습 능력을 보여 준다. 그에게 주입된 모든 능력은 매트릭스 내에서 가공할 능력으로 치환된다. 이러한 탁월한 능력은 자연스럽게 그가 혹 그분(the One)일지 모른다는 개연성으로 접근케 만든다. 점점 모피어스와 트리니티 그리고 느부갓네살 전함의 전사들의 믿음의 대상이 되고 있는 것이다. 시온 내의 지도자들이 그런 메시아 사상을 믿지 않았지만 모피어스와 부대원들 그리고 소수자들이 '그분'의 존재를 믿게 된 이유는 오라클이라는 여자 예언자 때문이다.

관념을 의심하고 마침내 물질이 토대가 된 진정한 세계가 열리기를 기대하는 이 시점에서, 그 '기대'의 실체는 무엇인가? 관념을 제거하고자 인큐베이터에 갇힌 자들을 접속해 회수해내 오는 이 철저한 유물론적 사관 앞에 이들이 기다려 왔던 'the One'이란 무엇인가? 기계인가? 아니면 이마저도 기계가 제공한 관념인가? 아니면 더 높은 위치에 존재했던 진정한 '그것'The One인가?

이와 같이 〈매트릭스〉라는 영화는 유물론적 입장에서 관념의 파괴를 주제로 제시하지만 우리는 여전히 그 막연한 관념의 조작과 파괴 속에서도 제거되지 않고 있는 어떤 흔적을 발견한다. 결과적으로 프로그램 세상 속을 돌아다니던 앤더슨의 모든 사고는 프로그래밍된 것이었을지언정 그 프로그래밍된 자신의 삶과 생각을 의심했던 것은 프로그램 밖에서 비롯한 어떤 것이었기 때문이다. 여기서 우리는 데카르트의 신과 다시 직면한다.

앤더슨은 매트릭스에서 싸우면서 자생력이 점점 더 커졌다. 그렇게 되면서 자신이 바로 'the One'이라는 사실을 자각하게 되었다. 그러나 의외로 니오는 스미스와의 결투에서 사망했다. 이때 트리니티의 키스가 니오를 다시 살려 냈다. 트리니티라는 말은 알다시피 삼위일체라는 말이다.

그리스도교의 메시아관에 대해서는 초기 그리스도교 공동체 이후 신성과 인성에 대한 많은 논쟁이 있었다. 그리스도는 자신이 자의식으로 자각하게 된 메시아인가, 아니면 깨달음을 타고난—원래부터 스스로 알고 있던—메시아인가? 관념인가 물질인가?

칼 마르크스에게 종교란 아편이다.[103] 그것은 그가 보기에 관념으로 이루어진 착시였기 때문이다. 그러나 그리스도교의 메시아는 관념이 아니다. 철저한 인성 즉 물적 토대에 기인한다. 이것을 부인하면 적그리스도라 하였다(요이 1:7[104]).

특히 십자가는 관념이 아니라 확실한 물적 토대에 기인한 것이며 그 십자가를 향해 달려가는 행위를 우리는 '노동'이라 부르지 않고 실천praxis이라고 부른다. 그런 점에서 십자가의 도야말로 진정한 유물론이 아니고 무엇인가?

칼 마르크스가 이 그리스도교를 궁극적인 천적으로 여겼던 이유가 여기 있는 것이다.

---

[103] "Religion is the opium of the people" 또는 "Religion is the opiate of the people" 또는 "Religion is the opiate of the masses."(종교는 민중의 아편이다)로 번역된 "Die Religion …… ist das Opium des Volkes". 독일어로 된 Karl Marx의 1843년 헤겔 철학 비평 기고문(*A Contribution to the Critique of Hegel's Philosophy of Right*) 서론에서 쓴 말이다.

[104] 미혹하는 자가 많이 세상에 나왔나니 이는 예수 그리스도께서 육체로 임하심을 부인하는 자라 이것이 미혹하는 자요 적그리스도니.

## 다이어그램으로 보는 이원론의 변천 (1)

**플라톤·어거스틴**

플라톤(과 어거스틴)은 아래 있는 물질을 위(하늘)로부터 탈락된 열등한 것으로 간주한 반면 아리스토텔레스(와 아퀴나스)는 물질을 위에 있는 것들의 모방으로 보았다. 이러한 시각차는 열등한 것을 제거시킴으로 위에 다다를 수 있다는 입장과, 아래에서 일어나는 모방 행위를 충실히 행함으로 비로소 위의 것이 완성될 수 있다는 입장 간에 실천의 차이를 가져왔다.

**데카르트**

데카르트는 물질과 관념을 보다 확실하게 분리하여 이원론을 확립하였다.

**유심론**

유심론(唯心論)은 이원화된 관념과 물질 중에서 물질을 관념에 의해 생겨난 어떤 것으로 보았다. 이들은 물리적인 거리는 실제 거리가 아니라 '기대감'을 통해 인지하는 것일 뿐이라고 설명한다.

**유물론**

유물론(唯物論)은 이원화된 관념과 물질 중 물질에 의해 관념이 생겨난 것이라고 설명한다. 이러한 유물론에서 마르크스주의가 나왔다. 아직 관념을 부정하는 단계는 아니다.

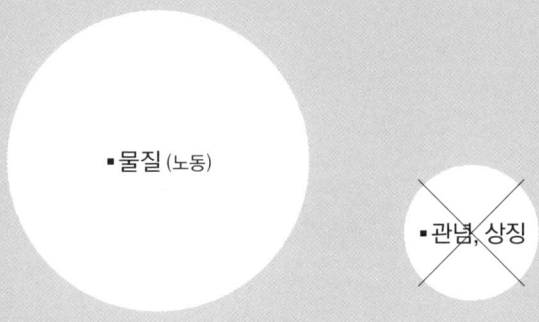

**마르크스주의**

마르크스주의는 유물론에서 실천 강령이 추가된 것이다. 유물론의 본질은 관념의 발생만을 설명하기에 학제적이지만, 마르크스주의는 관념과 상징을 파괴의 대상으로 지목하기 때문에 이것이 강력한 실천을 낳은 것이다.

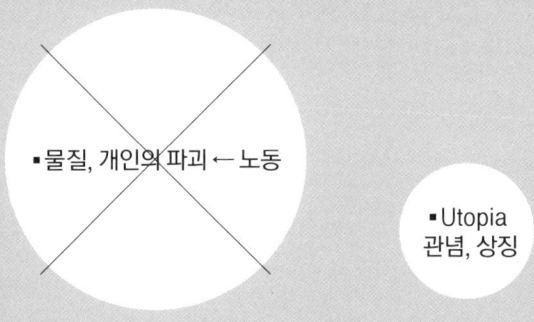

**마르크스주의의 결과**

그러나 결과적으로 마르크스주의는 관념과 상징 파괴의 과정에서 '개인'이라는 물질은 파괴하고 그 추구하는 이상(Utopia)에는 도달하지 못함으로써 여전히 관념과 상징은 남겨둔 상태가 되고 만다. 물질이 관념으로 치환되고 만 것이다.

**그리스도교**

마르크스주의와 비교했을 때 그리스도교는 십자가가 개개인의 희생과 실천을 추구한다는 점에서 형이상학적이라기보다는 물질적이다. 마르크스주의와 닮은 것이다. 다만 그리스도교는 상징을 제거하지 않고 실현시켜야 할 궁극적 체제로 놓는다. 그리고 이들은 '노동'이라 하지 않고 '실천'이라는 단어를 사용한다. 이런 유사점 때문에 마르크스주의자들은 그리스도교를 최대의 정적政敵으로 보았을 것이다.

니체의 신

7

## 어거스틴·아퀴나스의 신, 본원성
장미의 이름: 도그마의 퇴조

## 데카르트의 신, 이성
트루먼 쇼: 믿기 위해 의심함

## 칸트의 신, 관념
어거스트 러쉬: 쉐카이나

## 헤겔의 신, 합리성
레 미제라블: 사랑은 합리적인가?

## 다윈의 신, 진화
진화의 시작: 신도 진화되었는가?

## 마르크스의 신, 물질
매트릭스: 신성과 인성

## **니체의 신, 허무**
**쇼생크 탈출: 노예의 도덕**

## 프로이트의 신, 무의식
인셉션: 자기 우상 파괴

## 하이데거의 신, 존재와 현상
트루먼 쇼: 에고 에이미

## 소쉬르의 신, 구조
큐브: 알아들을 수 없는 말, 방언

## 라캉의 신, 욕망
석객: 원죄 흔적

## 데리다의 신, 해체
시네마 천국: 집중적이고 분산적인 신

은행원 앤디는 골프 코치와 눈이 맞은 아내의 불륜을 눈치 챘다. 겁이라도 주려고 마음먹은 어느 날 권총을 들고 밀회 현장을 덮치려 하지만 술에 만취한 나머지 곤죽이 되어 잠에 빠지고 만다. 다음 날 아내와 정부는 죽은 채 발견되었다. 그는 장래 촉망한 은행원이었지만 이 사건으로 졸지에 살인범으로 몰려 감형 없는 무기징역 형을 받고 교도소에 들어간다. 자칫 치정에 얽힌 영화로 착각할 만한 프롤로그로 시작되는 〈쇼생크 탈출〉[105]은 사실 감옥 그 자체에 대한 이야기다.

## 두 개의 감옥

특히 이 이야기에서는 누명을 쓰고 감옥에 들어온 앤디를 포함하여 세 명의 죄수를 눈여겨 볼 필요가 있다. 누명을 쓴 앤디가 은밀하고 집요하게 탈옥을 추구하는 반면 가장 고령인 브룩스는 그 감옥에서 나가기를 한사코 거부하고, 상반된 입장인 그 둘 사이에서 점차 브룩스처럼 동화되어 가는 레드는 우리 모두를 표상하기 때문이다.

가석방 통보를 받은 후 감옥 밖으로 나가기를 두려워하던 브룩스는 급기야 동료 죄수의 목에 흉기를 겨누고 저항하며 감옥에 남아 있기를 열망하지만 끝내 가석방되고 만다. 브룩스는 그렇게 가석방되어 자유의 몸이 되었지만 50년간 '아무 탈 없이' 생활해 오던 감옥을 날마다 그리워하며 다시 돌아가기만을 고대한다. 출소한 그를 향한 편견과 외면은 교도소 장벽 못지않은 장벽이었고, 50년 만에 돌아온

---

[105] 영화 제목: The Shawshank Redemption, 감독: 프랭크 다라본트, 출연: 팀 로빈스(앤디 듀프레인 역), 모건 프리먼(레드(엘리스 보이드 레딩) 역], 밥 건튼(워든 노튼 소장 역), 윌리엄 새들러(헤이우드 역), 개봉: 1995년, 러닝타임 133분.

그에게 변해버린 사회는 무엇보다 그 자체로서 이미 감옥이었다. 도리어 쇼생크 감옥이 돌아갈 고향이었던 것이다. 그래서 그는 쇼생크로 돌아가고자 다시 범죄를 시도해 보려고 하지만 노쇠한 그에게는 그마저 여의치 않다. 그는 최후의 수단을 택한다. 숙소 대들보에 목을 매달아 자살한 것이다.

석방되기 전부터 교도소를 떠나기 원치 않았던 브룩스와 달리 거듭 가석방을 청원해 온 레드는 40년 만에 드디어 가석방된다. 그러나 그도 어느새 죽은 브룩스와 마찬가지로 바깥세상이 두려워 다시 감옥으로 돌아가고 싶은 마음이 간절해진다. 자유를 얻은 삶이 감옥보다 자유로운 건 사실이지만 이미 지독하게 변해 버린 바깥세상은 감옥보다 더 두려운 실존의 감옥이었던 것이다. 레드 역시 사회에 대한 두려움에 시달리다 끝내 브룩스가 서 있던 자리까지 이르게 된다. 브룩스가 자살했던 자리, 바로 그 대들보 밑까지 온 것이다.

오로지 탈옥한 자, 앤디만이 세상에서 새로운 삶을 구축한다. 그는 수감생활 20년 만에 탈옥했는데, 그날 죽으려고 대들보 아래 올라섰던 레드를 살리는 것도 탈옥 전 그가 던지고 간 한 마디 메시지였다.

감옥이라는 것은 물리적 장벽으로 폐쇄된 공간을 설정하고 그 안에서 살아가는 사람에게 준칙을 강제하는 구조물이다. 반면 사회는 감옥과 달리 자유로운 공간이지만 그 사회가 갖는 준칙에서 낙오된 사람 스스로가 갇히게 되어 있는 구조물이라는 점에서 역시 폐쇄된 구조물 기능을 한다. 자유로 자유를 감금하는 것이다. 모든 사회는—사회주의든 자유주의든—그 사회를 보편화시킨 이데올로기에 종속되어 있으며, 그 이데올로기는 그 사회가 갖춘 교육, 문화, 정치,

법, 도덕, 심지어 종교까지 포섭해 구조물을 형성한다.

그러므로 우리 사회는 쇼생크라는 감옥과 동일한 구조로서 인간을 얽어매고 있는 상징체계를 공유한다.

갇힌 곳에 삶의 터전을 잡고 있는 무기수는 겉으로는 희망을 말할 수 있어도 그것은 어디까지나 가식에 지나지 않는다. 무기수가 어떻게, 어떤 희망을 가지고 감옥에 적응할 수 있을까? 희망을 가질 수 없는 것은 아니나 그 희망은 벗어날 수 없는 구조물 범주로 한정될 수밖에 없다. 그래서 주어진 삶 그대로, 어떤 목적도 없이, 그 자체에 길들고, 또한 그렇게 강제하고 들어오는 가치관에 어떤 의문도 가질 수 없는 상태다. 실제로 아무런 의문을 갖지 않는 상태가 진정한 무기수로서 삶의 자세이기 때문이다. 그렇지 않고서 어떻게 그 영원한 감옥에 적합한 삶을 영위할 수 있겠는가? 한마디로 무기수에게 희망이라는 어휘는 모순일 따름이다.

이러한 무기수의 모습은 17~18세기 혁명기의 여파로 불어 닥친 산업 혁명 이후 대두된 삶의 구조와 다르지 않다. 니체는 그중에서도 특별히 그리스도교의 사관 및 가치관을 표적으로 지목했다. 그리스도교의 가치관은 그가 보기에 철저한 복종 속에서 가난한 자로서의[106] 노동을 최고의 미덕으로 가르치고 있었기 때문이다. 이른바 '노예 도덕'인 것이다.

---

[106] Friedrich Nietzsche, 송무 역, 《우상의 황혼, 반 그리스도》(서울, 청하, 1984), pp.134-135. 니체가 《적그리스도(Der Antichrist)》를 쓴 것은 《우상의 황혼》이 완성된 직후인 1888년 9월경이다.

## 노예의 도덕

가령 "심령이 가난한 자는 복이 있나니 천국이 저희 것임이요"(마 5:3)라는 그리스도교 윤리의 정점인 산상수훈의 경우, 가난한 자·괴로워하는 자·빼앗긴 자·병들고 추한 자만 경건한 자요 신의 사랑에 든 자로서 축복은 오직 그들에게만 있고, 반면 강하고 고귀한 자는 영원히 사악한 자·잔인한 자·탐욕스러운 자·음험한 자로서 신에 거스르는 자로 분류하는 이분법을 니체는 노예 도덕으로 규정했다.[107] 그는 그 배후를 지목하면서 원한ressentiment이라는 술어도 들여왔다. 그리스도인에게는 실천 덕목의 하나와도 같은 억압은 이미 2천여 년도 더 된 유대인의 고질적인 역사에서 비롯되었지만, 언제나 좌절일 수밖에 없었던 현실에서는 상상 속의 복수로만 자위하고 마는 원한으로부터 노예 도덕이 산출되었다고 설명한다.[108] 그리스도교는 이런 원한을 기반으로 세워져 유럽에 널리 퍼졌으며, 강자에 대한 선망과 복수심에 사로잡힌 대다수 약자는 '강자는 악한 자'라는 부정적 가치로 평가하고 이런 판단으로 약자야말로 선하다는 가치평가를 끌어내는 데 성공했다는[109] 것이다.

그뿐만 아니라 이러한 가치관 속에서 유럽의 윤리학 역시 감정에서 배제된 채 신체가 지닌 힘을 부정하고 약자의 금욕적 도덕에 따

---

[107] Friedrich Nietzsche, 김태현 역, 《도덕의 계보 / 이 사람을 보라》(서울: 청하, 2002), p.41.
[108] 이것은 《도덕의 계보》에서 고결한 도덕과 원한의 도덕이라는 상반된 심리적 개념 속에서 소개된 술어다. 위의 책, 143.
[109] Friedrich Nietzsche, 《우상의 황혼, 반 그리스도》, pp.124-125.

를 것을 촉구하게 되었다고 분석하고 비판했다. 그런 정서는 실제로 1500년간 유럽을 지배해 온 것이었다.

## 허무인가 탈출인가

앤디가 자신의 무죄에 대한 기억과 감각이 무뎌질 무렵 그를 자극한 것은 어떤 신입 죄수의 증언이다. 앤디의 아내와 정부를 살해한 진범으로부터 이 죄수가 그 범행 사실을 들었다고 증언한 것이다. 교도소장이나 교도관과 친분을 쌓아온 앤디는 이러한 증언을 통해 이 감옥에서 놓일 것으로 기대했지만 자신의 비자금 세탁과 관리에 탁월한 수완을 발휘하는 앤디를 소장은 평생 놓아줄 생각이 없었다. 심지어 그 비밀을 안 신입 죄수까지 살해하기에 이른다. 앤디를 영원히 자신의 은밀한 노예로 가둘 심산이었던 것이다.

자신을 감옥에서 빼내어 줄 모든 연결고리가 제거되었을 때 우리가 앤디라면 어떤 선택을 할 수 있을까? 브룩스나 레드처럼 편하고 안전한 감옥으로 회귀할 것인가 아니면 계속 탈출을 모색할 것인가?

앤디에게 희망이 사라진 것처럼 니체 당대는 그리스도교 도덕이 급속히 영향력을 상실하는 시기였다. 보편율로 중무장하고 등장한 과학과의 사이에서 수습하기 어려운 모순이 속출했기 때문이다. 신의 존재를 전제로 한 그리스도교 도덕은 아무런 의미가 없어진 것이 되고 말았다. 과학적 이성에 의해 신이 죽었다고 선언됨과 동시에 도덕 또한 위기에 봉착한 것이다. 근대 이성주의 과학은 그리스도교적인 도덕은 존재하지도 않는 초월적 가치 위에 성립된 것임을 철저하게 폭로했다.

그리스도교의 가치관을 노예 도덕이라고 평가절하하는 니체가 여기서 내놓을 수 있었던 대안은 이른바 영원회귀, 니힐리즘이었다. 1500년의 윤리적 지배 속에 있던 많은 사람들에게는 그런 상황 자체가 허무nihil였기[110] 때문이다.

이런 상황을 적극적으로 수용하는 니힐리즘nihilism은 안이하게 새로운 근거와 목표를 찾는 것이 아니라 철저한 이성주의로 밀고 나아갔다. 그럼으로써 신뢰할 만한 가치기준을 잃어버려 주춤거리는 소극적 허무주의와 달리 적극적 허무, 즉 영원회귀할 것을 주문했다.

우주에는 무한한 공간과 무한한 시간이 있는데 현재는 유한한 것들의 조합에 불과하며, 우주 어딘가에서 발생했던 그 모습이 그대로 계속 반복될 것이며, 그 과정을 통해 초인Übermensch으로 변화된다는 것이었다.

그가 다윈을 칭송했다는 사실이 말해 주듯[111] 그도 마르크스처럼 헤겔의 관념론적 역사 개념에서 파생된 진화론에 기울었다는 사실은 의미심장하다. 그가 말하는 초인이란 영원한 진화로부터 도출된 관념적 인간상이라는 인상을 지울 수 없기 때문이다.

사실 앤디는 감옥 생활에 나름대로 적응하고 있었다. 자신을 성폭행하는 죄수들을 교도관을 통해 반신불수로 만들어 제압했고, 쇼생크 교도소에서 신과 같은 존재인 교도소장의 비자금 세탁 자문을 맡으면서 자기 입지도 어느 정도 넓어진 데다가, 그런 입지에 힘입

---

[110] 모든 긍정가치를 거부하고 아무것도 믿지 않는 입장.
[111] "지금까지 우리는 인간의 신성한 기원을 강조함으로써 인간의 고귀함을 추구했다. 그러나 인간의 조상이 원숭이였음이 밝혀진 이상, 이제 이러한 방법은 금기시되었다"라고 말한 바 있다. 《서광(Daybreak)》, p.49., 재인용, Roger Trigg, 앞의 책, pp.101-102.

어 교도소의 복지와 편의도 개선해 내는가 하면—이 교도소에 앤디 덕분에 도서관이 생겼다—외부 단체와 교류를 통해 쇼생크가 재소자 인권에 앞장서는 교도소로 보이도록 만들기도 했다. 덕분에 교도소장은 명망 있는 관리로 주목받는다.

이와 같이 아무 탈 없는 안락한 생활 속에서 감옥이라는 구조물이 가져오는 반복된 삶에 잘 적응하는 줄 알았지만 그것은 그의 전략에 불과했다. 그는 들어온 첫날부터, 특히 자신의 무죄가 타자를 통해 판명된 순간부터 더더욱, 이 안락하고 안전한 감옥에 머물 뜻이 전혀 없었음을 그가 탈출하고 난 후에야 비로소 알게 된다.

죄수로서는 그야말로 더없이 평화스러운 교도소 생활을 하고 있으면서도 그는 비밀스런 탈옥의 성공을 위해 밤마다, 아주 조금씩, 십수 년 동안이나 벽을 뚫어 땅굴을 팠던 것이다. 심지어 그는 이 은밀한 탈옥 과정을 가장 친한 친구 레드에게조차 알리지 않았다. 탈옥하기 전 알 듯 모를 듯한 힌트 하나를 던져 준 게 다였다.

브룩스가 자살한 그 대들보 앞에 섰을 때 레드는 브룩스의 서명을 발견한다.

"Brooks was here."(브룩스가 여기 있었다.)

목을 매달기 직전 이 대들보에다 칼로 긁어 서명한 것이다. 레드는 브룩스처럼 그 자리에 서서 그의 뒤를 따르려는 듯하다가 앤디가 과거에 던졌던 힌트를 떠올리고는 자살하려던 마음을 접는다. 그러고는 자기 서명을 브룩스 서명 옆에 덧붙인다.

"So was Red."(레드도 여기 있었다.)

브룩스는 자살의 서명을, 레드는 자살로부터 탈출의 서명을 남긴 것이다.

## 자살은 탈출인가

노예의 도덕으로부터 탈출할 것을 권하는 니체의 니힐리즘/영원회귀는 노예보다 더 노예스러운 무기수의 도덕인 것만 같다. 영원히 갇혀 무기수와도 같은 초인이 되라고 지령하기 때문이다. 그러나 그것은 감옥을 탈출하고 싶은 욕망과 감옥으로 다시 돌아가고만 싶은 그들의 상반된 욕망이 자살이라는 충동의 지점에서 서로 만나고 있다는 사실로써 철학적 영원이 지닌 한계를 표상한다.

자살 충동과 영생에 대한 갈망은 다르면서도 같은 것이다. 우선 현재적인 실존 세계로부터 이탈하려는 욕망이라는 점에서 둘은 같고, 죽음을 통과하지 않을 수 없다는 점에서도 같으며, 자발적이라는 점에서도 같다.

마치 나르시시즘이 나를 향한 애착이며 이데올로기가 타인을 겨누는 집착이라는 점에서 다르지만 둘은 그러한 '나'와 '타자'의 모양과 크기를 측량함에서 오로지 '나'를 기준 삼는다는 점에서 동선축이 같다. 그것이 우리 삶의 주기에 적용될 때 처음에는 나를 중심으로 찾다가(유아기) 나 아닌 타자를 찾는 과도기를 거쳐(청소년기) 결국 '나'로 회귀하기에, 우리의 시간은 스스로 죽음을 향해 무서운 속도로 달려가고 있음에도 우리는 그렇게 아무 생각 없이 웃고 떠들면서 구조물에 몸을 맡기고 있는 것이다. 마치 안락한 교도소에서 적응하는 것처럼.

상반된 이데올로기와 나르시시즘이 나와 타자의 구별 없는 상태로 회귀하려는 충동이듯, 타나토스죽음로의 충동은 세계와 하나 되려는 회귀 충동에 기원한다. 교도소로 돌아가려는 구심력과 자살하려는 구심력은 같은 것이다. 또한 교도소를 나가려 했던 원심력과 자살하려던 원심력도 같다. 이렇게 자살은 상반된 힘 속에서 충동으로 존재한다. 따라서 자살은 현실의 박해에서 비롯되는 것이 아니다. 자기 스스로 (형기를 중단하고) 영생으로 진입하려는 일종의 그릇된 순교 장치이다.

그러나 교도소에서는 자살을 금한다. 징역형뿐 아니라 사형 언도를 받은 죄수들, 다시 말해 곧 죽을 자들조차 자살은 할 수 없다. 이러한 그들의 죽음 금지는 그들의 생명을 보전하기 위함인가, 죽음을 보전하기 위함인가?

'죽음 보전을 위해 죽음을 금하는 것'이라는 이 격정의 파라독스를 무너뜨릴 수 없는 한, 우리는 여기서 명백한 두 개의 죽음을 본다. 내가 언도하는 죽음, 그리고 재판장이 언도한 죽음을·······.

언도된 죽음을 거부하는 자들이 타나토스 충동으로 자신을 내던지는 데 반해, 그리스도교의 신은 그 언도된 죽음과 자신의 죽음을 바꾸었다고 말한다. 타나토스 충동이 아닌, 죽어서 영생하는 방법이 아닌, 죽지 않고 영생하는 길을 열어젖혔다고 그리스도교의 신은 말한다.[112]

---

[112] 참조. "예수께서 이르시되 나는 부활이요 생명이니 나를 믿는 자는 죽어도 살겠고 무릇 살아서 나를 믿는 자는 영원히 죽지 아니하리니 이것을 네가 믿느냐"(요 11:25-26)

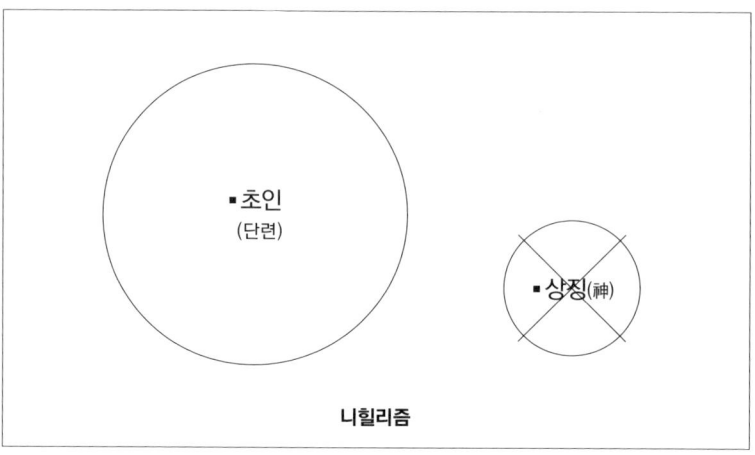

따라서 자살이란 것은 단순히 천국과 지옥의 갈림길로서 존재하는 것이 아니라, 스스로 감옥 생활을 종결짓고 싶은 심판주적 충동으로서 존재한다. 그럼에도 그것이 마치 현실의 박해로 비롯되는 것처럼 가련하게 비치는 이유는, 타나토스 충동이 최후의 순간 순식간에 충동 자신을 분노와 연민으로 감추는 기술을 구사하기 때문이다.

그러나 우리는 언제나 분노와 연민으로 엉겨 붙어 분간할 수 없는 이들 두 개의 같은 형식, 곧 자살과 순교를 이렇게 식별할 수 있다.

순교는 타인에게 씌워진 죄를 벗겨내는 파라독스가 있다면 자살은 타인에게 죄를 뒤집어씌우는 파라독스가 있다.

자살 충동과 영생에 대한 갈망이 다르지만 같은 것처럼, 자살과 순교는 같지만 다른 것이다. 따라서 순교를 거점으로 하는 그리스도교 세계관은 원한이나 허무에 거점을 둔 노예 도덕이 아니라 앤디의 열정과도 같은 것이다. 자유를 위한 부단한 실천인 그것은 앤디의 그것처럼 비밀스럽게 진행되다가는 반드시 끝점에 다다른다. 원한이 아니라 오로지 희망만이 영원으로 회귀될 따름이다.

레드를 죽지 않고 살게 해주었던 앤디가 던져주고 간 말은 이런 것이다.

> Remember, Red. Hope is good thing, maybe the best of the things. And no good thing ever dies.
> 기억하세요, 레드. 희망은 좋은 것입니다. 그래요 가장 좋은 것일 거예요. 그리고 좋은 것은 절대 사라지지 않아요.

프로이트의 신

8

## 어거스틴·아퀴나스의 신, 본원성
장미의 이름: 도그마의 퇴조

## 데카르트의 신, 이성
트루먼 쇼: 믿기 위해 의심함

## 칸트의 신, 관념
어거스트 러쉬: 쉐카이나

## 헤겔의 신, 합리성
레 미제라블: 사랑은 합리적인가?

## 다윈의 신, 진화
진화의 시작: 신도 진화되었는가?

## 마르크스의 신, 물질
매트릭스: 신성과 인성

## 니체의 신, 허무
쇼생크 탈출: 노예의 도덕

## **프로이트의 신, 무의식**
인셉션: 자기 우상 파괴

## 하이데거의 신, 존재와 현상
트루먼 쇼: 에고 에이미

## 소쉬르의 신, 구조
큐브: 알아들을 수 없는 말, 방언

## 라캉의 신, 욕망
식객: 원죄 흔적

## 데리다의 신, 해체
시네마 천국: 집중적이고 분산적인 신

그녀는 큰 공장을 운영하는 남편과 시골에서 매우 행복한 결혼 생활을 보냈습니다. 남편의 사랑스러운 배려는 아무리 칭찬해도 부족하다는 사실을 그녀는 알고 있었습니다. 30년 전에 연애 결혼한 후, 관계가 악화되어 서로 반목하거나 질투할 만한 일은 한 번도 없었습니다. 그들 사이에 난 두 아이들은 훌륭하게 자라서 결혼했으며, 그녀의 남편이자 가장은 의무감에서 아직 은퇴하지 않고 있었습니다.

그런데 1년 전에, 믿을 수도 없고 그녀 자신도 이해할 수 없는 일이 벌어졌습니다. 자신의 훌륭한 남편이 어떤 젊은 처녀와 사랑에 빠졌다고 비난하는 익명의 편지 내용을 그대로 믿어 버리게 된 후 그녀의 행복은 산산조각 나고 만 것입니다. 좀더 자세한 정황은 대략 다음과 같습니다.

그는 하녀를 한 사람 두었는데 아마 이 하녀와 자주 내밀한 내용의 대화를 나누었던 모양입니다. 이 하녀는 어떤 다른 처녀와 노골적인 적대 관계였는데, 그 처녀는 이 하녀보다 출신이 좋지 않은데도 상당히 성공했기 때문이었습니다. 그 처녀는 바로 하녀와 같은 직업을 택하지 않고 상업 교육을 받아 공장에 취직했습니다. 전쟁으로 사람들이 징집되어 자리가 비게 되자 그녀는 공장 안의 좋은 자리로 승진할 수 있었습니다. 그녀는 이제 공장 안에서 살면서 모든 신사들과 교류하게 되었고 심지어는 '아가씨'로 불리게 되었습니다. 인생에서 뒤처진 하녀는 자연히 과거 한때 동창생이었던 그 처녀에 대한 모든 가능한 험담을 늘어놓을 기세였습니다.

어느 날 우리 환자는 그 하녀와 함께 손님으로 머물렀던 어떤 노신사에 관해 대화를 나누었습니다. 그런데 사람들은 그 노신사가 부인과 함께 살지 않고 다른 여자와 관계를 맺고 있다는 사실을 알고 있었습니다. 어떻게 그런 말을 갑자기 하게 되었는지는 모르지만, 그녀는 "내 훌륭한 남편 역시 그런 관계를 맺고 있다는 사실을 내가 알게 된다면 그건 나에게 가장 끔찍한 일이 될 거야"라고 말해 버렸습니다.

바로 그다음 날 그녀는 우편으로 익명의 편지 한 통을 받았습니다. 그 편지는 잘 알아볼 수 없게 쓰인 글씨로 그녀가 어제 말해 버린 내용을 담고 있었습니다. 그녀는 편지가 자신의 사악한 하녀의 작품이라고 결론지었는데, 아마 올바른 판단이었을 것입니다. 왜냐하면 남편의 애인으로 지목된 사람은 그 하녀가 계속 증오해 왔던 처녀였기 때문입니다. 물론 그녀는 곧장 음모를 간파했습니다. 또 그녀가 살고 있는 지역에서 그런 비겁한 비난들이 얼마나 신뢰할 수 없는 것인지 말해 주는 많은 사례들을 알고 있었습니다. 그렇지만 그 편지는 순식간에 그녀를 굴복시켰습니다.[113]

굴복시켰다?

무엇에 저항했고 무엇이 굴복되었다는 것일까? 짧지 않은 인용이지만 요약 없이 모두 옮겼다.

　이 이야기는 마르크스, 니체와 더불어 19세기를 살면서 20세기의 문을 열어젖힌 사람 가운데 하나인 프로이트가 정신분석 강의에서 정신의학 부분으로 사용한 예화다. 빈 대학에서 생리학 공부로 출발해 중추신경계 해부 관련 연구를 하던 그는 히스테리 환자에게 심적 외상을 상기시키면 히스테리가 치유되는 임상을 접하다가 정신분

---

[113] Sigmund Freud, 임홍빈·홍혜경 역, 《정신분석강의》(경기: 열린책들, 2007), pp.338-340.

석이라는 새로운 분야의 토대를 구축해 낸 인물이다.

당시 히스테리 임상은 주로 최면요법에 의한 것이었지만, 그 방법이 지닌 결함을 실수나 농담행위 같은 자유연상 요법으로 보완하는 과정에서 이를 의학과는 별개의 정신과학 혁명의 단계로 끌어올려놓은 것이다. 그것은 꿈의 발견을 통해 진작되었다. 그는 다윈과 마찬가지로 철학자로 분류될 수 없는 인물이지만 《꿈의 해석》(1899)을 비롯한 방대한 저술은 철학 이상으로 철학에, 그리고 역사, 신학, 해석학을 포함한 거의 모든 인문·사회과학 분야에 막대한 영향을 끼쳤다.

아폴로 11호의 달 착륙에 준하는 업적으로 평가받는[114] 그의 무의식의 발견은 인간이 생각하는 방식을 지도로 펼쳐 보여 주었으며, 그동안 철학자들에 의해 어렴풋하게 관찰되어 온 다중의 세계에 관한 설명도 보다 실증적으로 소개할 수 있는 방도로 열렸다.

프로이트가 실증에 성공한 그 복수의plural 세계는 다름 아닌 인간의 정신 내부에서 발견되었다. 즉 익명의 편지를 받은 귀부인을 굴복시킨 실체는 이 세계 저편에 존재하고 있는 바로 나 자신이었던 것이다.

그녀는 끔찍한 흥분 상태에 빠졌으며 격렬한 비난을 퍼붓기 위해 남편을 불렀습니다. 남편은 웃으면서 그 비난을 부인하고 그가 할 수 있는 최선의 대책을 강구했습니다. 그는 주치의를 오게 했는데 의사는 그

---

**114** Hans-Joachim Braun, 김현정 역, 《세계를 바꾼 가장 위대한 101가지 발명품》(서울: 플래닛미디어, 2006).

불행한 부인을 진정시키기 위해 최선을 다했습니다……(중략)…… 하녀는 파면되었지만 소위 남편의 애인으로 낙인찍힌 처녀는 그대로 남았습니다. 그 후로 환자는 더 이상 익명의 편지에 실린 내용을 믿지 않는다고 되풀이하면서 스스로를 진정시키려고 했습니다. 그러나 그 같은 시도는 결코 철저하게 성공하지도 못했고 오래가지도 않았습니다. 그 처녀의 이름을 누가 말하거나 그녀와 거리에서 마주치기만 해도 그 처녀에 대한 의심과 고통을 느끼고 그녀를 비난하는 등 발작을 일으켰습니다.[115]

깊이 생각하지 않아도 누가 문제를 일으켰는지 뻔히 결론이 난 사건. 모든 상황이 상식과 정황 속에서 명백히 밝혀졌음에도 그녀를 괴롭히는 이 잔상은 무엇일까? 과연 누가 심어 준—도입Inception 시켜 준—생각일까?

## 인셉션

코브는 남의 꿈을 자유자재로 설계하고 그 꿈에 잠입하여 조작하거나 정신에 박힌 정보를 훔쳐 내는 팀의 리더다. 이런 활동은 주로 기업을 상대하는 첩보전에서 행해졌다. 그러나 코브는 동료 아서와 임무 수행 중에 아내 맬이 갑자기 꿈에 나타나 방해하는 바람에 임무 완수에 실패한다. 깨어난 후에도 당초 꿈의 설계에 포함되지 않은 아내의 출몰로 당혹해한다.

---

[115] Sigmund Freud, 《정신분석강의》, p. 340.

한편 사이토는 경쟁사 총수인 모리스 피셔의 아들 로버트 피셔가 아버지에게 물려받은 기업을 분할하게 하려고 코브에게 인셉션을 주문한다. 인셉션이란 꿈을 통해 정신에서 정보를 빼내는 종전의 방식과 달리, 역으로 꿈을 통해 그 정신 속에 생각을 심어 주고 나오는 일을 말한다. 그들에게 이것은 금기였지만 코브의 살인 혐의를 없애주고 미국에 있는 가족에게 돌아갈 수 있게 해주겠다는 조건을 제시했다. 코브는 인셉션을 위해 조작 책임으로 Forger 임스를, 조제 책임으로 Chemist 유서프를, 그리고 설계 책임으로 Architect 천재 아리아드네를 규합한다. 그러나 이 일의 신입 초보인 아리아드네를 훈련시키는 과정에서 정작 코브의 아내 맬이 항상 코브를 따라붙는다는 사실이 드러난다.

과거에 코브는 아내와 꿈의 여행을 한 일이 있다. 같은 꿈속에서 함께 삶의 보금자리를 지었을 뿐 아니라 도시 하나를 통째로 건설하기도 하는 이들은 꿈의 나날을 보내느라 시간 흘러가는 줄도 모르고 현실을 망각했다. 그나마 현실의 끈을 놓지 않았던 코브는 이제는 돌아가야겠다고 마음먹지만 아내 맬은 동의하지 않았다. 꿈이 현실이라는 것이었다. 그래서 코브는 아내에게 인위적인 생각 하나를 주입한다. 현실로 돌아가도록 결정을 돕는 생각이었다. 둘은 그 꿈에서 깨어나기 위해 함께 철로 위에 머리를 대고 기차가 오기를 기다렸다. 꿈에서 깨어나려는 의도적인 죽음, 곧 자살의 시도였다. 그렇게 꿈에서 깨어나 현실로 겨우 돌아왔지만 아내는 적응에 실패한다. 현실이 꿈이라고 여기고 자녀들은 투사체라고 믿는 그녀는 자꾸만 현실로 돌아가겠다며 자살을 시도하는 것이었다.

현실이 꿈이라며 현실을 벗어나려는 아내 맬은 어느 해 결혼기

넘일에 남편 코브를 호텔로 불러 자신과 같이 뛰어내릴 것을 요구했다. 남편에게 선택의 여지가 없도록 하기 위해 변호사에게는 남편이 자기를 자꾸 죽이려 한다는 편지를 보내 놓은 상태라 홀로 남더라도 살인자가 되고 마는 상황에 빠뜨린 것이다. 결국 맬은 그 호텔에서 뛰어내려 자살했고, 그는 아내 살해 혐의를 쓴 채 미국을 떠나야 했던 것이다. 훗날 코브는 이렇게 회고한다.

> 복원력이 가장 센 기생충은 뭘까요? 박테리아? 바이러스? 촌충일까요?…… 바로 생각입니다. 회복력과 전염성이 강하죠. 한번 생각이 뇌에 들러붙으면 제거가 거의 불가능합니다.[116]

〈인셉션〉은 상징세계와 정신분석학의 총아를 담고 있다. 한 마디로 정신분석학에서 서술하는 의식과 무의식을 의인화한 이야기다. 꿈의 조작자였던 임스Charles Eames는 유기적 디자인으로 명성을 날린 실제 디자이너의 이름이며,[117] '인셉션'의 대상인 로버츠 피셔R. Fischer의 아버지 모리스 피셔는 마치 모리츠 에셔Maurits Cornelis Escher라는 이름을 연상시킨다. 에셔는 무한공간, 상대성, 착시를 주제로 한 일러스트레이션 대가다. 그리고 아리아드네는 그리스 신화에서 미궁을 빠져나오도록 돕는 공주의 이름이다.[118] 그래서 피셔는 무의식을 상징하

---

[116] 영화 제목: Inception., 감독: 크리스토퍼 놀란, 출연: 레오나르도 디카프리오(돔 코브 역), 와타나베 켄(사이토 역), 조셉 고든-레빗(아서 역), 마리옹 꼬띠아르(맬 역), 개봉: 2010년, 러닝타임: 147분.
[117] 아내 레이 임스(Ray Eames)와 더불어 마치 달리 그림에 나오는 늘어진 시계처럼 녹아 흘러내려 버린 것같이 생긴 유기적인 모양의 의자 디자인으로 잘 알려져 있다.

에드워드 번 존스, 〈미로 속의 테세우스와 미노타우로스〉(1861)

며, 임스는 그 꿈을 꾸는 주체이며, 아리아드네는 꿈의 설계자인 동시에 탈출을 주도한다. 영화 전체가 모든 분석이론과 상징, 그리고 신화의 절묘한 조화인 셈이다.

아내 맬과 꿈속을 여행하는 과정에서 시간을 망각한 나머지 림보 고립된 정신공간에 빠진 맬을 깨우기 위해 코브가 고안해 넣은 생각이 바로 '인셉션'이다. 자율적 의지가 붕괴된 그녀에게 '이곳은 림보 꿈이라'는 생각을 주입했던 것이다. 하지만 "복원력과 전염성이 강한 것은 기생충이나 박테리아가 아니라 바로 생각"이라는 이 이야기의 주제와 같이, 그 생각은 맬의 머릿속에서 사라지지 않고 계속 자라나 자신이 이미 꿈으로부터 현실로 빠져나왔는데도 계속해서 꿈이라는 생각을 만들어 냈고, 결국 그녀가 (그 꿈에서 깨어나기 위해 건물에서 뛰어내리는) 자살을 하는 원인이 되었다.

---

**118** 미노타우르스라는 괴물 아들을 얻은 크레타 크노소스의 미노스 왕이 그를 가둬 놓으려고 미로를 만들고 그 길을 영원히 찾을 수 없도록 설계 도면까지 태웠다. 미노타우르스의 미궁으로 잠입했던 테세우스는 미노스의 딸 아리아드네가 건네 준 실뭉치를 풀며 들어갔다가 그 실을 따라 다시 나올 수 있었다.

즉 프로이트의 환자인 그 귀부인을 '굴복시키고 말았던,' 바로 그녀 자신의 '생각'이었던 것이다. 다시 말하면, 코브의 아내 맬이나 프로이트의 환자나 굴복하지 않으려고 저항했던 것도 자기 자신이며, 그 저항에 실패해 굴복하고 만 것도 명백한 자기 자신이었던 것이다.

## 데카르트, 마르크스, 니체, 프로이트의 의심

프로이트는 그 점잖은 귀부인이 익명의 편지라는 종잇조각이 아무런 증거 능력이 없다는 사실을 알고 있었다고 진단한다. 그 출처를 만족스러울 만큼 규명할 수 있었고, 그래서 그녀 자신도 자신의 질투가 아무런 근거가 없는 것이라고 시인했다. 그러나 그녀가 스스로에게 그같이 다짐했음에도 자신의 질투가 전적으로 옳은 것처럼 받아들이면서 동시에 괴로워한 사실에 주목하며 프로이트는 분석했다. 바로 그것은 논리나 현실에 뿌리를 둔 논변에서 비롯된 것이 아니라 '망상'에서 비롯되었다는 것이다.

최종적인 그의 분석은 그 환자가 자신의 망상을 뒷받침해 주는 익명의 편지가 작성되도록 거의 부추겼다고 하는 지점까지 닿아 있다.

그녀는 편지가 전달되기 바로 전날, 만약 자기 남편이 어떤 처녀와 애인 관계를 맺는다면 그 이상의 불행은 없을 것이라고, 음모를 꾸미기 좋아하는 하녀에게 말했기 때문입니다. 이로써 그녀는 하녀가 자신에게 익명의 편지를 보내도록 부추겼던 것입니다. 그렇다면 망상은 편지와 직접적인 관련이 없게 됩니다. 망상은 두려움이나 소망의 형태로 이

미 그 환자에게 존재했던 것입니다.[119]

다시 말하면 이 여성을 괴롭힌 원인으로서 실체는 익명의 편지 자체(타자)가 아니라 타자가 그 익명의 편지를 쓰도록 부추기기까지 했던 바로 '자기 자신'이었다는 해석이다. 아내를 죽게 만들었다는 죄책감에 빠진 코브 자신이 자기를 괴롭히고 저지하는 역할로서 그 아내를 꿈속에서 만들어 내고 출몰시킨다는 분석과 같은 것이다.

이와 같은 분석의 결과는 철저한 의심의 산물이다. 그러나 자석 따위의 환경/사물을 바라보는 추상적 관념으로 점철된 데카르트식의 의심과 달리 철저하게 '나'라는 자신을 겨누고 있는 의심이라는 점에서 프로이트의 의심은 다르다. 그것은 모든 상징 세계를 부정한 마르크스의 의심과 신을 부정한 니체의 그것과도 다르다. 데카르트의 의심은 주로 관념과 사물의 갈림에 논거가 있었기에 다윈과 같은 과학적 이성에 효용이 있었지만 마르크스, 니체, 프로이트의 의심은 삶이라는 프락시스에 주된 논거를 대고 있기에 우상을 제거하는 데 더 탁월하게 기여한다.

마르크스가 "종교는 아편이다"라고 하거나 니체가 "신은 죽었다"고 한 것은 그런 실존적 삶을 강조하는 지평에서 나온 말이다. 다만, 프로이트의 의심이 마르크스나 니체의 그것과 구별되는 점은 '자기우상'을 제거하는 데 공적이 있다는 사실이다. 프로이트 이전에는 아무도 그런 식으로 자기 자신에게 있는 우상을 제거하려는 사람이 없었다.

---

[119] Sigmund Freud, 《정신분석강의》, p.343.

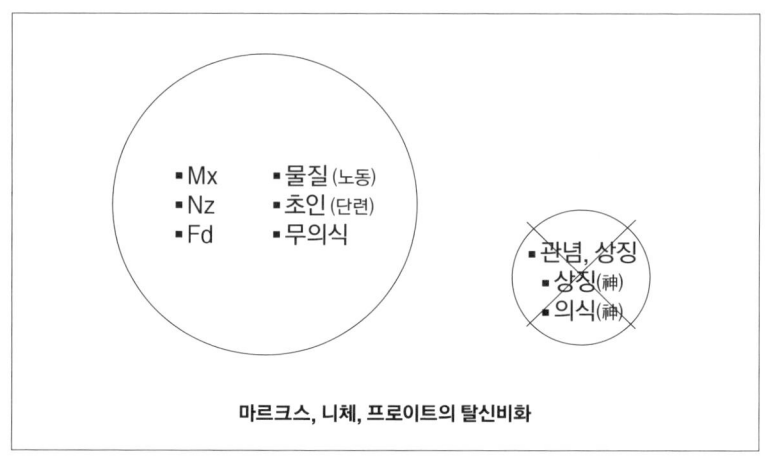

마르크스, 니체, 프로이트의 탈신비화

## 자기우상

프로이트의 다작 가운데는 다소 무모하지만 종교의 기원을 밝히려는 시도도 있었다.[120] 우선 그는 강박관념이 가져다주는 행동과 obsessive acts 종교적 관례는 같은 것으로 보았다.[121] 가령 강박에 사로잡힌 사람이 손을 씻는 행위는 위생을 위한 세척이라기보다는 일정한 의식에 집착한 의례로 볼 수 있다. 예를 들어 영화 〈이보다 더 좋을 순 없다〉에서 잭 니콜슨은 베스트셀러 작가이지만 심한 강박에 사로잡혀 있다. 집에 들어온 후 문이 잠겼는지 손잡이를 두세 번씩 3회를 반복해 돌려 보아야만 마음을 놓는다. 도둑이 들어올까 봐 두려운 것이 아니다. 그냥 그래야 '만족'하는 것이다. 그리고 그는 손을 닦을 때마다 새 비누를 쓴다. 1회용 비누가 아닌데도 한 번만 쓰고는 그 비누를 버리는 것이다. 또 한 가지, 그는 걸어 다닐 때 보도블록의 금이나 갈라진 부분을 밟지 않으려고 안간힘을 쓴다.

이 정도까지는 아니라도 예민한 사람들은 매일 일어나는 일상의 사소한 일에 대해 나름대로 규정한 의식을 강제해서 명령을 내리고, 집행하고, 심지어는 속박하는 식으로 알 수 없는 내면의 대상과 협정을 맺는다. 이러한 일련의 행동들은 불안을 띠지만 다양하면서도 꽤나 정돈된 형태로 실행되기 마련이다. 다른 사람이 볼 때 대단히 무의미해 보이지만 당사자인 그들에게 이 같은 의식 행위의 공통점은 그 행위들 중 하나라도 누락시킬 때는 경미하나마 불안에 휩싸인다는 사실이다.

이 같은 강박이 종교성으로 발전하기까지에 대해 프로이트에 따른 개요는 이렇다. 우선 어떤 강제나 금제에 눌려 고통받고 있는 사람들의 특징은 사실상 죄의식이라는 것이 뭔지도 모르면서 죄에 대한 감각 같은 것에만 사로잡혀 죄인처럼 행동하는 것이라고 그는 규정했다. 이때 이들을 억압하는 죄의식은 과거에 정신적으로 중요한 영향을 끼친 사건의 기억 속에 도사리고 있다가 현실에서 비슷한 상황이나 자극을 만나면 매번, 몇 번이라도 되살아나는, 끊임없이 새로

---

**120** 논문 "Zwangshandlungen und Religionsübungen," *Zeitschrift für Religionspsychologie* (1907)와 "über einige übereinstimmungen im Seelenleben der Wilden und der Neurotiker," *Imago* (1912-13)와 그리고 소설로 출간하려 했던 *Der Mann Moses und die monotheistische Religion: Drei Abhandlungen* (1939[1934-38) 등이 있다. 국내에서는 이들을 함께 엮어 번역해 《종교의 기원》(이윤기 역, 경기: 열린책들, 1997)으로 나왔다. "Psychoanalysis and Religious Origins"(1919)을 제외하고는 '종교의 기원'이라는 직접적인 종교적 주제로 접근했다기보다는 자신의 발전 단계에 있는 개인 심리학을 민족학과 연계하여 집단 심리적 범주로 확장하는 학문적 과정에서 접근한 것으로 보이지만, 이것이 나중에 함께 나란히 엮어지면서 결과적으로 반유신론(antitheism)적 사고에 더 영향을 미치게 되었다. 이 책에서는 이윤기의 번역과 함께 영역본 "Obsessive Acts and Religious Practises," in *Collected Papers*, vol. 2. Trans. R. C. McWatters. (New York: Basic Books, 1959), pp.25-35와 *Totem and Taboo*(London: Routledge, 1999)와 *Moses and Monotheism*. trans. Ketherine Jones (New York: Alfred Knopt, 1969)을 참조했다.
**121** Sigmund Freud, "Obsessive Acts and Religious Practises," p.25.

운 유혹인 것이다.

게다가 불행에 대한 이런 막연한 예감은 형벌에 대한 예감으로 바뀌면서 유혹을 자극하는 내적 직관과 결탁하고 마는데, 자기가 가련한 죄인이라고 믿는 그들이 정작 자신은 결코 용서받을 가망이 없다고 단정 짓는 의지, 바로 그것이 죄의식과 부합한다는 것이다. 결국 이와 같은 억압된 본능의 영향은 유혹처럼 느껴지게 되고, 마음속 깊이 억압이 진행되는 과정에서 발생한 불안감은 계속해서 예감 형태를 띠다가 결과적으로는 그의 미래까지도 지배하게 된다는 것이다.

프로이트의 자기 경험에 축적된 이 같은 임상을 통해[122] 선언한 그가 말하는 종교의 핵심은 한 마디로 "주님께서 가라사대 내가 앙갚음을 하리라[123]"인 것이다.

구체화된 논증에 가서 그는 고대에 존재했던 토테미즘에서 미신적인 행위성을 제거하고 현실에 맞는 규칙성만 남겨 대체해 낸 것이 바로 종교라는 '제도'라고 천명했다. 현대인의 정서에 토테미즘은 당연히 희박하지만 터부만큼은 사라지지 않고 도사리고 있으며[124]

---

[122] 앞의 책, pp.26-27, 31-32.
[123] Sigmund Freud, "Obsessive Acts and Religious Practises," pp.33-35. 이 문맥을 좀더 자세히 옮기면 다음과 같다. "……종교의 구성 역시 특정한 본능 충동(instinctual trends)에 대한 억압(suppression)이나 단념(renunciation)에 바탕을 두고 있다. 계속되는 유혹에서 비롯된 죄의식과 하늘이 내리는 형벌에 대한 공포로 변장한(guise) 불안 예감(expectation)은 신경증보다는 종교적 영역에서 훨씬 낯익다. 자아에게 곧장 기쁨을 주는 쾌감, 곧 타고난 본능의 억제와 승화는 문화를 낳는 요인 중 하나다. 이 체념과 단념들이 많은 종교적 의미로 작동되는데, 신성에 대한 그들의 본능적인 쾌락은 신에게 제물로 바칠 것을 요구한다. 말하자면 '주님께서 가라사대 내가 앙갚음을 하리라'(Vengeance is mine, saith the Lord.)인 것이다. 고대 종교들의 발전 과정을 보면 인류가 사악한 것들로서 단념했던 많은 것들을 신에게 돌림으로써 포기하고는 바로 그 신의 이름으로 다시 허락했다는 것을 알 수 있다. 그러니까 인류는 부정한 것, 사회적으로 해로운 본능을 신들에게 되돌림으로써 이를 본능의 지배로부터 자유로워지는 수단으로 삼았다는 것이다."

그것이 종교의 기원이 되었다고 역설했다. 그가 말하는 터부는 신적 계율인 것처럼 인간을 속이지만 실상은 자기 스스로 부과하는 어떤 양식이라는 것이다. 아내 멜을 불러들인 코브나 거짓 편지를 유도해 낸 귀부인처럼.

이것이 인류가 구현해 오던 법 가운데 가장 오랜 법식이며,[125] 그 터부의 침범에 따른 징계는 바로 무의식이라는 대리자임을 프로이트는 확신했다. 손상된 터부 the violated taboo가 스스로를 보복한다는 것이다. 그러다가 역사의 어느 단계부터인가 신과 영적 존재에 대한 관념이 등장하면서부터는 그 관념과 터부가 서로 교제하게 되고, 그때부터 징계란 이제 신적 권능에 따른 것으로 기대하게 되었다는[126] 설명이다.

이에 따르면 터부는 가장 원시적이지만 가장 지속력 강한 본능으로, 악마적 권능에 대한 두려움에 뿌리를 둔다. 그 권능은 대개 자신이 두려워하는 형태로 터부가 걸린 대상에 숨어 있다. 그리하여 터부는 사람이 두려워하여 저주가 깨어날 우려가 있는 어떤 행위도 금지하면서 만약 그 금기가 깨졌을 때는 그 악마의 보복을 미리 차단할 것을 명하는데, 이로써 터부는 악마에 대한 믿음 여부와 관계없이 스스로 권능을 키워 나간다는 것이다.

터부는 이렇게 해서 관습과 전통의 강제로 존재하다가 법률의 강제로 발전한다. 시간과 장소에 따라 변화무쌍한 터부에 의한 금제

---

124 Sigmund Freud, *Totem and Taboo*, ix-x.
125 W. Windt, "Völkerpsychologie," in *Mythus und Religion*, vol. 2(Leipzig, 1906), p.308. 재인용 Sigmund Freud, Totem and Taboo, pp.18-19.
126 앞의 책, pp.19-20.

의 배후에서 울려나오는 무언의 명령은 원래 하나뿐이다. "악마의 분노를 경계하라"127인 것이다. 이를 토대로 법률도 생겨났고,128 (이 무언의 명령이) 신화 법칙이 되었는가 하면129 형법 체계의 바탕이 되기도 한 것이다.

문제는 프로이트가 유대교와 그리스도교를 그렇게 오해했다는 사실에 있는 것이 아니라, 이러한 자기우상에서 비롯되는 종교적 터부의 양식이 실제로 고대 유대교뿐 아니라 현대 그리스도교에서조차도 엿보인다는 데 있다.

가령, 동족에게 전염병을 불러온 다윗의 인구 조사는 하나님에 의해서였는지삼하 24:1 아니면 사단에 의해서였는지대상 21:1 성서 텍스트상에서 발견되는 모순은 하나님과 악신에 대한 인식의 불확실성이 남아 있음을 보여 주는 대표적인 예다.

그런가 하면 신약성서에서 가장 낯익은 예시는 예수 그리스도의 적대자인 바리새인들이 손을 씻지 않고 먹은 예수 그리스도의 제자들을 바라보는 태도에서도 드러난다.

---

127 "Beware of the wrath of demons!"
128 Sigmund Freud, p.24. 터부는 스스로를 자유하게 했다는 해방감에서 심리적 기제가 되어 나름대로 독자적 권능을 행사하는 것이다. 이런 구조를 통해 터부는 관습율의 토대가 되고, 마침내는 법률의 근거가 된 것이다.
129 앞의 책, p.25. 범법자인 자신을 마법으로 보복하겠다는 악마적 권능에 믿음 충실한 이 터부는 전적인 두려움의 객관화일 뿐이다. 여기서 말하는 두려움은 '숭배'와 '기피' 이전 단계의 두려움이다. 이것이 그 둘로 갈라지는 계기는 터부가 악마의 권역에서 신들에 대한 믿음의 권역으로 이식되는 과정에서다. 전자와 후자의 대비는 서로 꼬리를 물며 연속된다. 전자가 시작되는데도 후자가 완전히 사라지는 것이 아니라 저급한 평가를 받으면서도 그 모멸당하는 형태로서 존속한다. 바로 이 때문에 숭배의 대상이 기피의 대상으로 변화하는 일반적 신화의 법칙이 유지되는 것이다.

그의 제자 중 몇 사람의 부정한 손 곧 씻지 아니한 손으로 떡 먹는 것을 보았더라 (바리새인들과 모든 유대인들이 장로들의 유전을 지키어 손을 부지런히 씻지 않으면 먹지 아니하며 또 시장에서 돌아와서는 물을 뿌리지 않으면 먹지 아니하며 그 외에도 여러 가지를 지키어 오는 것이 있으니 잔과 주발과 놋그릇을 씻음이러라) 이에 바리새인들과 서기관들이 예수께 묻되 어찌하여 당신의 제자들은 장로들의 유전을 준행치 아니하고 부정한 손으로 떡을 먹나이까(막 7:3-5; cf. 마 15:1-9)

우리에게는 율법주의라는 용어로 잘 알려진 이와 같은 종교적 관례에 대한 강제는 유대교 역사상 오랜 논쟁적 구도 속에서 확장되고 발전되어 왔다. 그러다가 예수께서 초림하신 즈음에는 일종의 터부만 남기고 본질과는 아예 유리된 금제禁制로만 작용하기에 이른 것이다. 안식일에 병을 고쳐서는 안 된다는(요 5:10) 전통도 대표적인 예다.

그런가 하면 심지어 신구약 본문으로부터 엄청난 시간이 흘렀는데도 여전히 저주받을까 봐 십일조하고, 저주받을까 봐 새벽기도하고, 노역에 가까운 봉사임에도 저주받을까 봐 내려놓지 못하는 현대인의 그것은 여전히 두려움으로 남아 있는 우리 내면의 터부로서 잔재가 아닐 수 없는 것이다.

## 자기우상의 제거

그리하여, 고백건대 나는 수년 전만 해도 이 같은 두려움의 발로에서 비롯된 모든 신앙 행위를 그 '악신을 달래는 믿음'으로 간주하고는 우상파괴의 교시를 기치旗幟로 내건 바 있다.[130] 두려움에 기초한 모든 신앙 행위를 자기우상 내지는 터부에서 비롯된 것으로 간주한 것이다.

이제는 그러한 교시를 주창하던 당시와 달리 그리스도인이 그 터부를 다 벗어던진 듯하다. 거기서 더 나아가 그동안 우리가 애써 믿음으로 보전해 왔던 세밀한 부분들까지 파괴하여 모든 것에서 해방된 듯한 시대로 진입했다. 이를테면 우리가 더 이상은 성전을 짓지 않겠다든지, 더 이상은 목사에게 속지 않겠다든지, 동성애는 더 이상 죄가 아니라든지…… 이제는 더 이상 거칠 것이 없어진 것처럼 보인다.

그렇게 팽창해 버린 개혁과 개정을 보면서 어느 날부터인가 나는 이런 생각을 하게 되었다.

'만일 우리에게 박힌 그 모든 터부가 해제된다면 어떤 일이 일어날까?'

불행하게도 우리는 그런 시대에 들어선 것만 같다. 나는 사실 우리의 믿음에 기생하고 있던 변화무쌍한 터부가 만들어 내는 신화의 법칙과 율법주의를 파괴함으로써 믿음이 아니라 '우상에 대한 믿음'만 파괴하려던 것인데, 그만 그 모든 믿음까지 파괴시킨 것만 같이 되어 버렸다.

법의 기원은 두 가지로 나눌 수 있다. 하나는 자연법이고, 다른

---

[130] 예컨대 터부에 가까운 믿음을 바로잡고자 "믿음 파괴를 위한 논쟁적 기획"이라는 급진적 캐치프레이즈로 그 개정을 시도하였다. 이영진, 《자본적 교회》(대전: 대장간, 2014), p.65.

하나는 자연을 두려워하는 기제가 형성해 낸 터부다. 프로이트가 종교와 법의 기원으로 포착한 것은 후자일 것이다. 그래서 후자에 기원한 법은 늘상 동성애나 근친상간 같은 터부 자체로 역류하고 들어가 새로운 법을 통해 도전을 일삼는 것이다. 미합중국 대법원 동성 결혼 합헌 사태는 그런 역류된 터부의 일련의 입법 프로그램에서 이해될 수 있다.[131] 우상에 대한 믿음만이 아닌 모든 믿음이 파괴된 단적인 예시다.

과연 이 해제된 터부의 사태를 교회는 어떻게 대처할 것인가?

우리 신앙의 선조인 초대 교회가 동성애가 만연했던 로마시대에 어렵사리 생존해 나가면서도 돋보일 수 있었던 비결은 오로지 하나, 위 두 가지 법의 기원 중 전자인 자연법의 순리, 즉 하나님이 만드신 자연법에 결연히 따르는 것이었다. 여기에 굳이 이름 붙이자면 윤리라고도 할 수 있는 것이다. 로마서의 도입부는 이 주제를 제1테제로 삼고 있다. 즉, 우리가 두려워할 것은 마땅히 두려워해야 한다는, 자연을 통한 계시인 것이다.

그와 같은 자연과 하나님을 바라볼 때, 앞서 우리가 '무서워한다'고 한 말에 대한 오해가 있다.

---

[131] 이코노미스트 인터넷판, The inside of John Roberts's head, 2015.6.26. 기사. http://www.economist.com/blogs/democracyinamerica/2015/06/obamacare-and-gay-marriage 존 로버츠(John Roberts) 미합중국 연방대법원장은 2015년 6월 26일 연방 대법원의 동성결혼 합헌 결정이 사법기관에 의한 입법 월권이었다고 주장했다. 다음은 동성결혼 합헌 기사다. http://christiannews.net/2015/06/26/u-s-supreme-court-rules-same-sex-marriage-must-be-legalized-in-all-50-states/#sthash.yNz0kMpa.gbpl&st_refDomain=m.facebook.com&st_refQuery=/

여호와를 경외하는 것이 지식의 근본이어늘 미련한 자는 지혜와 훈계를 멸시하느니라(잠언 1:7)

여기서 '경외'를 뜻하는 '이라'Yirah라는 말은 다름 아닌 '두려움'이라는 뜻이다.

여호와를 두려워하는 것이 지식의 근본이어늘 미련한 자는 지혜와 훈계를 멸시하느니라(잠언 1:7, 사역.)

그것은 마치 칸트의 표현인바, 거대한 폭포를 올려다보면서 느끼는 경이롭다 못한 일종의 '숭고'로서, 다시 말하면 '아름답다'였던 셈이다. 결국 우리는 이후 형용할 수 없는 아름다움에 대해 두렵다는 표현을 쓸 수 있게 되는데, 그것은 결코 이상한 게 아니었던 것이다.

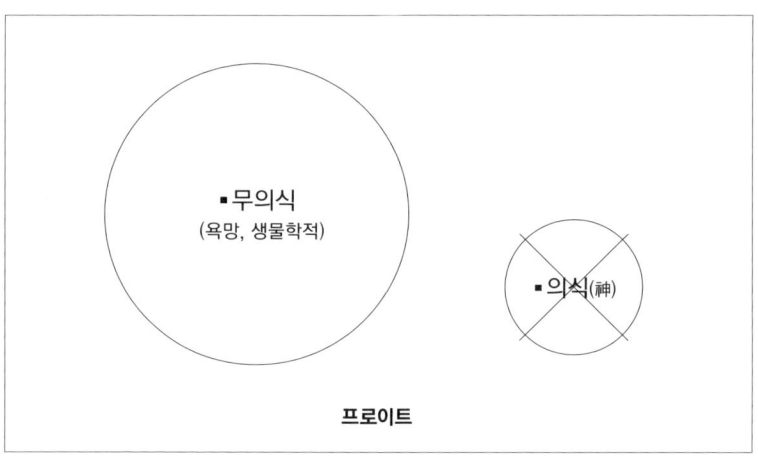

하이데거의 신

9

## 어거스틴·아퀴나스의 신, 본원성
장미의 이름: 도그마의 퇴조

## 데카르트의 신, 이성
트루먼 쇼: 믿기 위해 의심함

## 칸트의 신, 관념
어거스트 러쉬: 쉐카이나

## 헤겔의 신, 합리성
레 미제라블: 사랑은 합리적인가?

## 다윈의 신, 진화
진화의 시작: 신도 진화되었는가?

## 마르크스의 신, 물질
매트릭스: 신성과 인성

## 니체의 신, 허무
쇼생크 탈출: 노예의 도덕

## 프로이트의 신, 무의식
인셉션: 자기 우상 파괴

## **하이데거의 신, 존재와 현상**
트루먼 쇼: 에고 에이미

## 소쉬르의 신, 구조
큐브: 알아들을 수 없는 말, 방언

## 라캉의 신, 욕망
석개: 원죄 흔적

## 데리다의 신, 해체
시네마 천국: 집중적이고 분산적인 신

몇 년 전, 한 지방도시에서 열린 어느 교단 연합 어린이 사생대회를 참관한 일이 있다. 개회예배가 시작되자 연세 지긋한 목사 한 분이 설교를 위해 단상에 올랐다. 자신을 그 지방 교단의 감독으로 소개한 그는 청중의 대다수인 어린이를 의식해서인지 "……젊었을 때는 '실존'이라는 말만 들어도 가슴이 벅차오르고 심장이 뛰었다……"는 회고를 설교에 곁들였다.

어린이를 위한 젊은 시절 예화이긴 했지만 어린이는 물론 동석한 교사들, 심지어 다른 목사들조차 자기 자신의 존재를 되묻는 말, '실존'이 무엇을 의미하는지 이해할 수 있었을까? 이와 같이 이미 존재하는 존재를 대상으로 그 존재를 되묻는 현상학은 어려운 분야다. 그렇지만 그것은 그 노 강사가 젊었을 시절 당대 지식인 사회를 휩쓸었을 것이다.

그는 왜 실존이라는 말에 가슴이 벅찼다는 것일까? 그렇다면 실존이라는 말에 전혀 가슴 벅차지 않는 지금은 실존에 다 다다랐다는 말인가 아니면 실존을 포기했다는 말인가? 이미 살아 숨 쉬는 내가 실존이라는 말에 가슴이 뛰었다면, 지금 살아 숨 쉬고 있는 나는 실존하는 존재가 아니란 말인가? 여기서 말하는 실존이란 대체 무엇인가?

## 노에시스, 노에마

실존이라는 말에는 말 그대로 현존하는 존재에 대한 의심이나 부정이 전제되어 있다. 낯익은 방식이다. 그것은 앞서 회의주의와 칸트의 간극을 다루는 과정에서 예시되었던 인식의 방식을 떠올린다(제3장 참조). 멀리 있는 사물을 보고 느끼는 원근감은 실제가 아니라 기대감으로 산출된 '작용'이라고 했던 유심론적 형이상학과 유사하다.

그러나 20세기 현상학은 물질이라는 토대를 벗어나지 않으면서 그 물질 현상을 좇는 데 주력한다는 점이 전자와 다르다. 그래서 그것은 전자와 같은 관념이나 감각의 한 작용으로서 관심이 아니라 '나'라는 주체의 존재 자체의 양식에 초점을 맞춘다. 물론 프로이트에 와서 '나'라는 존재는 다면화되어 드러난 의식/무의식 정도로 설명되기도 했지만, 여기서 말하는 존재라는 개념은 아예 '나'라는 존재가 있기도 전에 선행된 존재로서 임한다.

이러한 존재 방식에 관한 증언을 테제로 갖기 때문에 프로이트의 의심의 방식과는 또 다른 것이다. 그래서 현상학 조류의 방법론이 언제나 '사물 자체에로'zu den Sachen selbst!라는 표어로 종합되는 것은[132] 우연이 아니다.

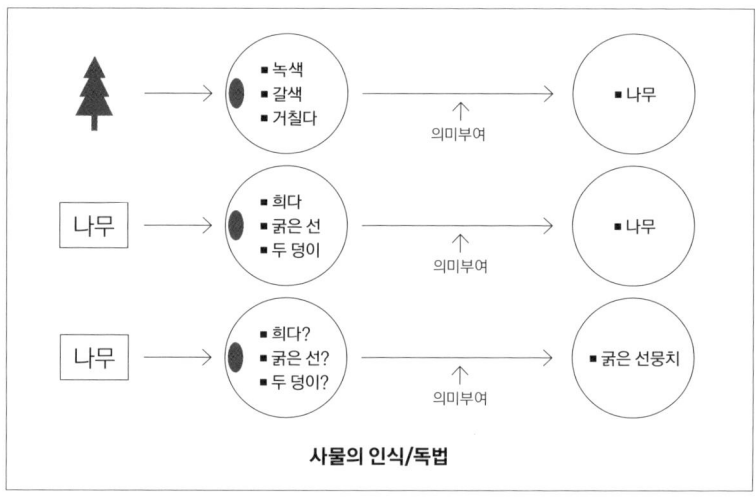

---

[132] Sofia Vanni Rovighi, 이재룡 역, 《인식론의 역사》(서울: 가톨릭대학교출판부, 2004), p.390.

가령 우리가 나무라는 물체를 보고 '나무'로 확정짓기까지는 초록 혹은 갈색을 보게 될 것이다. 거친 표면의 질감도 볼 것이다. 질료를 표명하는 이 같은 각 정보를 통해 나무라는 판정을 내리게 된다. 그것은 '나무'라는 문자를 보고서도 마찬가지다. 같은 작용을 일으키는 것이다. 그러나 '나무'라는 문자를 알지 못하고 'Tree'라는 문자만 아는 외국인은 '나무'라는 문자를 보아도 아무런 의미가 부여되지 않는다.

따라서 존재 자체는 인식의 주체가 아닌 대상으로부터 부여받는 것이며, 아직 언어를 갖추지 못한 인식의 재료에 대해 일단의 작용이 필요하다는 사실에 착안한 것이 현상학의 기본 골격이다. 이 골격은 하이데거의 스승 후설Edmund Husserl에 의해 세워졌는데, 훗설은 특히 나무라는 대상을 나무로 확정짓게 만드는 질료와의 작용을 '노에시스'라고 불렀다. 정신을 뜻하는 'Nous'와 지각하고 직관한다는 뜻인 'Noein'을 합하여 만들어 낸 학명이다. 후설은 질료에 노에시스의식함가 작용해서 생겨난 의미를 노에마의식되는 것[133]라고 불렀는데, '나'라는 존재 자체도 그런 의미화에서 확정 받는 노에마라고 간주했다. 그리하여 "확실히 생각할노에시스 때만 나노에마는 존재한다"고 천명하기에 이른다.

데카르트도 "나는 생각하는 고로 존재한다"라고 한 바 있지만, "나는 의식할 때 의식된다"라는 현상학 명제와는 다른 것이었다.

---

[133] Sofia Vanni Rovighi, 앞의 책, p.393.

## 피투, 기투

스승 후설에 의해 개진된 이와 같은 현상학의 토대가 하이데거에 이르러서는 한 발 더 나아가 더 이상 인식론적 현상학이 아니라 인간 존재의 방식, 인간 실존으로서의 현상학으로 전환되었다. 그래서 그의 현상학에서는 죽음, 두려움, 미제, 종말 등의 말들이 오간다.

플라톤 같은 고대인들은 인간을 천상에서 떨어진 존재로 보았다. 다분히 신화적인 발상이지만 인간이 발 딛고 있는 열등한 환경과 그들의 열등한 신체를 그보다 더 잘 설명할 수는 없었다. 그러나 하이데거는 그 열등하고 불안한 환경으로 인식하는 자체를 '존재'로 규정했다. 천상에서 하계下界로 내던져졌기 때문에 불안한 존재가 된 것이 아니라, 우리는 불안감—자의와 상관없이 '내던져진' 인식—을 통해 '존재'하는 것이었다.

인간이라면 누구나 처하게 되는 이러한 상태를 하이데거는 피투성被投性, Geworfenheit이라 이름 붙였으며, 그것은 불안을 통해 자각된다고 정의했다.

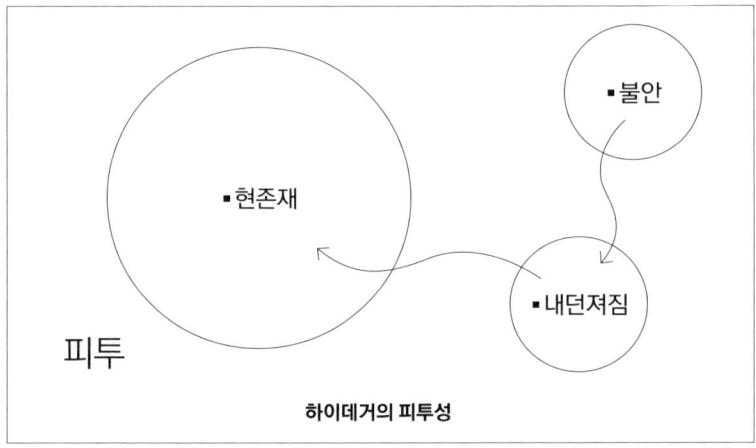

**하이데거의 피투성**

〈트루먼 쇼〉의 트루먼은 분명 사람이다. 그러나 트루먼 자신이 어느 환경에 있는지 자각하지 못하는 한 진정한 존재가 되지 못했던 것과 같은 원리이다. 그는 뭔가 미심쩍은 상황, 정확히 알 수는 없지만 자신만 고립된 것 같은 인식을 통해 '존재'로 나아간다. 그는 스튜디오라는 갇힌 공간에서 탈출하고 뛰쳐나와야만 '존재'가 될 수 있는 것이 아니라 스튜디오 내에서 이미 불안감을 통해 자신을 '내던져진' 존재로 인식하면서 '존재'가 된 것이다. 이 과정을 피투被投라고 부르는 것이다.

> 호기심은 온갖 것을 다 개시하지만 그렇게 해서 내-존재를 '도처에 있으면서 아무 데도 없는 것'이라고 개시한다. 애매성은 현존재의 이해에 아무것도 숨기는 바 없으나 그것은 뿌리 뽑힌 세계-내-존재로서 내-존재를 '도처에 있으면서도 어디에도 없는 세계-내-존재' 속으로 밀어 넣기 위해서일 뿐이다.[134]

트루먼은 이미 존재하고 있으면서도 존재에 호기심을 갖는 모든 자들의 표상이다. 우리는 트루먼처럼 방송국 스튜디오 속에서 살진 않지만 죽음이라는 종말을 선구先驅함으로써 Vorlaufen zum Tode, 즉 죽음에 앞질러 감으로써 현재라는 공간을 하나의 스튜디오로 인식한다. 이처럼 현존재의 전체성은 죽음을 통해 확보되는 것이다.[135] 아무도 죽어 볼 수 없으면서도.

---

[134] 소광희, 《하이데거 '존재와 시간' 강의》(서울: 문예출판사, 2003), p.153.
[135] 위의 책, pp.119-120.

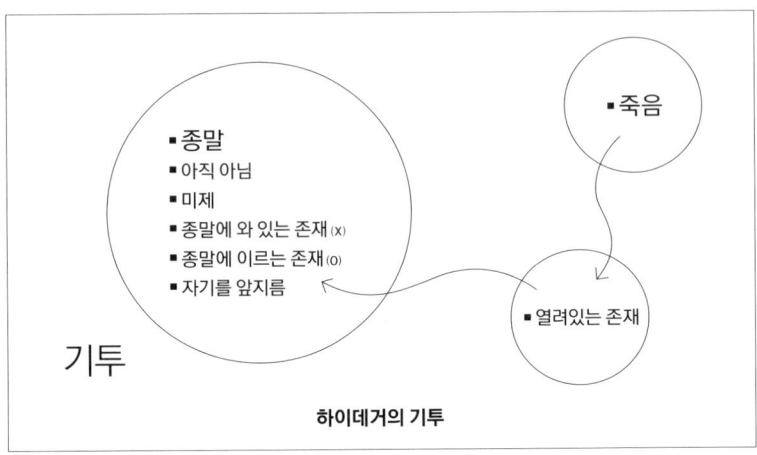

**하이데거의 기투**

여기서 다시 "(이미 존재하고 있는데) 존재한다는 것은 무엇을 말하는가?"라는 질문을 해볼 때, 우리는 열려 있는 존재라는 정의를 들여올 수 있는 것이다. 우리는 비록 앞당긴 체험으로서의 죽음을 통해 '나'라는 존재를 인식하게 되었지만 그것으로 끝나는 것이 아니라 '아직 아님'Noch nicht이라는 '나'에 대한 형질을 더불어 느끼게 된다. 미제未濟, Ausstand를 분석할 수 있는 힘이 생긴 것이다. 그래서 현존재는 '종말에 와 있는 존재'Zu-Ende-sein가 아니라 '종말에 이르는 존재'Sein zum Ende가 된다. 이제는 우리가 스스로를 어딘가로 내던지는 존재가 된 것이다. 하이데거는 이를 기투企投, Entwurf라고 불렀다. 엄밀한 의미에서 그것은 '자기를 앞지름'sich vorweg이기도 했다.[136] 또한 하이데거는 이러한 삶의 방식에서 시간을 산출했다.[137]

---

[136] 소광희, 앞의 책, p.154.
[137] 위의 책, pp.205-206.

## 탈은폐와 성서

하이데거의 존재 개념이 사물에 미칠 때 그것은 한마디로 은폐로부터 벗겨내는 근원적 행위를 말한다. 일반적으로 사람이 어떤 사물이나 사상을 유의미하게 느끼는 것은 자신이 그 사물에 대해 의미를 규정하고 명명할 때 비로소 가능하기 마련이지만, 여기서 말하는 유의미성은 그 사물과 사상事象 자신이 스스로를 드러낸다는 개념이다. 즉, 우리가 사상을 지향하는 것이 아니라 사상 자체가 우리에게 스스로 보여 준다는 선先구조 개념으로 전환된다.[138] 다시 말해서 사물의 존재는 이론적이고 분석적인 파악에 의해 드러나는 것이 아니라 그 사물이 세계 속에서 갖는 지위, 다른 말로 하면 세계의 총체적인 도구적 연관[139] 속에서 탈은폐되는 순간 저절로 드러나는 것이다.

그런 주장은 그의 유명한 예화에서 쉽게 이해될 수 있다. 그는 우선 '망치는 무겁다'라고 가정한다. 망치가 무겁다는 진술에는 이미 구성된 지각 방식이 작용하고 있다. '무겁다'라는 진술에는 논리학 방식이 들어 있는 것이다. 모든 명료한 해석이나 분석에 앞서 어떤 상황은 진술 구조에 적합하도록 논리학적 용어들로 구조화되는데, 망치는 이미 무거움을 지닌 속성의 사물로 해석되어 있다. 주어, 계사설명, 술어의 유형을 지닌 진술의 문장 구조는 이미 망치를 다른 것들과 구별하여 어떤 속성을 지닌 대상으로 존재 짓고 있는 것이다.

하지만 뭔가를 해석하는 근본적인 과정은 논리적 명제나 이론

---

**138** 제3장 "칸트의 신, 관념" 가운데 '선험'에 관하여 다룬 부분을 참조.
**139** Richard Palmer, *Hermeneutics: Interpretation Theory in Schleiermacher, Dilthey, Heidegger, and Gadamer*(Evanston: Northwestern Univ., 1967), pp.137-138.

적 진술 속에서 일어나는 게 아니며, 종종 우리가 말없이 망치를 시험하고 또 그것을 옆에다 둘 때처럼 말없이 일어나기도 한다. 하이데거는 이를 진술행위가 아닌 해석행위로 판단한다. 그리하여 망치를 (사물존재적인) 대상으로서 드러내는 작용은 동시에 (도구존재적인) 도구로서의 망치를 은폐시키는 작용으로 보고, 대상으로서 망치는 그것의 생동적인 맥락에서 분리되며 망치질할 수 있는 도구로서의 망치의 본질은 은폐되어 버린다고 하이데거는 말했다.

하이데거의 망치 예화가 어렵다면 좀더 쉬운 예가 있다. 어떤 미개인이 호두와 같은 딱딱한 열매를 깨 먹기 위해 궁리했다고 해보자. 손바닥으로 내리쳐도, 주먹으로 내리쳐도 잘 깨지지 않자 그는 그것을 자기 머리에 세게 부딪쳐서 깨뜨린다. 바로 그의 곁에는 자기 주먹만 한 돌멩이가 있지만 그는 머리에서 피가 날 정도로 딱딱한 열매를 늘 머리에 부딪쳐서 깨먹는다. 그러다가 어느 날 우연히 돌멩이로 손쉽게 열매를 깨뜨릴 수 있다는 사실을 발견하고는 그 돌멩이를 들어 딱딱한 열매를 깨뜨려 먹었다. 그렇다면 그 돌멩이는 사물로 존재하는 것인가, 도구로서 존재하는 것인가? 어느 시점부터 도구로 존재하는 것인가? 그러면 그 미개인에게 발견되기 전의 돌멩이는 도구존재적 사물이 아니었던가? 이러한 제과정을 은폐와 탈은폐라고 명명한 것이다.

이제는 역사도 탈은폐되는 과정을 통해 볼 수 있게 된다. 성서와 같은 문자의 지위 역시 철자나 문법의 개념으로만 존재하는 것이 아니라 그것이 읽히는 시대의 말과 언어로서 진정한 지위를 획득하게 되는 것이기 때문이다. 망치, 돌멩이 대신 이번에는 그것을 텍스트로 대입하여 보자. 가령 다음과 같은 문자들이 있다고 하자.

아. 버. 지. 가. 방. 에. 들. 어. 가. 셨. 다.

(1) 'ㅇ'이나 'ㅏ'와 같은 문자를 모른다면 외국인뿐 아니라 우리나라 사람이라도 뜻을 알 수 없다. 자음과 모음을 배워 읽을 수 있게 되었을 때 그는 간신히 문장을 읽어나갈 수 있다. 하지만 '아버지'나 '가방'이라는 단어의 뜻까지 알지 못한다면 여전히 죽은 문자일 따름이다. 또한 (2)그가 '아버지'와 '가방'이라는 단어는 알고 있더라도 이 문장을 "아버지", "가방에", "들어가셨다"라고밖에 읽을 수 없다면 그는 진정한 해석에 이르지 못한 것이며 "아버지가", "방에", "들어가셨다"라고 읽어야만 비로소 이해가 완결되는 것이다. 그렇지만 (3)오로지 '아버지'와의 관계에 놓인 사람만이 "대체 아버지가 왜 방에 들어가셨을까?"라는, 해석의 궁극에 다다를 수 있다. "아버지가 밖에서 언짢은 일이 있으셨나?" "슬프신가?" 하는 해석에 다다르는 사람들을 우리가 비로소 '아들' 혹은 '딸'이라고 부르게 되는 것이다. 따라서 우리는 망치나 돌과 마찬가지로 텍스트 역시 언제부터 생기生起, 사건이 되다한 것인지 물을 수 있는 것이다.

"언어는 존재의 집이다."[140] "언어는 그때마다 이미 형성되어 있는 개념성을 그 속에 담고 있다."[141] "말과 언어는 쓰고 말하는 사람들의 교섭을 위해 사물들을 포장하는 포장지가 아니다. 오히려 사물들을 존재케 하고, 그 사물들이 사물들로서 존재할 수 있게 하는 것

---

[140] 앞의 책, p.135. 재인용, Martin Heidegger, *Platons Lehre von der Wahrheit: Mit einem Brief über den Humanismus* (Bern: Franche, 1947), p.53.
[141] 앞의 책, 재인용, Martin Heidegger, *Being and Time* (London: SCM Press, 1962), p.157.

이 바로 말과 언어다."¹⁴² 이와 같은 표현은 모두 하이데거에 의해 텍스트라는 사물의 지위를 나타내는 것들이다.

그리하여 결국 그러한 존재론적 개념은 텍스트 배후로 파고들어, 원저자가 말하지 않았고 또 말할 수도 없었지만 그 텍스트에서 가장 본질적인 것으로 간주될 수 있는 지점을 찾아 들어간다는¹⁴³ 개념에 도달했다. 이러한 성서 이해에 관한 조류를 당시 불트만이라는 신학자가 전개했는데, 그는 하이데거의 친구다.

존재란 탈은폐될 때만 존재한다는¹⁴⁴ 하이데거의 탈은폐적 역사이해에서는 언어 없는 존재도 있을 수 없고 존재 없는 언어도 있을 수 없다는, 언어에 대한 극단적 지위 격상으로까지 몰고 가게 된다. 이제는 인간이 말을 하는 것이 아니라 언어 자체가 말을 하는 것이 된 것이다. 문자에 대해 스스로 말하게 하는 언어로서의 지위는 이같이 하이데거에게서 진작되었다.

다음은 그와 같은 텍스트를 실제로 '살아 있음'으로 만드는 예시다.

## 에고 에이미 Ego Eimi

신약성서에서는 그리스도께서 자신에 관해 이르기를 "나는 생명의

---

**142** Richard Palmer, *Hermeneutics: Interpretation Theory*, 재인용, Martin Heidegger, *An Introduction to Metaphysics*, trans. Ralph Manheim (New Haven: Yale University Press, 1959), p.13.
**143** 앞의 책, p.147. 재인용, Martin Heidegger, *Kant and the Problem of Metaphysics*, trans. James S. Churchill (Bloomington: Indiana University Press 1962), p.206.
**144** 앞의 책, p.153. 재인용, Martin Heidegger, *An Introduction to Metaphysics*, p.139.

떡이다"요 6:35, 48, "나는 세상의 빛이다"요 8:12, 9:5, "나는 양의 문이다"요 10:7, "나는 선한 목자다"요 10:11, "나는 부활이요, 생명이다"요 11:25, "나는 길이요, 진리요, 생명이다"요 14:6, "나는 참 포도나무다"요 15:1라고 말하는 대목들이 나온다. 이들은 모두 "나는 ~이다"I AM~라는 주어-동사 형식을 띤다. 희랍어로 에고 에이미εγω ειμι라고 읽는 이 운율이 중요한 신학적 주제가 되어 온 것은 그리스도의 존재를 표명하는 말이기 때문이다. 특히 그것은 '생명의 떡', '세상의 빛'……이라는 체언보다는 그 체언을 감싸고 있는 주어와 동사 사이에 존재론적 피투성으로 산입된다. 이 문장 구조가 오랫동안 신학적 논제가 되어 온 것은 유대인의 성서 타나크145 토라에서 확장된 하나님의 궁극적인 이름이 그 문장에 기투되어 생기하기146 때문이다.

유대인의 타나크는 그리스도교의 구약성서이기도 하다. 천지창조라는 우주의 환경Eco 본래의 모습을 담고 있는 첫 책을 시작으로 전체 토라에서 '이름'이라는 개념은 중요한 의미를 갖는다. 창세기에서 인류는 하나님으로부터 지구의 다른 종과 달리 '이름'을 작명받는다. 반면 다른 종은 인간에게서 이름을 부여받았다. 인간의 이름을 하나님께서 직접 지으신 것과 달리 다른 종의 이름은 인간이 지어낸 것이다. 이것은 하나님의 용인 아래 그렇게 된 것이지(창 2:29) 반드시 그렇게 하라고 규정한 '법'은 아니었다. 여기까지가 첫 환경 에덴동산, 즉 에코Eco의 본원적 형식이다.

---

**145** 유대인의 성서는 율법서(토라, Torah), 예언서(네비임, Neviim), 성문서(케투빔, Ketubim)의 세 부류로 되어 있고, 이들의 앞 글자를 따서 타나크(TANAK)라고 부른다.
**146** 쉽게 말하면 '피투'는 자기 존재의 현 인식에 해당할 것이고, '기투'는 그 존재를 앞질러 (혹은 내던저진) 인식히 는 것에 해당할 것이나(이 장의 앞부분 개념 정리를 참조).

그런데 토라는 유대인이 하나님의 이름을 하사받는 장면도 담고 있다. 그것은 첫 책이 아닌 두 번째 책 가운데 모세가 노예살이하는 동족 유대인을 탈출시키는 이야기에서 나온다(출 3:14). 토라는 전체적으로 하나님의 이름을 여러 방식으로 표현하지만 이때 받은 이름은 오직 '야웨'다. 그러나 여기서 받은 이름 '야웨YHWH'는 뜻만 유추할 수 있고 정확한 발음은 알 길이 없다. 하나님의 이름을 망령되이 일컫지 못하게 하려고 유대인이 아예 모음을 제거하고 자음만 전수해 왔기 때문이다.[147] 이는 경건을 위한 조처였지만 그 이면에는 하나님의 이름을 독점하려는 유대교의 선민의식 내지 특수주의가 있었다.

대부분의 민족은 자신들이 직면하는 환경이나 사물에 이름을 짓는다. 그것은 호칭을 위한 편의를 넘어 그것이 갖는 뜻과 의미를 통해 범주를 규정하려는 태도에 기인한다. 그런 태도는 스스럼없이 자신들이 믿는 신의 이름까지 짓는 모순으로 나타나게 마련이다. 그러나 유대인만은 그렇게 자기 신들의 이름을 지어냈던 이교도들과 달리 자신들의 하나님께 물어서 듣게 되는 방식을 취한 점에서 독특한 예외인 셈이다.

하지만 그럼에도 그것은 엄밀한 의미에서 그 이름을 독점하고 또 그 이름에서 확장해 간 (율)법을[148] 남용하는 가운데 대부분이 그 이름으로 실행했다는 점에서 제3계명의 침범이 되고 말았다. '이름'의

---

[147] 하나님의 이름뿐 아니라 토라 텍스트 전체가 자음 상태로 보존되었다. 그 텍스트에 모음을 단 것은 후대 랍비들의 수고와 공헌이다.
[148] 두 단계에 걸친 율법의 수여가 시내산에서 있었고(출애굽기 19장과 34장), 그 율법 수여 이전에 이미 하나님의 이름 수여가 있었다(출애굽기 3장). 시내산, 같은 장소에서의 일이다.

형식이 '법'이 되어 버린 것이다. 예컨대 인간은 다른 종과 달리 '법'으로 살상을 한다. 유대인이 그러한 법식에 극렬했던 예다. 그래서 이른바, '이름'nomen이 '법'nomous이라는 말에서 파생되었다는 것은 이런 유래에 기인한다.

그러나 그 하나님의 이름에 담긴 진정한 뜻을 기투로 받아 낸 것은 ―이름에 담긴 뜻을 실천으로 받아 낸―예수 그리스도에 이르러서다.

야웨라는 이름은 히브리어 동사형의 특성상 현재와 미래 시제 모두 가능하여, 'I AM WHO I AM'이라는 뜻과 'I WILL BE'라는 두 가지 의미를 산출한다. 타나크의 희랍어 번역서인 70인역LXX에서 'I AM WHO I AM', 즉 에고 에이미Ego Eimi로 번역되어 줄곧 그렇게 사용되다 보니 이것이 존재론적 신명神名으로 굳어져 'I WILL BE'는 상대적으로 소외되는 결과를 초래했다. 우리나라 번역에서는 'I AM WHO I AM'을 '스스로 있는 자'라고 정형화하고 말았지만, 소외된 그 진정한 의미는 미래형인 'I WILL BE'와 더불어 산출되는 것이다. 바로 그 존재론적 신명은 하이데거의 표현인바, 다음과 같이 피투와 기투의 양식 속에서 생기하기 때문이다.

모세가 이스라엘을 탈출시키라는 하나님의 계시를 받을 당시 그가 "그들이 내게 묻기를 그神의 이름이 무엇이냐 하리니 내가 무엇이라고 그들에게 말하리이까"라고 물었을 때 하나님은 "I AM께서 나를 너희에게 보내셨다"I AM has sent me to you고 말하라는 장면이 나온다. 그것은 그 앞에서 하나님이 모세에게 말씀하시기를 "내가 너와 함께 있으리라,"I will be with you 즉 실제로 현실에서 돕고 실행하실 준비가 되었다는 뜻인 'I am he who is there (for you)'―나는 너를 위해 그곳에 있을 그이니라—라는 뜻으로서 'I AM'을 이해하는 한 방식이었던 것이다. '임마누엘Immanuel'이 '하나님께서 우리와 함께하심'사 7:14인 것과 같이 'Yahweh'는 아브라함의 하나님이 그의 약속들을 잊지 않으셨음을 나타내는 것이다.

요한복음 8장 57-58절에서는 유대인으로부터 "네가 아직 오십도 못 되었는데 아브라함을 보았느냐"라는 질문을 받은 예수 그리스도께서 "(아브라함이 나기 전부터) 내가 있느니라"고 했다가 돌에 맞을 뻔한 이야기가 나온다. 그것은 말도 안 되는 거짓말을 했기 때문이 아니라 바로 I AM/ "내가 있느니라", —"내가 있었다"I was라고 하지 않고 문장상으로는 어색하기만 한 표현,—즉 "I AM"이라는 구약의 한 분 하나님의 이름을 스스로 명확하게 칭했기 때문이다.

I AM<sup>YHWH</sup>이라는 이름은 이와 같이 구약시대에 기투된 신명(神名)이다. 그것은 나사렛에서 난 예수 그리스도의 초림 당시까지 숱하게 많은 (자칭) 그리스도들에 의해 오용되어 왔지만 진정한 피투는 바로 예수라는 이름을 가진 그리스도에 의해 발생했으며, 그 개시성 Erschloßenheit을 통해 '생명의 떡', '세상의 빛', '양의 문', '선한 목자', '부활, 생명', '길, 진리, 생명', '참 포도나무'의 삶praxis을 몸소 보여 줌으로써 현존했고, 그 이름을 또다시 그의 제자와 후예들에게 내던져 기투한 것이다.

이렇게 해서 그 이름은 하나님의 아들로서 한 인간의 자아ego를 통해 오늘날의 그리스도인 자신들의 심장에까지 새겨질 수빌 1:8 있었던 것이다. 따라서 인류를 지은 자의 이름도 에고Ego요 인류의 이름도 에고Ego요 그것을 순환케 한 이의 이름과 삶도 에고라는 사실에서 우리는 구속사라는 별개의 시간을 산출할 수 있게 된 것이다.

자기 이름에 담긴 약속을 끝까지 실천했을 때 임박한 시간을 우리가 종말이라고 부른다. 하이데거의 표현대로 하면, 죽음에 앞질러 가는 것이다.

§

장소 및 공동체에 대한 하이데거의 편파적인 정서는 그가 나치즘을 포용하게 했다고 한다. 그의 '존재의 토폴로지'는 '피와 대지의 이데올로기서'로서 나치즘과 밀착된 것으로 간주된다. 그러나 하이데거는 가장 형이상학적인 민족이라고 생각한 독일인이 자신의 정신성을 회복하여 유럽에 본을 보임으로써 유럽을 근대의 니힐리즘과 그것이 초래하는 폐해로부터 구원하지 않으면 안 된다고 생각했을 뿐이라는 옹호도 있다.[149]

---

[149] 강학순,《존재와 공간》(경기: 한길사, 2011), pp.497-498.

소쉬르의 신

10

어거스틴·아퀴나스의 신, 본원성
장미의 이름: 도그마의 퇴조

데카르트의 신, 이성
트루먼 쇼: 믿기 위해 의심함

칸트의 신, 관념
어거스트 러쉬: 쉐카이나

헤겔의 신, 합리성
레 미제라블: 사랑은 합리적인가?

다윈의 신, 진화
진화의 시작: 신도 진화되었는가?

마르크스의 신, 물질
매트릭스: 신성과 인성

니체의 신, 허무
쇼생크 탈출: 노예의 도덕

프로이트의 신, 무의식
인셉션: 자기 우상 파괴

하이데거의 신, 존재와 현상
트루먼 쇼: 에고 에이미

## 소쉬르의 신, 구조
큐브: 알아들을 수 없는 말, 방언

라캉의 신, 욕망
식객: 원죄 흔적

데리다의 신, 해체
시네마 천국: 집중적이고 분산적인 신

'애니뭘'이라는 한 TV 개그 프로그램은[150] 강아지 분장을 한 개그맨이 나와 자신은 이제 주인님을 떠나 마다가스카로 간다고 외치면서 시작한다. 곧이어 귀족 견(犬) 분장을 한 개그맨이 입장해서는 자신을 소개한다.

"조르주아 봉구르~아"

그게 무슨 말이냐고 묻자 '시종 견'으로 함께 나온 개가 통역을 한다.

"조봉구, 조봉구!"

그러면 관객이 한바탕 웃는다. 그 귀족견은 계속해서 곁에 있던 시종견의 이름도 소개한다.

"페르난도 말리~숙"

그게 또 무슨 말이냐고 묻자,

"팽말숙, 팽말숙!"

그러면 또 관객들이 한바탕 웃는다.

아리스토텔레스는 희극이란 "기형이다"[151]라고 정의했다. 이 같은 정의를 감안할 때 이 개그 코너는 제목부터가 그런 요소를 갖추고 있다. '애니뭘'은 'animal'의 변형된 음가로 '뭘?'이라는 비어체를 합쳐서 만든 기형이다. 여기서 우리는 그 기형이 기존 문법 구조를 변형시키는 과정에서 얻어진 유희임을 본다. 아울러 "조르주아 봉구르~아"와 "페르난도 말리~숙"이라는 낯익은 이국적 음가가 "조봉구"와 "팽말숙"이라는 희극적 국문 음가와 비교/대립하면서 기형이 되는 이 유

---

[150] KBS 2TV, 〈개그 콘서트〉 코너 프로그램, 2013.1.6.-5.19.
[151] Aristotle, *Poetics*, 1449a

희 현상 역시 구조에 기인하는 동일한 예다.

　　읽기에 간섭을 일으킨 그것들은 어떤 전제된 구조에서 비롯된 유희라는 점에서, 앞서 〈장미의 이름〉의 호르헤 신부가 저지하려 했던 '웃음'과는 전혀 다른 것이다. 이 유희에는 구조 외엔 아무런 내용이 없다. 구조에 따른 기계적 유희의 작동일 뿐이다.

　　이와 같이 구조에 갇힌 유희가 있는가 하면 구조에 갇힌 비극도 있다.

## 큐브

한 남성이 깨어나 정육면체 방에 갇힌 자신을 발견한다. 그 방을 살펴보니 모든 벽에는 해치가 달려 있는데, 그 해치를 열고 나가면 각기 다른 방으로 들어갈 수 있게 연결된 구조다. 앨리슨이라 불리는 이 남성은 자신이 선 공간을 살피다가 오렌지색 방으로 연결된 해치를 선택하고는 그리로 들어갔다. 두려운 표정으로 한동안 주저하다 그 방에 내려선 그는 나지막이 안도의 숨을 쉬었다. 그 순간 벽에서는 예리한 금속으로 짜인 그물이 나와 그의 몸을 덮쳐, 그는 작은 큐브 형태로 산산조각 나고 만다. 이와 같이 잔인한 장면으로 시작을 고하는 영화 〈큐브〉는[152] 시종일관 갇혀 있는 이야기로 전개된다.

　　같은 탈옥 이야기면서도 〈쇼생크 탈출〉과 같이 밖을 향한 깊은

---

[152] 영화 제목: Cube, 감독: 빈센조 나탈리, 출연: 니콜 드 보에(조안 리븐 역), 니키 과다그니(헬렌 할로웨이 역), 데이빗 휴렛(데이빗 워스 역), 앤드류 밀러(카잔 역), 개봉: 1999년, 러닝타임: 92분.

지향점이 없다. 〈트루먼 쇼〉나 〈매트릭스〉 같은 내면의 지향성도 없다. 오로지 수수께끼 같은 의문만이 지배하고, 독자로 하여금 결국에는 허탈감과 함께 그 수수께끼에 그냥 수긍순응·순종하도록 강제한다.

죽음의 프롤로그를 장식한 앨리슨 외에 다섯 명 역시 눈을 떠보니 이상한 방에 갇혀 있다. 서로에 대해 아는 것도 없다. 그곳에 오게 된 이유도 모른다. 어렴풋한 기억들이 남아 있을 따름이다. 경찰관 쿠엔틴, 의사 할로웨이, 천재 수학도 리븐, 건축가 워스, 탈옥수 렌, 자폐아 카잔. 그들의 이 같은 특성은 그들이 지닌 고유한 인격적 개성을 묘사하기보다는 '방호/기사'(경찰), '학자'(수학도), '기술자'(건축가) 등 요약된 사회적 성원으로서 특성을 표방한다.

첫 사람 앨리슨이 처했던 것과 마찬가지로 정육면체 모양의 방들이 서로 연결된 구조 속에서 각 방에는 알 수 없는 일련번호들이 새겨져 있다. 이 알 수 없는 상황과 환경에서 그들은 탈출을 시도하지만 그것은 어떤 지향성에 입각한 것이기보다는 폐쇄에서 오는 공포에 의한 것일 뿐이다. 그들은 자신을 가둔 큐브에 관한 일련의 규칙을 발견한다. 방과 방이 연결되어 시간에 따라 큐브가 계속 움직이도록 설계된 것과, 아무 방으로 마음대로 이동할 수 없다는 것이다. 어떤 방에 어떤 함정이 설치되었는지 알 수 없기 때문이다. 특히 출입구에 새겨진 숫자가 지닌 법칙을 알아냈을 때 그 방이 안전한 방인지 가려낼 수 있다. 그렇지 않으면 죽음뿐인 것이다.

러닝타임 90여 분 동안 보는 이는 이 엄청난 기계 큐브를 대체 누가, 왜, 어떻게 만든 것인지 의문을 갖게 되지만 영화의 마지막까지 가도 그 의문에 관해서는 일축당하고 만다. 갇혀 있다는 사실에만 집중하게 만들어졌기 때문이다. 그렇게 구조에만 집중하게 한다는 점에서 소쉬르와 닮았다.

누가, 왜, 어떻게 만든 것일까 하는 인과관계나 목적율이 여기서는 함몰되어 있다. 살아 숨 쉰다는 사실이 이 구조의 중요한 전제다. 즉 어떤 목적론에 입각한 삶의 희구라기보다는 살아 숨 쉬는 그 삶 자체로서 의미를 다하는 것이다. 특히 이 이야기 속 인물의 이름을 모두 실제 감옥의 이름에서 따왔다는 점이 의미심장하다. 탈옥수 레네스는 프랑스와 영국에 있는 레네스Rennes 감옥, 의사 헬렌 홀로웨이는 런던의 홀로웨이Holloway 감옥, 수학도 조앤 레븐과 건축가 데이비드 워스는 캔자스의 레븐월스Leaven 감옥, 경찰 쿠엔틴은 캘리포니아 샌쿠엔틴Quentin 스테이트 감옥, 자폐아 카잔은 러시아 타타르스탄의 카잔Kazan 감옥에서 따온 것이다.

이와 같은 구성은 우리 개개인에게 배어 있는 인습과 개성이 그 자체로서 독자적인 감옥을 표상하는 것처럼 연상시킨다. 그리하여 이들 개성간의 협업을 통해 큐브의 수수께끼를 풀어가며 탈출구를 향해 근접해 가는 것 같지만 결국에는 모두 죽고 말기에 그 개개인이 처한 한계를 역설한다. 큐브의 비밀과 운동의 방향을 어느 정도 파악은 했지만 탈출에는 성공하지 못하고 한계들에 봉착하고 마는 구조인 것이다. 여기서 놀라운 사실은, 이들이 하나같이 큐브의 잔인무도한 함정 앞에 전전긍긍하지만 첫 사람 앨리슨 외에는 큐브에 의해 죽는 것이 아니라 자기들끼리 혹은 자기 자신에 의해 죽고 만다는 점이다.

결국 첫 사람 앨리슨이 큐브에 의해 조각나 죽은 사실이 전체 큐브의 구조를 알려 주는 메시지였던 셈이다. 자신의 개성에 갇혀 의식할 수 없는 카잔만이 출구 앞에 서게 된다.

## 구조로서의 일상

앞서 구조에서 비롯된 유희와 마찬가지로 생사를 가르는 큐브 속의 운명도 어떤 구조에 종속되어 있다는 사실을 알 수 있었다. 구조만 있고 아무런 내용이 없는 것이다. 이것이 바로 우리가 다루려는 구조주의의 한 특징이다. 구조주의의 특징은 그와 같은 가공된 문학 작품에만 나타나는 것이 아니다. 일상에서도 손쉽게 발견된다.

내 마음속 깊은 곳에는 지금의 나를 구조주의자로 불리게 만든 어떤 요소가 자리 잡고 있는 것 같다. 어머니 말씀에 의하면 나는 불과 두 살밖에 되지 않아 당연히 글을 읽을 줄 몰랐던 때부터 내가 정말로 글을 읽을 줄 안다고 우기곤 했다고 한다. 그래서 어머니께서 나한테 왜 글을 읽을 줄 안다고 생각하느냐고 물으시면, 나는 상점의 간판을 볼 때—예컨대 boulanger(제과점)라든가 boucher(정육점) 같은 것—뭔가를 읽을 수 있기 때문이라고 대답했다고 한다. 내가 뭔가를 읽을 수 있다고 생각한 것은 모양 면에서 볼 때 두 단어에 확실하게 비슷한 점이 있기 때문이었다. 그러나 그 비슷한 점이란 문자로 표현하면 두 단어에 똑같이 사용된 첫 음절 'bou'에 지나지 않는다. 구조주의적 접근법이라는 게 바로 이런 것 아니겠는가. 문제는 표면상의 차이들 속에서 변하지 않는 것, 혹은 변하지 않는 요소를 발견하는 것이다.

구조에 대한 이 같은 인식을 일상의 체험으로부터 접근하기 시작한 사람은 레비-스트로스 Claude Levi-Strauss 다.[153] 그는 구조주의를 인간학에 적용한 2세대 학자다. 그는 언어학에서 발견되는 구조가 사회 현상에도 적용될 수 있다는 사실을 입증했다. 마치 정형과 기형의 차이 구조가 우리에게 어떤 유희를 발생시켰듯이, 구조에서 야기되는 '차이 체계'와 사회에서 야기되는 '현상 체계' 간에 발생하는 일반적이고 보편적인 법칙에 주목함으로써 가족관계 따위를 구조 지평 아래서 설명하는 방법이다. 그것은 실제로 정신의 무의식 구조로 여겨졌다.[154] 다시 말해 구조는 체험을 통해 형성되지만 역으로 그 현실 시스템을 밝혀 줄 모형으로 활용된 것이다.

인류학 외에 문학, 신화, 고대철학, 신학, 예술 등 전 분야에서 새로운 발견을 해내게 한 레비-스트로스의 구조주의는 바로 페르디낭 드 소쉬르Ferdinand de Saussure의 언어학에서 비롯되었다(본래 소쉬르는 하이데거 등의 철학자보다 선대에 속하지만 생전에 저서를 남기지 않았다. 후대에 그의 강의록이 저서로 편찬되고, 레비-스트로스 같은 후진에 의해 진작된 것이기에 전자의 철학자보다 후대로 위치하는 것이다).

## 힘에서 기호로

소쉬르는 언어language를 언어langue와 화언話言,parole으로 분리하여 설명했다. 랑그란, 영어의 '랭귀지'처럼 언어를 뜻하는 프랑스 말이지만 소쉬르가 언어라는 것을 랑그와 파롤로 이원화해 쓰면서 프랑스어 랑그 그 자체로 학명이 되었다. 국가나 지역적 의미가 강한 랭귀지라는

---

**153** J. F. Bierlein, 현준만 역, 《세계의 유사신화(Parallel Myth)》 (서울: 세종서적, 1996), p.402에서 재인용.
**154** 구조주의에서는 심리학이라는 개념 자체도 구조로부터 '구성'된 것으로 설명한다. c.f. 움베르토 에코, 김광현 역, 《기호와 현대 예술》 (서울: 열린책들, 1998) p.35.

단어와 달리 랑그는 어떤 사회에서 통용되는 관습적 의사소통 체계로서의 뉘앙스가 짙기에 그러했을 것이다. 파롤은 개개인이 발화하는 실제 행위를 말한다.

그는 파롤을 모스 부호로 된 알파벳을 전사轉寫하는 데 쓰이는 전기 장치 정도로 보았다. 그 알파벳과 전사 장치가 무관한 것처럼 랑그와는 무관하다는 것이다.[155] 이런 점을 고려하여 그는 언어활동 연구의 정신적 측면을 랑그로, 정신적이면서도 물리적인 측면으로서 파롤을 언어학의 범주로 정했다.[156] 그러면서 그는 랑그의 진화는 파롤에 의해 전개된다고 보았다. 우리가 늦은 나이에 영어와 같은 2차 언어를 배울 때는 문법 따로 단어 따로 배워서 재구성하여 영어라는 랑그를 조립할 수밖에 없지만 그것을 1차 언어로 배우는 어린이는 오로지 파롤을 통해 습득하게 되는 것과 같은 이치다. 랑그는 파롤의 도구이자 산물이라는 상호 의존 관계로 존재하는데, 그럼에도 랑그와 파롤은 전혀 별개의 것임을 그는 말했다.

**랑그와 파롤**

---

**155** Ferdinand de Saussure, 최승언 역,《일반언어학 강의》(서울: 민음사, 1995), p.29.
**156** 위의 책, p.30.

가령 우리는 빵, 떡, 양, 물개…… 등의 문자를 통해 그 사물의 정보를 전달받지만 그 같은 사물이 미국인에게는 breads, rice cake, lambs, seals라는 문자로 전달된다. 그런데 빵의 경우는 우리나라에 본래부터 존재했던 사물이 아니다. 빵이 우리나라에 처음 소개되었을 당시에는 떡과 유사한 사물로 받아들여졌다. 반면 동양에서 유래한 떡이 미국인에게 소개될 때는 빵보다 케이크로 설명되었던 것이 'rice cake'라는 문자에 남아 있다.

그러한 혼재는 성서 번역에도 여전히 반영된다. 성서 원전에 따르면 하나님의 말씀이 "하늘에서 내려온 빵"이라고 하면서 그리스도께서 자신을 가리켜 "내가 생명의 빵이니라"고 말했다고 하지만, 한글로 된 많은 역본에는 "하늘에서 내려온 떡", "생명의 떡"이라고 표기되어 있다. 그리고 그것이 익숙하다.

**번역 랑그**

가령 성서의 사건이 우리나라에서 발생했고, 그래서 하나님 말씀이 원본 상에 '떡'으로 되어 있다면 영어권에서는 무엇을 연상했을까? 아마도 그것은 빵이 아닌 케이크였을 것이다. 이것이 랑그와 파롤의 실체다.

그 실물을 이해할 때 빵과 떡 혹은 떡과 케이크로 혼역되어도 사물 정보를 전달받는 데 별 문제가 없었던 것처럼, 그것들이 지닌 진정한 의미는 단어나 실물이 완전히 교체되어도 전해지는 데 아무런 문제가 없다. 그뿐만 아니라, 양Lambs이 무엇인지 모르는 에스키모 원주민에게는 아예 다른 동물인 물개seals로 대체된 성서도 있다.[157] 순결의 이미지를 상징하는 양을 어떻게 다른 동물로 대체할 수 있느냐는, 번역에 관한 반론도 있지만[158] 아프리카 대부분의 땅에서 양은 불길한 동물로 받아들여지며 도리어 염소가 신성한 동물인 경우가 많다는 번역 프리즘 자체는 랑그와 파롤의 다양한 프리즘을 반영한다 할 것이다.

언어라는 기호는 각 사물에 색인된 체계이고 의미는 각 체계마다 별개로 존재하는 것처럼 보이지만, 이처럼 언어란 차이체계[159]임을 알 수 있다. 개별로 형성된 의미체계가 아니라 기호 간의 차이에 의해 의미를 내포하게 되는 것이다. 이것이 바로 소쉬르가 설명하는 언어체계, 즉 구조다.

이렇게 해서 그는 일상생활에서 기호들의 생태를 연구하는 학문을 구상할 수 있는 길을 열어 주었는데,[160] 그것은 공감과 반감으로

---

[157] Anthony Pym, *On the historical epistemologies of Bible translating* (Tarragona: Intercultural Studies Group), p.12.
[158] 박찬순, 《그때 번역이 내게로 왔다》(서울: 한울아카데미, 2005).
[159] 의미가 아니라 단지 차이체계라는 것이다. 소쉬르에 따르면, "언어가 내포하는 것은 언어 체계에 선행하여 존재하는 개념이나 소리가 아니라, 단지 언어 체계에서 나온 개념적 차이와 음적 차이일 뿐이다. 하나의 기호가 갖는 개념이나 음적 재료보다는 그 기호의 주위에 있는 것, 즉 다른 기호들 속에 있는 개념이나 음적 재료가 더 중요하다"고 하였다. 참조. 김수환, "소쉬르의 '차이'와 반복: 로트만의 '자기커뮤니케이션(autocommunication)'을 중심으로," 《기호학연구》 제37집(서울: 한국기호학회, 2011): pp.59-83.

설명된 르네상스 자석으로의 회귀와도 같은 것이다. 자석에서 당김과 밀침이라는 N극과 S극 간의 힘을 공감과 반감이라는 식의 신비주의로밖에 설명할 수 없었던 시대에 데카르트가 그 신비를 제거하고 작은 나사의 작용들로 설명했고, 뉴턴에게 와서 그 막연한 작은 나사 입자들이 제거되고 그 힘의 실체가 밝혀졌지만, 소쉬르 이후로는 시니피앙Signifiant과 시니피에Signifie라는 결합 기호 속으로—예컨대 N극과 S극 혹은 붉은 색과 파란색 기호로—그 공감과 반감을 내포하며 존재할 수 있는 길이 다시금 열린 것이다.

자석이 공감과 반감이라는 르네상스식 신적 기운을 지닌 것은 아니지만, 같은 것끼리 서로 밀쳐내고 다른 것끼리 서로 당기는 공감과 반감의 구조는 과학 이면에서 '음양'이라는 기호로서 기능을 하는 것과 같은 이치이다(동양의 이치와는 다른 차원의 인식이지만 부분적으로 평행해 있다고도 볼 수 있다). 가령 해바라기가 '해를 바라보는 해바라기'인 것을 신이나 절대적 존재에 의한 기호로 간주하는 것과 달리, 기호 그 자체로 존재할 수 있는 원리다.

그 외에도 양귀비는 월계관 같은 모양의 관이 인간의 머리와 뇌의 모양 같으므로 양귀비의 탕약은 두통 등의 증상에 효과가 있다는 것, 사슴의 나이를 알 수 있도록 사슴의 뿔에 분맥을 표시하는 것, 병든 암퇘지의 혀에 돌기물을 살포하는 것, 그리고 흔하게는 천체의 변화를 예상케 하도록 구름을 무지개 색깔로 발하게 하는 것도 모두 기호의 원리다. 기호학의 권위자 움베르트 에코는 이 같은 기호를 '서명자'의 서명으로 표현하기도 한다.[161] 그렇다고 해서 그에게 이 '서명

---

160 Umberto Eco, 《기호와 현대 예술》, pp.35-37.

자'가 창조주를 의미하는 것은 아니다. 그것은 뉴턴이 신이 아닌 에너지로서 힘의 존재를 밝힌 원리에 상응할 뿐이다.

이제 기호, 즉 구조가 신이 된 것이다. 신비로운 신적 기운으로 재구성된 이해 환경을 이 같은 기호의 개념 안에서 재해석하는 예시를 다음과 같은 언어 체계에 대한 설명으로 제시할 수 있다.

## 바벨탑, 랑그와 파롤의 붕괴

'방언'이라 불리는 언어가 있다. 그리스도인 사이에 신비로운 언어로 통용되는 것이다. 보통 사람은 알아들을 수 없는 이상한 말glossolalia인 그것은 하나님의 거룩한 영이 강림해야 구사할 수 있는 것으로 알려져 있다. 그것은 또 다른 기능의 은사인 (방언) 통역의 능력을 받은 소수가 알아들을 수 있다고 알려졌다.

다음은 그 언어가 최초로 강림하는 성서의 한 장면이다.

> 오순절날이 이미 이르매 저희가 다 같이 한 곳에 모였더니 홀연히 하늘로부터 급하고 강한 바람 같은 소리가 있어 저희 앉은 온 집에 가득하며 불의 혀같이 갈라지는 것이 저희에게 보여 각 사람 위에 임하여 있더니 저희가 다 성령의 충만함을 받고 성령이 말하게 하심을 따라 다른 방언으로 말하기를 시작하니라 그 때에 경건한 유대인이 천하 각국으로부터 와서 예루살렘에 우거하더니 이 소리가 나매 큰 무리가 모여 각각 자기의 방언으로 제자들의 말하는 것을 듣고 소동하

---

**161** Umberto Eco, 김광현 역, 《해석의 한계》(서울: 열린책들, 2009), p.82.

여 다 놀라 기이히 여겨 이르되 보라 이 말하는 사람이 다 갈릴리 사람이 아니냐 우리가 우리 각 사람의 난 곳 방언으로 듣게 되는 것이 어찜이뇨 우리는 바대인과 메대인과 엘람인과 또 메소보다미아, 유대와 가바도기아, 본도와 아시아, 브루기아와 밤빌리아, 애굽과 및 구레네에 가까운 리비야 여러 지방에 사는 사람들과 로마로부터 온 나그네 곧 유대인과 유대교에 들어온 사람들과 그레데인과 아라비아인들이라 우리가 다 우리의 각 방언으로 하나님의 큰 일을 말함을 듣는도다 하고(행 2:1-11)

그런데 이와 같이 알아들을 수 없는 신비한 구조 언어는 두 가지 측면에서 오해되어 왔다. 첫째는 화자 자신도 알아들을 수 없지만 어디까지나 신비로운 '말하기' 은사기능로 통용된 사실이다. 한마디로 하늘의 언어라는 것이다.**162**

다른 하나는, 이것이 하늘의 언어라는 주장과 달리, 말 그대로 알아들을 수 없는 비정상의 언어이니 그것을 사용해서는 안 된다는 입장이다. 정상적 언어로서 방언은 일회적으로 그쳤고 오늘날의 것은 모두 이교도식 악령의 방언이라는 것이다.**163**

이와 같은 상반된 주장은 모두 방언이라는 시니피앙Signifian이

---

**162** 김우현,《하늘의 언어: 하늘문을 여는 열쇠》(서울: 규장, 2007).
**163** 이 주장에 대해 가장 최근 논란을 일으킨 사람은 노우호 목사다. 그의 주장은 두 가지로 요약할 수 있다. 1)초대교회에는 외국어 방언이 있었는데 그것은 일회적 표적으로 그쳤다. 그리고 2)알아들을 수 없는 말/이교도식 악령 방언이 있었는데 그것은 오늘날까지도 계속된다. 오늘날 대부분의 방언은 후자다. http://www.amennews.com/news/articleView.html?idxno=13395 이 주장에 대한 효과적인 반론은 다음 주소의 글을 참조. http://mi-moonchurch.com/?p=8

지닌 시니피에$^{Signifie}$의 오독에 따른 오해의 결과다. 특히 그 같은 양자의 오해는 다 그것을 '말하기' 기능으로 잘못 이해했기 때문이다. 오순절 성령 강림 장면을 기록한 사도행전의 저자 누가$^{Luke}$는 이 장면을 구약성서 창세기에 나오는 바벨탑 사건과 유비된 사건으로 이해하고 있음을 어렵지 않게 발견할 수 있다.

> 온 땅의 구음이 하나이요 언어가 하나이었더라 이에 그들이 동방으로 옮기다가 시날 평지를 만나 거기 거하고 서로 말하되 자, 벽돌을 만들어 견고히 굽자 하고 이에 벽돌로 돌을 대신하며 역청으로 진흙을 대신하고 또 말하되 자, 성과 대를 쌓아 대 꼭대기를 하늘에 닿게 하여 우리 이름을 내고 온 지면에 흩어짐을 면하자 하였더니 여호와께서 인생들의 쌓는 성과 대를 보시려고 강림하셨더라 여호와께서 가라사대 이 무리가 한 족속이요 언어도 하나이므로 이같이 시작하였으니 이후로는 그 경영하는 일을 금지할 수 없으리로다 자, 우리가 내려가서 거기서 그들의 언어를 혼잡케 하여 그들로 서로 알아듣지 못하게 하자 하시고 여호와께서 거기서 그들을 온 지면에 흩으신 고로 그들이 성 쌓기를 그쳤더라 그러므로 그 이름을 바벨이라 하니 이는 여호와께서 거기서 온 땅의 언어를 혼잡케 하셨음이라 여호와께서 거기서 그들을 온 지면에 흩으셨더라 (창 11:1-9)

저자 누가는 오순절 성령 강림의 가장 큰 표징으로 방언을 주목했다. 그 '알아들을 수 없게 된' 사건 속에서 창세기 바벨탑에 내려오셔서 인간의 언어를 혼잡케 하여 듣지 못하게 하셨던 하나님의 강림을 다시 본 것이다. 바벨탑에서는 사람들이 알아들 수 없게 되어 흩어졌지만 오순절에 임한 방언은 다른 차원의 분열을 상징했다. 일반적으로 사도행전의 복음 전파는 예루살렘(베드로)에서 로마(바울)로 향하는 이상적인 궤적으로 읽히지만, 저자 누가의 눈은 성령의 주권에 따른 전적인 섭리에 머물러 있다.

사도행전 1장 8절의 예언에 따라 예루살렘으로부터 순차적으로 성령이 임하시고 권능을 받은 사도들이 담대히 말씀을 전하고 병자도 고치게 되었으나, 정작 사마리아 모든 땅으로 흩어지게 된 계기는 스데반의 순교이며, 그 추종자들에 대한 박해로 인해서이다(행 8:1).**164** 그것은 스데반을 죽게 만든 결정적 설교, 즉 "지극히 높으신 분은 손으로 지은 곳에 계시지 않다"(행 7:48)는 그의 사상이 성전을 인정하지 않는 사마리아인에게 더 적합한 복음이었기 때문이다. 하지만 이들이 박해받고 흩어지는 동안에도 사도들은 예루살렘에 (안전하게) 남아 있을 수 있었다(행 8:1). 사도들이 보인 이 같은 애매한 정체성은 스데반을 포함한 헬라파 일곱 집사의 선출이 최초의 내부 갈등에서 비롯되었다는 사실로 누가의 인상에 남아 있다. 즉, 같은 헬라파 과부가 구제에서 소외되어 일어난 분쟁을 '히브리파'와 '헬라파' 어군 간의 분열로 소개한 것은 오순절 날 '알아들을 수 없게 된' 언어 사건과의 연장선상에서 설명하려는 누가의 깊은 인식의 결과인 것이다.**165**

성령 강림으로부터 땅 끝에 이르는 선교 궤적을 누가가 보았을

---

**164** 베드로가 요한과 함께 사마리아로 가게 된 것은 사도들이 "사마리아도 하나님의 말씀을 받았다 함을 듣고"(행 8:14) 나서의 일이다.
**165** 헤브라이우스(히브리파)와 헬레니스톤(헬라파)이라는 명칭은 사용하는 언어에 따른 구별이라는 것이 학계의 대체적 견해다.

때는, 이 '알아들을 수 없게 된' 사건(방언)을 기점으로 뜻하지 않게 흩어지게 된 것, 바로 그것이 선교였던 것이다. 이것은 일종의 누가에 의한 창세기 바벨탑 본문 주석이다. 바벨탑의 분열은 탑의 축성에 대한 징벌이었지만 동시에 그것은 '확산'이라는 새 창조의 질서이기도 했기 때문이다. 예루살렘은 바벨탑이었을까? 누가에 의하면 확산(분열)되지 않고 축성된 채로 방치된 탑/성으로서 예루살렘은 해체의 대상이었다. 그러므로 예루살렘 밖으로 나가 보다 넓은 청중에게 복음을 선포한 것은 결코 인간의 계획의 결과가 아니라 뜻하지 않은 박해의 결과였다는 점에서[166] 그것은 성령의 새 창조였던 것이다. 이것이 바벨탑(구약)과 예루살렘(신약)이라는 기호들이 상호 간에 맺는 기의이다. 따라서 흔히 고린도전서 12장과 14장을 들어 방언의 텔로스를 영어, 일본어, 중국어 통역하듯 하는 직설 행위로 이해하는 것은 엄밀한 의미에서 단편적인 것이며 방언, 즉 그 알아들을 수 없는 말이 갖는 본질적 기의는 아닌 것이다.

    방언이 성서에서 알아들을 수 없는 언어glossolalia로 등장한 것은 그것이 통역이라는 보다 고급의 은사에 대비된 저급한 수준의 은사라서가 아니라 어디까지나 그 자체로서 '듣기'에 의도된—입과 귀에 재갈을 물려 '더' 잘 듣게 한다는 의도로서의—까닭이다. 그래서 '알아들을 수 없는 말을 한다'는 기호는 선별된 것을(거룩한 것을) '들을 수 있다'(통역 은사로서가 아니라 들을 수 없음으로 들을 수 있다는 역설)는 기의로 치환되며, 이것이 첫째 되는 이 은사의 궁극적 목적이 된 것이다.[167]

---

[166] Raymond E. Brown, 《신약개론》(서울: 기독교문서선교회, 2009), pp.411-480.
[167] 오순절 성령 강림 당시에도 경건한 사람만 들을 수 있었다.(행 2:5-12, 13)

결국 오순절 성령 강림에 대해 진술해야 했던 저자 누가에 따르면 방언이라는 것은 은사로서 초보 단계로 임한 것이 아니라, 성령이 주도하시는 신약 공동체가—마치 바벨탑의 하나님께서 새 창조 질서로서 언어 분화를 주도하신 것처럼,—'말하기'에서 '듣기'로의 새 창조적 질서의 지표로서 임한 것이라 할 수 있다. 여기서 앞서 자석에 얽힌 '신비'에 대한 변화가 또 그대로 반영된다.

통상 그리스도교 공동체에서 이 알아들을 수 없는 방언을 하는 사람이 그것을 알아들을 수 있는 은사를 받았다는 어떤 타인에게 그 방언의 해독을 구하는 행위 자체는 마치 르네상스기 사람들이 자석에 신비로운 공감과 반감의 힘이 서려 있다고 믿은 것처럼 그 말의 음성이나 음운 자체에 신비를 부여하는 식의 이해에 지나지 않을 수 있다. 반면 알아들을 수 없는 이상한 말$_{glossolalia}$ 자체를 기호로 보고, 구약 바벨탑 사건과 신약 바벨탑(예루살렘) 사건의 기호 간의 상호관계를 고려해 본다면 이상한 말이라는 기호로부터는 '말하기보다 부지런히 들으라'는 기의$_{記意 \cdot 시니피에}$ 하나와 (바벨탑 때와는 달리) '들을 수 있게 되었다'는 의미로서 해석에 도달할 수 있게 되는 것이다.

방언에서 신비한 기운은 빠져나가고 말하기를 유의하여 '들으라'는 기의를 획득하게 된 셈이다.

다른 말로 하면 방언이라는 언어가 하늘의 언어든 알아들을 수 없는 언어든, 그 알아들을 수 없는 언어 자체에는 제아무리 신적 기운이 제거되었다 하더라도 '들으라'는 서명이 남아 있다는 사실이다.

## 의역의 이단으로부터의 자유

'서명' 또는 '서명자'라고 하면 그것은 마치 섭리에 따라 사물에 계시를 부여한 신을 이르는 말인 것만 같다. 그러나 구조주의에서 말하는 서명자는 우리가 믿는 하나님과 아무 관련이 없다고 일러두었다. 그것은 마치 데카르트의 신이 자신의 성찰을 규명하기 위한 절대 기준으로서 존재자였던 것처럼, 그리고 헤겔의 신이 역사 발전의 시간 과정으로서 존재자였던 것처럼, 구조주의자들의 서명자 역시 기의에 대한 기호로서만 존재하는 것이다.

 그렇지만 기호와 기의의 구조는 '알아들을 수 없는' 음가와 음운에서 그 뜻을 알아낼 수 있다고 믿는 맹신으로부터 우리를 보호한다. 그것은 마치 데카르트의 이성 신이 중세의 미신으로부터 사람들을 건져낸 것과 같다. 또 그것은 마치 헤겔의 신이 달리는 기관차와도 같은 시간의 무자비함 속에서 역사라고 하는 아버지의 시간 Kronos을 찾아낸 것과 같은 기여다.

 우리가 역사로서 그 무자비한 큐브에서 살아갈 때 큐브에 박힌 문자를 숫자 좌표로 해독해 빠져나갈 수 있다고 믿는 것은 '알아들을 수 없는 말'에 가하는 문자적 해석만큼이나 무모한 일이다. 왜냐하면 '알아듣지 못하게 된' 사건은 이미 '알아들 수 없게 된' 기호로서 임했고, 갇혀 있게 된 큐브는 이미 그 '갇혀 있다'라는 기호로서 임하기 때문이다. 이것이 로고스의 본성이다. 이 구조에서 벗어나는 것을 의역의 이단 the heresy of paraphrase이라고 부른다.

 이와 같은 '의미'의 임재는 구속사처럼 구체적이지는 않지만 그 구속사 이면에서 언제나 로고스로서 임하여 왔다. 이것이 자크 데리다Jacques Derrida가 "기호의 시대는 본질적으로 신학적이다"라고 불평한 이유이다.

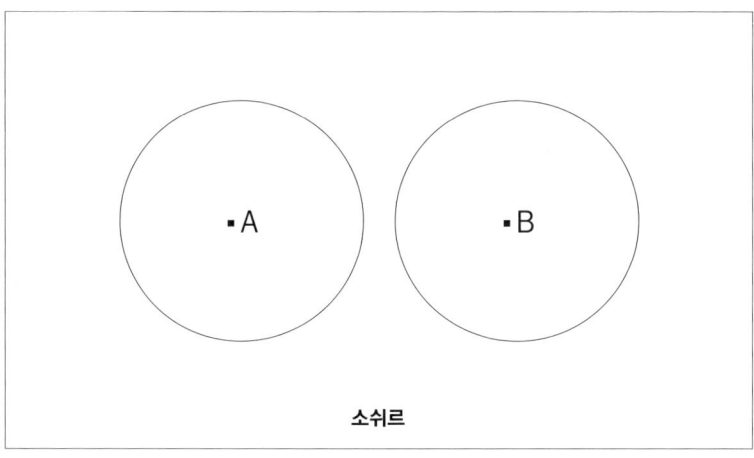

소쉬르

라캉의 신

11

어거스틴·아퀴나스의 신, 본원성
장미의 이름: 도그마의 퇴조

데카르트의 신, 이성
트루먼 쇼: 믿기 위해 의심함

칸트의 신, 관념
어거스트 러쉬: 쉐카이나

헤겔의 신, 합리성
레 미제라블: 사랑은 합리적인가?

다윈의 신, 진화
진화의 시작: 신도 진화되었는가?

마르크스의 신, 물질
매트릭스: 신성과 인성

니체의 신, 허무
쇼생크 탈출: 노예의 도덕

프로이트의 신, 무의식
인셉션: 자기 우상 파괴

하이데거의 신, 존재와 현상
트루먼 쇼: 에고 에이미

소쉬르의 신, 구조
큐브: 알아들을 수 없는 말, 방언

**라캉의 신, 욕망**
식객: 원죄 흔적

데리다의 신, 해체
시네마 천국: 집중적이고 분산적인 신

아담과 그 아내 두 사람이 벌거벗었으나 부끄러워 아니 하니라

그 실과를 따먹고… 이에 그들의 눈이 밝아 자기들의 몸이 벗은 줄을 알고… 여호와 하나님의 낯을 피하여 동산 나무 사이에 숨은지라 여호와 하나님이 아담을 부르시며 그에게 이르시되

"네가 어디 있느냐"

가로되

"내가 벗었으므로 두려워하여 숨었나이다"

가라사대

"누가 너의 벗었음을 네게 고하였느냐"

## 프로이트의 퇴조와 부활

인간의 성이란 청·소년기에 접어들어서야 비로소 활성 상태에 이르는 것이라고만 여겨지던 시대에 프로이트는 '유아기의 성생활'이라는, 당대로서는 수용하기 힘든 직설적 표현과 술어들을 사용해 가면서 그의 이론을 첨예하게 전개한 바 있다.[168] 그는 '유아의 젖을 빠는 행위는 일반적으로 식욕이 동인動因이리라 생각하지만 식욕 본능보다 더 깊은 기저에는 별개의 충동이 자리하므로 배우지 않아도 스스로 학습된다'는 사실을 발견하여, 성 충동을 일으키는 원천적 힘의 존재를 밝혀냈다.

성 충동에 관한 그의 분석에 따르면, 유아기의 성생활과 도착증倒錯症에 빠진 사람의 성생활은 생식과는 무관한 쾌快의 추구라는

---

[168] Sigmund Freud,《정신분석강의》, pp.411-482.

점에서 동일시된다. 그래서 도착증 환자의 경우 성의 대상을 전혀 다른 어떤 것으로 바꿀 수도 있는데, 이성이 아닌 동성 혹은 사물이나 물건을 자기 성의 상대역으로 삼는가 하면, 심지어 나무나 아스팔트 도로 표면과 같은 거친 질감을 지닌 것을 대상으로 하기도 한다는 것이다. 프로이트는 이러한 일련의 충동들을 억제를 요구하는 사회적 품위와 그 쾌락을 맞바꾼 예시로 소개하곤 했다.

유아 성욕이라는 이 개념은—사실 그것은 유아에 국한된 논증이 아니었다—사회적 비난은 말할 것도 없고 학계 동료들의 혹독한 도덕적 비난을 무릅쓰면서까지 프로이트가 인간의 일차적 본성이자 근본적 욕망이라고 고집했던 그의 핵심 개념이다.[169] 성(욕)이 프로이트 자신의 전 이론의 통찰 과정에서 실제적인 생리·생물학적 법칙으로 제시되기는 했지만 그것은 한마디로 어떤 준칙이라기보다 방법적 유비類比로 받아들였어야 했다.

그러나 이 같은 거침없는 프로이트에게서 이탈한 상당수의 학자들이 그의 이론에 수정을 가한 다음 신프로이트학파를 형성하고 말았다. 그들은 성 본능과 성적 욕구를 부각하기보다는 사회 환경과 문화 그리고 무엇보다 인간관계의 중요성을 강조하는 식으로 사회 일반이 가져다 쓰기에 무리가 없도록 정통 심리학을 순화시켜 나갔다. 특히 초기 프로이트의 제자 아들러Alfred W. Adler나 융Carl Gustav Jung은 인간 정신의 동력을 성본능이 아닌 권력 의지와 같은 별개의 힘으로 대체하여 이론을 정립했으며, 미국으로 망명한 에리히 프롬Erich Pinchas Fromm과 호나이Karen Horney 역시 프로이트가 지나치게 생물학적

---

[169] 이창재, 《프로이트와의 대화》(서울: 민음사), pp.153-168.

으로 접근한 점을 비판했다. 이들 수정주의자 가운데는 심지어 프로이트가 유대인이었던 사실을 들어 멸시와 핍박에 오래 노출된 그의 출신 성분이 그로 하여금 그토록 과민한 학설을 만들게 했다고까지 격하시켰다.

그렇게 물러났던 프로이트를 다시 불러내어 복권시킨 사람이 바로 자크 라캉Jacques-Marie-Émile Lacan이다. 그는 특히 신프로이트학파가 순화시키고 제거했던 성 본능 부분을 되살려 구조주의로 재무장시켜 올려놓았다. 그뿐만 아니라 과거 프로이트가 단행하지 못했던 생리·생물학적 방법론과의 단절을 꾀하고 문학과 예술적 환유로 공략해 나갔다. 그렇게 하여 나온 것이 욕망이론이다.

## 욕망이론

라캉은 프로이트의 오이디푸스 콤플렉스에서 대두되었던 남근을 생물학적 성의 기관이 아닌 일종의 기표로 게시했다.[170] 이는 남근이 남성성에게서는 '아버지 되기'이며, 여성성에게서는 '이성의 선망'이라고만 정의하는 한계에 대한 보충이다. 가령, 태곳적부터 남녀는 끊임없이 대상을 찾아 헤매면서도 사랑의 욕망은 왜 충족되지 못했나 하는 문제가 해명되지 않기 때문이다. 그러나 단순한 성적 심벌을 넘어 기표로서의 이해는 성적 결합 이후에도 여전히 남아 있게 되는 욕망에 관한 문제의 답으로 제시할 수 있다고 본 것이다.[171]

---

170 일종의 상징으로 제시한 것이다.
171 Jacques Lacan, 권택영 외 역, 《욕망이론》(서울: 문예출판사), pp.22-23.

그리하여 구강기, 항문기, 남근기, 잠복기, 생식기 등과 같은 성장 단계를 상상계the Imaginary, 상징계the Symbolic 그리고 현실계the Real로 재구성하고 압축한 라캉은 우선, (1)마치 유아가 거울 속에서 자아와 타자를 혼동하는듯한 오이디푸스 단계를 타자가 자신의 남근이자 자신이 타자의 남근이라고 믿는 은유의 상상계로 바꾸어 표현했다(앞에서 언급한 것처럼, 유아와 도착에 빠진 자, 이들 양자는 공히 그 쾌를 대상화하지 못하는 것과 같은 단계인 셈이다). 그리고 (2)그것이 허구였음을 알게 되는 단계를 상징계로, 그런 다음 마지막으로 (3)상징계로 들어선 순간 곧바로 타자에 대한 욕망이 시작되는 '환유' 단계를 실제계라고 함으로써 전통적인 발달 이론에 변화를 주었다.

다시 말하면 남근으로 대변된 그것은 어떤 생물학적 이성성으로서 성징性徵이 아니라 타자에 대한 욕망인 것이다. 여성도 똑같이 남근이 되고 싶고, 그래서 남근 소유를 원하는 모든 사람에게(남녀 모두의) 동일하게 작용하는 기표에 지나지 않는다는 사실을 종전의 생리학적이고도 생물학적인 프로이트의 표현들로부터 라캉 자신의 언어로 번역해 낸 것이다. 그리하여 이른바 '주체는 결핍이요 욕망은 환유'라는 테제를 도출하기에 이른 것이다.

## 있지만 없는 것, 욕망

주체는 결핍이며 욕망은 환유라는 말이 무슨 말인가? 우선, 일반적으로 널리 알려져 익숙한 '은유'라는 동종 어휘와 환유를 구별할 필요가 있는데, 환유換喩란 어떤 사물이 있다고 했을 때 그것이 지닌 속성과 밀접한 다른 관계를 지닌 것을 빌려서 나타내는 수사학 방법에 쓰는 말이다. 반면 은유란 어떤 사물의 표현을 '암시적으로' 나타내는 방법이라는 점에서 환유와 구별된다. 예컨대, 십자가는 예수님을 환유한다. 그러나 십자가와 교회의 관계는 은유에 더 가깝다. 다시 말해 환유란 암시가 아니라는 점에서 은유보다는 더 실체에 근접하는 수사rhetoric라 하겠다.

세익스피어의 《햄릿》에 관한 라캉의 분석을 통해 이를 자세히 살펴보면,[172] 한마디로 햄릿이라는 존재는 주변 타자의 욕망에 따른 환유로 된 자신이다. 다른 사람의 욕망이 만들어낸 허상으로 자기를 인식하기 때문이다. 우선 햄릿의 햄릿 됨은 자기로부터 된 것이 아니라 '아버지의 복수에 대한 욕망으로 형성된 나'로 출발한다. 그리고 자신의 고유한 욕망은 언제나 타자의 욕망에 종속된 상태로 나타날 뿐이다. 타자의 시간 속에 머무는 것이다. 그런데 그 타자의 욕망이란 아버지의 욕망만을 일컫는 것이 아니다. 어머니의 욕망도 개입된다. 어머니의 욕망 또한 햄릿을 종속시키는 것이다. 나를 종속시킨 어머니의 욕망은 아버지의 복수도 행하지 못하는 주저함으로 나타난다. 어머니는 아버지를 죽인 원수의 아내가 되었기 때문이다.

이와 같이 욕망을 향한 동력이 좌절을 몰고 와 상실되어 갈 즈음 그것에 다시 불을 지피는 것이 오필리아다. 여기서 다시 일어나는 동력은 그가 그녀를 거칠고 잔인하게 대함으로써 타오른다. 그녀에게 빠져들수록 도리어 빠져나가려는 몸부림으로 표출되는 것이다. 그녀는 결코 현재 자기 처지의 기준일 수 없기 때문에 그는 그녀를 파괴하고 손상을 입혀야만 했던 것이다. 다시 말하면 라캉의 표현인바 그

---

[172] 앞의 책, pp.28-30.

녀는 거부된 남근(O phallus)인 셈이다. 그럼으로써 그녀는 죽고 만다.
    여기서 오필리아의 죽음은 다시금 햄릿에게 그녀를 갈망하게 만드는 동인이 된다. 그렇게 해서 욕망은 허구화될 때 비로소 다시 타오른다고 한 것이다. 즉 욕망이란 햄릿에게는 언제나 그 대상이 닿을 수 없는 상태일 때 다시 일어나고 마는 어떤 것인 셈이다. 이것이 바로 결핍을 통해 드러나는 주체로서 '나', 그리고 환유를 일으키는 욕망에 대한 개요다.
    라캉은 햄릿에게 했던 이와 같은 분석을 다음 세 단계로 요약하며 정리했다.
    (1)복수가 지연되는 원인
    (2)욕망을 지속시키는 동인으로서 오필리아
    (3)남근의 현시

    이 극은 오이디푸스 콤플렉스의 소멸에 관한 극이다. 아들이 아버지를 죽이고 어머니와 결합하려는 욕망이 아니라 이미 무의식 속에 억압된 남근에 관한 이야기다. 아버지는 극의 시작부터 지워진 타자였고 남근은 엉뚱한 사람, 즉 클로디어스에게 있었다. 오이디푸스의 비극과 햄릿의 비극은 몇 가지 측면에서 다르다. 전자에서 범죄는 주인공이 모르고 저지른 것이며 신탁에 의해 움직여진다. 후자에서 범죄는 이미 그 이전에 일어났으며 의도적이고 기습적이었다. 따라서 아버지는 이미 지워졌다. 그런데 어머니의 욕망이 클로디어스에 옮아가 있다. 그가 남근을 소유한 것이다. 자기애적 상상계에 갇힌 햄릿은 아버지가 아닌 다른 인물이 남근을 소유한 것에 당황하며 스스로 욕망과 그를 동일시하여 기도하는 숙부를 죽이지 못한다. 마지막 결투에서 치명타를 입고 상상계적 집착에서 빠져나오게 되어서야 그는 숙부를 공격한다. 거세를 겪으며 상징계로 들어선 순간 숙부가 구현했던 남근은 허상이 된 것이다. "왕은 누구냐?" "허구적인 무엇이지(a thing of nothing). 몸은 왕과 함께 있지만 왕은 몸과 같이 있지 않아." 이 대사에서 왕 대신 남근을 대치해보면 어찌되는가. 남근은 있으나 오직 보이지 않을 때만 기능을 하니 있지만 없는 것이다.[173]

즉 햄릿의 혼동을 통해 드러나고 있는 것이 바로 상상계다. 처음 출발했던 아버지의 욕망이 이미 지워졌음에도 그는 타자의 욕망을 통해 자기 주체를 형성하는 습관을 버리지 못하고 있다. 그가 허구적인 어떤 것a thing of nothing을 깨달았을 때만 비로소 그는 상상계로부터 상징세계로 탈출할 수 있었고, 상징세계로 들어선 동시에 현실세계를 직시할 수 있었던 것이다.

그렇다면 현실계에서 비로소 볼 수 있게 된 실체는 무엇인가? 그것은 바로, '있지만 없는 것'이라고 했다. 그러면 다시 여기서 '있지만 없는 것'은 대체 무엇인가? 니체의 신이었던 허무인가? 소쉬르의 신이었던 '단지 갇히게 만드는 어떤 구조'인가?

라캉에 의해 오이디푸스와 햄릿을 오가며 드러난 존재와 욕망의 파라독스는 다음 예시되는 본문들, 즉 성서 이야기와 성서 바깥 이야기 간의 컨텍스트를 통해 더 명징하게 드러날 것이다.

---

[173] 앞의 책, p.30.

## 성서 안에서의 상상계, 상징계

성서에서 최초의 사람은 공교롭게도 벌거벗은 상태로 등장했다. 성서 최초의 사람이 벌거벗었다는 사실은 과연 생물학 혹은 (원시 미개인이 었을 것이라는) 과학적 보고인가? 아니면 은유와 환유의 에로티시즘인가? 아이러니하게도 그동안 출몰했던 이단들의 성적인 해석이 야기한 물의는 대부분 생물학적 오해가 발단이 되었다는 사실을 기억할 것이다[174](아니면 그 최초의 인간들을 오늘날의 스마트폰 쓰는 현대인쯤으로 간주하는 오독 역시, 그들을 네안데르탈인이나 오스트랄로피테쿠스로 연상하는 것만큼이나 부자연스러울 것이다).

엄밀한 의미에서 아담과 하와가 금단의 열매를 먹은 후 하나님께 들은 추궁은 금단의 열매를 먹은 사실 자체가 아니라 대체 벌거벗었음을 누가 알려 주었느냐는 문제였다(그들이 금단의 열매를 먹고 숨어 있을 때 하나님이 그들에게 물어 본 첫 질문은 적어도 "그 열매를 왜 먹었느냐" 혹은 "그 열매가 어디 있느냐"가 아니었다). 그들이 숨었던 까닭도 벌거벗었기 때문이라는 사실을 성서는 분명히 하고 있다. 금단의 열매를 먹지 말라고 했던 금제, 즉 미리 공지했던 금제와 사후에 깨뜨린 금제 사실들은 모두 '벌거벗음'이라는 은유 뒤로 물러나 버리고 마는 것이다.

문제는 금단의 열매가 지닌—과즙 따위의—효능이 아니라 그

---

[174] 우리나라 근대기부터 출몰했던 이 같은 (피가름 따위의) 교리는 적어도 은유나 비유가 아니라 오염된 피를 생물학적 방법을 통해 정화시킬 수 있다는 그릇된 발상에서 비롯되었다는 사실을 유념할 것이다. 그런 그릇된 교리가 아직도 근절되지 않고 있다. 참조. "박윤식 피가름 교리 비판 신학자 대법서 승소: 총신대 박용규 교수 4년 법정싸움 값진 결실, 종교적 비판 행위 최대한 보장" 〈뉴스앤조이〉 2008.10.14. http://www.newsnjoy.or.kr/news/articleView.html?idxno=26071.

금제가 깨진 후 그들의 인식 문제로 집중되고 있다는 사실이다. 금단의 열매를 먹기 전에는 벌거벗음에 대한 어떠한 인식의 경계가 없었다는 사실—즉 라캉이 설정한 거울의 단계로서—바로 상상계인 것이다. 자아와 타자의 구분이 없듯 벌거벗음과 벌거벗지 않음의 경계를 그들은 알 수 없었다. 이 사실은 깨져 버린 금제가 가장 먼저 이들로 하여금 벌거벗었음을 인식하게 한 결과로 반증된다. 라캉의 표현인 바, 비로소 상징계로 들어서게 된 것이다.

이와 같은 상상계의 혼동은 아담의 아들 가인의 텍스트에서도 반복되어 나타난다. 최초의 살인자 가인이 동생 아벨의 제사만[175] 하나님께 상달되었다고 느낀 것은 전적인 그의 상상이지, 누구도 그에게 제사의 결과에 대해 고한 적이 없다. 성서 텍스트상에서는 하나님은 물론 아벨 역시 제사에 관해 단 한 마디도 하고 있지 않기

---

[175] 라캉의 분석에 쓰인 텍스트 가운데는 성서 텍스트도 포함되었다. 그러나 그것은 대개 죽음에 대한 해명이고, 또 그것들은 언제나 그의 테제에 맞추어 욕망으로 환유되곤 했다. 죽음이 욕망으로 환유된 것이다. 그 같은 한계에 대한 지적은 다음 자료를 참조: Stuart Schneiderman, 허경 역,《자크 라캉, 지적 영웅의 죽음》(서울: 인간사랑, 1997), pp. 113-115. "……라캉은 사실상 정신분석이 죽음의 상징화에 실패했다는 점을 잘 알고 있었다. 프로이트주의적 오이디푸스 콤플렉스에 대한 라캉의 비판은 살인 행위에 의해 주어지는 특권이란 사실상 아버지였으며 또한 아버지로서의 역할을 완전히 차지했으며 오직 이미 죽어버린 한도 내에서의 아버지를 되살리고 소생시키고자 하는 소망이라고 말한다. 언젠가 라캉이 이야기했던 것처럼, 프로이트는 자신의 아버지를 너무나 사랑해서 이 세상의 모든 여성들을 그에게 주기 위해 그를 다시 되살릴 정도였다…… 그러나 그는 아마도 충분히 멀리 밀고 나가지는 못했던 것 같다. 만약 라캉이 주인과 노예의 헤겔 식 신화 대신 가인과 아벨의 이야기로 시작했다면 어떻게 됐을까? 아마도 그는 주인의 명령이 아니라 저주와 희생이라는 현상을 다루어야만 했을 것이다. 라캉이 아버지의 이름이란 세미나에서 '창세기'를 텍스트로 다루고자 했을 때 그가 고른 구절은 누군가를 죽음의 손아귀에서 구해내는 구원의 이야기인 아브라함에 의한 이삭의 희생에 대한 것이었다. 라캉과 프로이트는 모두 이른바 죽은 자들에 의해 생기는 문제점들을 잘 알고 있었다…… 오히려 가인과 아벨의 이야기처럼 죽은 자들에게 바치는 제물의 가치라는 용어로 표현되는 아버지와 아들 사이의, 형제와 형제 사이의 경쟁이 문제시된다면 어떻게 될 것인가?"

때문이다.

> 아벨은 양 치는 자이었고 가인은 농사하는 자이었더라
> 여호와께서 아벨과 그 제물은 열납하셨으나 가인과 그 제물은 열납하지 아니하신지라 가인이 심히 분하여 안색이 변하니
> 여호와께서 가인에게 이르시되
> "네가 분하여 함은 어찜이며 안색이 변함은 어찜이뇨 네가 선을 행하면 어찌 낯을 들지 못하겠느냐 선을 행치 아니하면 죄가 문에 엎드리느니라 죄의 소원은 네게 있으나 너는 죄를 다스릴지니라"
> 가인이 그 아우 아벨에게 ('      ') 고하니라 그 후 그들이 들에 있을 때에 가인이 그 아우 아벨을 쳐죽이니라

이와 같은 상상계의 혼동은 동생 아벨을 살해하게 만든다. 특히 '가인이 아벨에게 고하였다'는 장면은 그가 고한 말이 무슨 말인지 학제적으로는 공백에 해당한다.[176] 그것은 결코 필사자들의 실수가 아니라 독자로 하여금 가인의 상상계를 완성 짓게 하는 필연적 운율이 아닐 수 없다. 뭐라고 고했는지 알 수 없게 되어 버린 이 공백은 가나안의 아비 함이 술에 취해 쓰러져 자는 아버지 노아를 보고서 "그의 형제들에게 ('      ')말하였다"고 하는 공백과 마찬가지로 텅 빈 기호를 이루고 있기 때문이다(참조. 창 9:22). 가인의 상상으로 또는 독

---

[176] 창세기 4:8에서의 이 공백은 사마리아 오경, 70인역, 불가타, 시리아역을 따른 새 번역만 "우리 들로 나가자"를 삽입해 놓고 있다. 영어 역본에서는 ASV, NRSV, NIV 역본들이 "Let us go out to the field."를 삽입.

자의 상상으로 채워질 수밖에 없는 이 텍스트 공백은 가인이 하나님으로부터 듣는 음성에까지 그 상상계의 운율로써 미치고 있다.

여호와께서 가인에게 이르시되
"네 아우 아벨이 어디 있느냐"
그가 가로되
"내가 알지 못하나이다 내가 내 아우를 지키는 자니이까"
가라사대
"네가 무엇을 하였느냐 네 아우의 핏소리가 땅에서부터 내게 호소하느니라… 네가 땅에서 저주를 받으리니 네가 밭 갈아도 땅이 다시는 그 효력을 네게 주지 아니할 것이요 너는 땅에서 피하며 유리하는 자가 되리라"
가인이 여호와께 고하되
"내 죄벌이 너무 중하여 견딜 수 없나이다… 내가 땅에서 피하며 유리하는 자가 될지라 무릇 나를 만나는 자가 나를 죽이겠나이다"
여호와께서 그에게 이르시되
"그렇지 않다 가인을 죽이는 자는 벌을 칠 배나 받으리라"
하시고 가인에게 표를 주사

동생 아벨을 죽였는데도 그의 하나님은 '가인을 죽이는 자는 벌을 칠 배나 받으리라'는 음성으로 나타난다. 이 음성을 우리가 '죄인에게도 살 길을 여시는 하나님'으로 규정한다면 그 음성은 현실계로 빠져나오지 못한 채, 가인과 함께 영원한 상상계에 묻히고 말 것이다. 이것이 가인이 지닌 결핍이다. 공백일 뿐인(a thing of nothing) 동생의 욕망에 평생을 시달리며 유리하는 자의 표상이다. 그는 성서에서 사라진 이름, 결코 현실계로 뛰쳐나오지 못한 이름인 것이다. 가인에게는 더 이상 목소리가 없다.

그렇지만 아벨에게는 목소리가 있다. 아벨은 계속 말한다. 하나님을 제외하고 유일한 타자였던 아벨은 죽는 순간까지도 어떠한 음성도 갖지 못했지만, 그는 오로지 죽은 뒤에 말하는 자다. 그런 목소리가 바로 창세기에서부터 신약시대에까지 다다르고 있다. 라캉의 표현으로 하면, '있지만 없는 것'이 된 존재다.

라캉은 그것을 욕망이라고 부르지만, 우리는 욕망이라 부르지 않고 희생 또는 침묵이라고 부른다. 즉 '없지만 있는 것'인 셈이다.

상상계와 상징계로부터 자유로운 아벨의 목소리를 어디서나 들을 수 있다. 그리하여 아벨의 목소리를 들을 수 있는 현실계 환유의 예시는 다음과 같이 성서 바깥의 전혀 멀리 있는 텍스트 공간까지 미칠 수 있는 것이다.

## 성서 밖에서의 현실계

〈식객食客〉에서는[177] 마치 가인과 아벨처럼 두 요리사가 경합을 벌인다. 대령숙수待令熟手라는 유서 깊은 왕의 요리사 계승권을 놓고 승부를 펼치는 것이다. 성찬은 따뜻한 마음을 가졌으며 실질적 계승자지만 늘 모함 속에 가려 있고 가난하다. 반면 성찬의 숙적 봉주는 사회적 성공과 부를 이뤘고 승부수에 수단과 방법을 가리지 않는다.

---

[177] 허영만,《食客 3》(서울: 김영사, 2003), p.13, p.15. 영화는 2007년에 제작되었다.

음식에 관한 여러 주제의 대결을 거쳐 온 이들은 대분할정형大分割定形이라는—양질의 소를 도축하고 24시간 냉장하여 반출한 뒤 정해진 시간 내에 10개 부위로 나누는—경합 과제를 받는다. 가난한 성찬에게는 소를 구입할 돈이 없었지만 숙적 봉주에게는 문제도 아니었다. 그런 성찬에게는 아껴 기르던 소가 한 마리 있었는데 주변에서는 그 소라도 잡으라고 권하지만 불우하고 외로운 시절 위안이 되어 주던 친동생과도 같은 소를 잡을 수는 없는 노릇이었다. 오랜 번민과 회상의 시간이 흐른 뒤 그는 눈물을 흘리며 그 동생 같은 소를 잡기로 한다. 카메라는 도살장으로 향하는 두 요리사의 소를 대조적으로 그려 낸다. 숙적 봉주의 소는 끌려가지 않으려고 발버둥 치다가 어디서인지 모를 출혈로 선혈이 흐르는 모습이고, 이와 반대로 성찬의 소는 얌전하게 '기꺼이' 도살장 외길을 홀로 걸어 들어가는 모습이다.

눈물을 흘리는 성찬을 향해 한 걸음 멈추어 뒤를 돌아다보며 아무 저항감 없는 소의 두 눈엔 눈물까지 그렁그렁한 것만 같다. 도축 후 싱싱하게 냉동되어 매달린 두 고깃덩어리 앞에 선 성찬과 봉주는, 날렵한 솜씨로 분할정형에 들어갔다.[178]

결과는 성찬의 패배였다. 친동생 같은 소를 희생해 가면서까지 맞선 경합이지만 진 것이다. 상대편 진영에서 환호성을 외칠 바로 그 때, 세심하게 고기들을 살피던 한 심사관이 소리쳤다. "근출혈이다! 근출혈! 승자가 바뀌었습니다!" 뜻밖의 상황에 어이없어하는 봉주는 심사관 멱살을 잡지만 심사관이 패배의 이유를 설명한다. 근출혈筋出

---

[178] 도살장으로 걸어 들어가면서 뒤를 쳐다보는 소가 성찬이 직접 키운 것이라는 대목은 영화의 각색이다. 대분할정형도 영화에서는 숙적들이 직접 겨루지만 원작에서는 대리인들이 겨룬다.

血이란 소를 잡을 때 그 소가 큰 고통이나 두려움을 느낄 경우 나타나는 현상으로, 그런 고기를 양질의 고기라 할 수 없다는 것이다. 주인공 성찬이나 관객 모두는 죽을 당시 순순히 도살장을 걸어 들어갔던 소가 과연 어떤 죽음으로 죽었는지 회상할 것을 요구받는데, 그 소는 억지로 죽은 것이 아니라 함께 살던 사람을 위해 기꺼이 자원함으로 희생했다는, 희생에 대한 강렬한 의미와 부딪히게 된다. 과연 짐승에게 그런 심정이 있었겠는가? 그러나 말할 줄 모르는 짐승인 그 소는 결과적으로 죽어서 분명하게 말을 한 셈이다. 아벨처럼.

이 이야기는 상상계인가 상징계인가 현실계인가? 현실계란 타자에 대한 욕망으로 시작되는 환유가 (우리의 실제계로) 맺히는 지점이라고 했던 라캉의 정의를 상기할 필요가 있다.[179] 그것은 앞서 햄릿의 해제에서 살폈던바, '있으나 오직 보이지 않을 때만 기능한 것'의 세계다. 그런 점에서 그곳은 바로 그 죽은 소의 '기꺼이 죽음'이 살아서는 말할 수 없었던 운명의 공간, 즉 아벨이 살아서는 타인의(가인) 욕망에 갇혀 있다가 오로지 죽음 후에만 목소리를 낼 수 있었던 바로 그곳인 셈이다. 그 현실계로 뛰쳐나온 욕망의 본질은 바로 '희생'이 아니고 무엇이었겠는가.

§

라캉의 테제는 구조주의 토대 위에 프로이트의 전통적 발달 이론을 은유와 환유로 풀어 놓은 것이라고 익히 일러두었지만, 여전히 직설적이고 선정적인 그의 서술을 듣노라면 프로이트의 '본능'과 '에

---

[179] 라캉에게 현실계란 상상계와 상징계보다 선행된 것이지만 곧바로 인식되고 파악되는 것이 아니다.

로티시즘'이 다시 살아 돌아왔나 싶은 생각이 들기에 충분하다. 그것은 20세기 후반 모더니즘에 팽배했던 형식주의와 엘리트주의를 향한 반발에 기인해서일 것이다. 그래서 그것은 엄밀한 의미에서 프로이트 자신이 시대를 소추訴追하고자 했던 욕망의 환유로서 비견할 수 있다. 왜냐하면 그 시대는 모든 자기우상숭배를 자아와 무의식이라는 공백으로 은폐시킨 시대였고 프로이트는 그 우상파괴의 공적이 있기 때문이다.[180]

그에 반해 프로이트를 등졌던 신프로이트학파는 정통 심리학을 사회 일반에게 용이한 서비스가 되도록 순화시킨다는 미명 아래—그 뒤로 심리학은 '상담학'이라는 알 수 없는 표제를 달고 등장한다—프로이트가 구축해 놓은 위엄을 제거하고 정통 심리학을 개개인 심리의 시녀로 전락시키는 결과를 초래한 면이 있다. 그런 점에서 프로이트가 무의식에 대한 고발을 통해 시대의 의식을 깨우고자 감행했던 사제적 소명은 라캉에게서만 환유된다고 봐야 할 것이다.

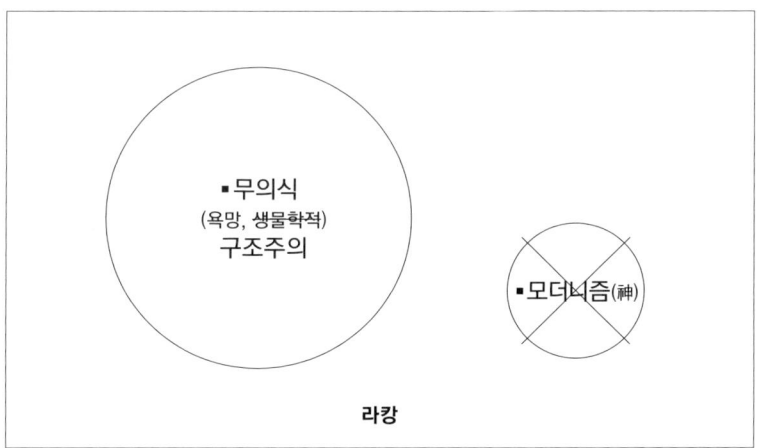

---

180 제8장 "프로이트의 신, 무의식"에서 '자기우상의 제거' 참조.

데리다의 신

12

어거스틴·아퀴나스의 신, 본원성
장미의 이름: 도그마의 퇴조

데카르트의 신, 이성
트루먼 쇼: 믿기 위해 의심함

칸트의 신, 관념
어거스토 러쉬: 쉐카이나

헤겔의 신, 합리성
레 미제라블: 사랑은 합리적인가?

다윈의 신, 진화
진화의 시작: 신도 진화되었는가?

마르크스의 신, 물질
매트릭스: 신성과 인성

니체의 신, 허무
쇼생크 탈출: 노예의 도덕

프로이트의 신, 무의식
인셉션: 자기 우상 파괴

하이데거의 신, 존재와 현상
트루먼 쇼: 예고 애이미

소쉬르의 신, 구조
큐브: 알아들을 수 없는 말, 방언

라캉의 신, 욕망
식객: 원죄 흔적

## 데리다의 신, 해체
시네마 천국: 집중적이고 분산적인 신

이제 이 책에 소개된 철학자의 신 가운데 가장 마지막 신을 알아볼 차례가 되었다. 첫 장에서 신을 가두어 놓고 있던 호르헤 신부의 '웃음 금지'의 도그마는—그것은 그리스도께서 웃으셨다는 기록이 없다는 이유에서였다—웃음의 세대가 도래하자 그렇게 무너지고 말았다.

그 후 중세시대를 지날 무렵, '방법적 회의'라고 불리는 의심의 형식을 띠고 등장한 데카르트의 신은 관념적 신과 합리성의 신에게 길을 열어 주게 된다. 칸트와 헤겔의 신이 그렇게 찾아왔다. 영화 〈트루먼 쇼〉와 〈어거스트 러쉬〉는 그러한 인식론적 차원에서 우리가 함께 읽은 것이다.

이와 같은 관념과 합리성이 결합하여 형성해 낸 것이 바로 근대적 의미로서 역사 개념이다. 그리고 그것이 결국에는 '진화'라는 최악의 신을 우리 세계로 불러들인 것이다. 여기서 최악이라 함은 그것이 거짓이거나 우리가 추구하는 신학이 반反 과학적이어서가 아니라, 그동안의 인본적 관념이 산출해 낸 모든 폐해의 집약이 '진화'라는 거점에 지향점을 두기 때문이다. 그것은 마치 영화 〈진화의 시작〉에서 유인원 시저가 비로소 외치는 "No~~!"라는 소리와도 같은 것이다. 이 부정형否定型에서 비롯하는 영적 폐해가 걷잡을 수 없는 지경에 이르렀다. 이것이 하나님으로부터 인간을 완전히 분리시키는 영적 중추신경 역할을 하게 된다. 이 신경망을 통해 모든 정신성의 신비를 제거해 버린 트리오 3인이 속속 등장할 수 있었다. 마르크스, 니체, 프로이트다.

마르크스는 말 그대로 상징으로 된 모든 체계를 제거했으며, 니체에게서는 상징 중에서도 특별히 철학적 신이 죽임을 당하였다. 그리고 프로이트는 우리 내면에 잠복해 있던 자기 우상신을 제거했다.

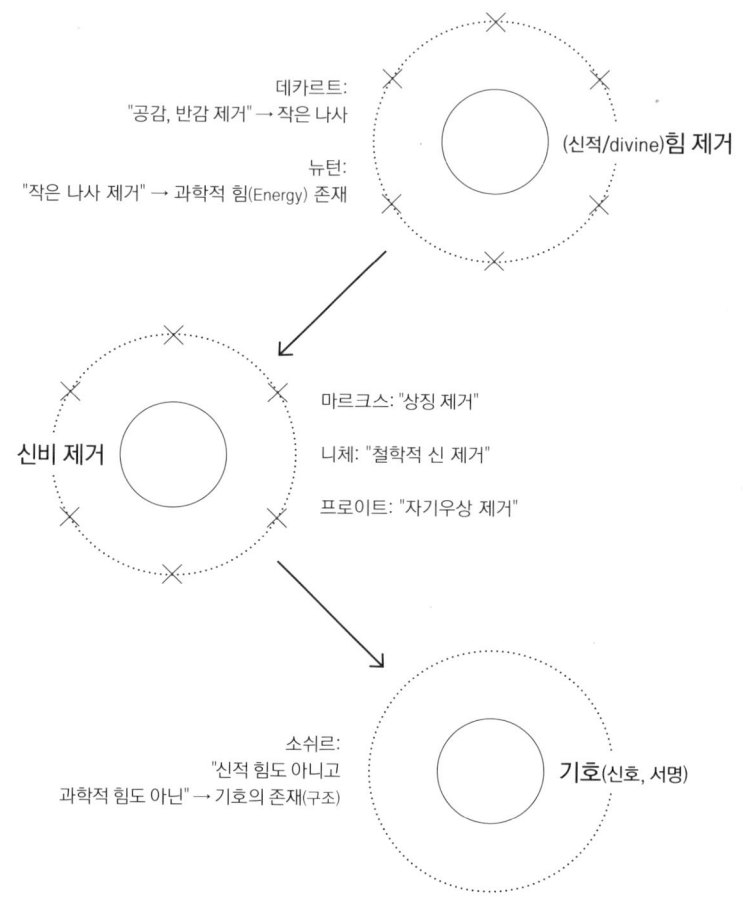

이러한 탈신비화demythologization의 여파로 세상이 허무로 뒤덮였을 때 하이데거는 현상학적 존재로서 인간을 복원해 냈다. '현상'이 존재인 한, 그것은 제거되었던 신비로움이 다시 복원된 셈이다. 그러나 불행하게도 그렇게 복원된 인간상은 히틀러의 인종 개념에 처음 응용되었다.

이와 같은 철학자들의 신을 만들어 낸 인식론적 틀의 지형을 바꾼 것은 페르디낭 드 소쉬르다. 그의 신은 인식론이 아닌 구조를 통해 등장하기 때문이다. 구조주의는 과거 데카르트의 의심이 자석 속에서 움직이는 신적 기운을 제거한 것처럼, 그리고 세 탈신비론자 마르크스, 니체, 프로이트들이 모든 신비로움을 제거한 것처럼, 인식론이 부여했던 총체적인 힘을 제압했다. 그러고는 그 힘 대신 '신호'와 '서명'이라는 '구조'로 된 일종의 기호체계로서 신에게 길을 열어 주었다.

그러므로 데리다 Jacques Derrida 가 "기호의 시대는 본질적으로 신학적이다"라고 한 말은 결코 낭설이 아닌 것이다.

## 헐리우드 키드의 생애와 시네마 천국

병석은 학교에서 쉬는 시간에 불과 10분도 안 되어 거의 1000명에 가까운 배우 이름으로 출석부를 만들 수 있고, 다른 아이들에게는 그저 공포영화일 뿐인 드라큘라에서도 성적 관능미 eroticism라는 것을 찾아 설명할 수 있는, 그야말로 헐리우드 영화에 관한 한 모르는 게 없는 아이다. 그는 학교 친구 6명과 '황야의 7인'을 결성하여 영화관을 누빈다.

그런가 하면 병석은 병 공장에서 일하는 아버지가 병나발 부는 모습을 "멋있지?" 하며 친구들에게 소개하거나, 3류 쇼 단원인 누나가 이상한 성인 춤을 추는 모습을 아무렇지도 않게 함께 구경할 정도로 자기 현실을 의식하지 못한다. 그렇지만 그런 그에게 매료된 친구 명길은 영화에 눈을 떠 비단을 몰래 들고 나와 팔아서 영화 관람 비용을 대는가 하면, 병석의 영화 자료를 훔치기까지 한다. 영화에 대한 병석의 이해를 탐낸 것이다.

세월이 흘러 이들이 성인이 되었을 때, 정작 영화감독이 된 것은 명길이다. 그는 충무로에서 활동하는 2류 감독이다. 영화를 가르쳐 준 병석과 소식이 끊긴 지 오래인 어느 날, 그가 병원에 입원해 있다는 소식을 접한다. 병석이 화재를 당했는데 어린애는 구하지 않고 자기가 쓴 영화 시나리오만 들고 나와 입원해 있다는 것이다. 그가 입원한 병원은 정신병원으로, 실어증에 걸려 있는 병석은 찾아 온 명길에게 그 시나리오를 준다. 평생을 걸려 작업한 완벽한 구조의 영화 시나리오라는 것이다.

생애의 절반을 어두컴컴한 영화관에서 보냈음직한 병석의 이 같은 현실과의 괴리감은 어떤 천재성으로 비쳐졌지만 그가 평생 작업한 완벽한 구조의 시나리오가 어떤 것인지 불길한 예감을 던진다.

§

'시네마 천국'은 잔카르도Giancaldo라는 시칠리아의 한 섬 마을의 유일한 영화관 이름이다. 배경은 1940년 2차 세계대전. 영화광 꼬마 토토는 영화가 끝나면 영사실로 쫓아가곤 했는데, 영사기 기사 알프레도 아저씨는 그때마다 그를 쫓아낸다. 토토는 영사기 돌리는 기술을 배우고 싶었지만 알프레도 아저씨는 좋은 직업이 아니라며 가르쳐 주지 않는다. 아버지가 2차 세계대전에 징집되어 간 바람에 토토는 마을 성당 사제의 심부름을 하고 받는 돈을 가계에 보태야 했는데, 영화 보는 데 돈을 다 써버려 어머니에게 매를 맞고는 영화관에 갈 수 없게 되었다. 그러던 어느 날 학교를 다녀 본 적이 없는 알프레도 아저씨가 초등학교 자격 고시를 보러 학교에 왔다. 초등학생들과 시험을 치르는 것이다. 토토는 답안지를 보여 주기로 하고 아저씨는 영사기 기술을 가르쳐 주기로 하면서 둘은 가까워진다.

그렇게 영화관에 드나들게 된 토토는 영화관 국영뉴스에 상영할 전사자 명단이 나왔다는 소식을 접하고 어머니와 함께 명단을 확인한다. 그 명단에 아버지 이름이 있었다. 어머니는 오열하지만 토토는 영화관에 붙은 〈바람과 함께 사라지다〉 포스터가 그저 신이 날 뿐이다. 아직 어려서 철이 없어 그럴까, 헐리우드 키드처럼 현실 감각을 잃어서일까? 그저 영사기 기술이 재미있을 따름이다.

〈헐리우드 키드의 생애〉처럼 〈시네마 천국〉에도 화재가 발생한다. 영화관이 다 타버린 것이다. 하지만 꼬마 토토는 어린 몸으로 거구인 어른 한 명을 구해가지고 나왔다. 연기에 질식한 알프레도 아저씨를 구한 것이다. 이 사고로 아저씨는 실명한다.

영화관이 새로 지어지고 알프레도를 대신해 영사기 기사가 된 토토는 학교를 그만 다니려고 하지만 알프레도는 고등학교까지 마칠 것을 끝까지 권한다. 토토는 고등학교에 가서 신분 높은 집의 딸 엘레나를 보고 사랑에 빠진다. 그 집안에서 찬성할 리 없지만, 설상가상으로 토토에게 입대 영장이 나온다. 입대 전날 엘레나와 만나기로 했지만 엘레나는 나오지 않았다. 군대에서 돌아온 후에도 실의에 빠진 토토에게 알프레도는 마을을 떠나 도시(로마)로 가서 자신이 할 수 있는 일을 찾으라고 권하며 고향에는 절대로 돌아오지 말라고 한다.

그렇게 떠난 토토는 로마에서 살바토레 디 비타$^{Salvatore\ Di\ Vita}$라는 유명한 영화감독이 되었다. 알프레도 아저씨의 말대로 30여 년을 고향을 잊고 살고 있었는데, 그를 고향으로 다시 부른 것은 알프레도 아저씨가 돌아가셨다는 소식이다. 그는 고향으로 돌아가 어린 시절의 흔적들을 확인했다. 옛사랑 엘레나를 만나 30년 전 약속 장소에서 길이 엇갈렸다는 사실을 확인했고, 그렇게 깨진 사랑을 지금 다시 맞출 수 없다는 사실도 확인했다. 그를 기다리고 있는 것은 알프레도 아저씨가 남긴 유품이다.

〈헐리우드 키드의 생애〉와 〈시네마 천국〉, 이 두 영화에는 공통점이 있다. 주인공이 어린 시절 자기 현실을 잘 의식하지 못했다는 점이 비슷하고, 극중에 큰 화재가 일어났다는 사실도 같다. 무엇보다 마지막에 가서 두 영화 모두 필름의 콜라주로 된 영상으로 끝맺는 점이 가장 공통된다.

그러나 크게 다른 점 한 가지가 있다. 해체에 대한 오해와 이해라는 점이다. 전자는 해체를 표절이라고 가르치고, 후자는 작품이라고 가르친다. 어떤 해체가 표절이고 어떤 해체가 작품일까?

## 해체

신학에 대한 데리다의 해체 작업은 매우 깊고도 폭넓게 진행되었다. '언어 해체', '형이상학 해체', '정신분석학 해체' 그리고 '미학과 문학' 등 전 분야에 걸친 광범위한 해체였지만 그 가운데서도 가장 핵심적인 것은 언어 해체라 할 수 있다. 언어 해체의 주요 방법인 '문자학'과 '차연'이라는 개념이 나머지 모든 해체 범주의 바탕에 깔려 있기 때문이다.

그라마톨로지grammatologie로 불리는 그의 문자학은 한마디로 로고스에 대한 공격이다. 그는 기호라는 개념을 로고스 중심주의의 계보에서 온 것으로 보았다.[181] 특히 언어는 말과 문자로, 기호는 기의와 기표로 구성된다는 형이상학의 이원구조가 구조주의로 답습되었다고 데리다는 진단했다. 그 같은 확고한 불변의 원칙이 전제된 바람에 문자는 나중에 있었고 말이 먼저 있었으니 오직 말은 살아 숨 쉬는 영혼이지만 문자는 말에 비해 열등하다는 전제가[182] 구조주의에 전이된 것으로 본 것이다.

실제로 아리스토텔레스가 "입으로 하는 말은 정신적 경험의 상징이고, 책에서 쓰이는 문자와 글자는 입으로 하는 말에 대한 상징이다"라고 했다면,[183] 소쉬르는 "언어와 문자 체계는 두 개의 구별되는 기호 체계로서 후자의 유일한 존재 이유는 전자를 표기하는 것이다"라고 이어받으면서 문자 체계에는 기만적 성격이 있다고 고발하는 등 문자의 지위를 가차 없이 격하시켰다.[184] 앞서 데리다가 기호의 시대를 "신학적"이라며 반격했던 것은 희랍 철학의 언어에서 설명되었던 그리스도교의 창조주의나 중세 신학의 로고스 중심주의의 잔재가 이와 같이 기호학으로 넘어 온 것으로 간주했던 까닭이다.

이와 같이 언어의 인플레이션을 기호의 인플레이션으로 규정한[185] 데리다가 "음성을 우선시하는 논의를 여태 우리는 의심하지 않

---

[181] Jacques Derrida, 김웅권 역, 《그라마톨로지에 관하여》(서울: 동문선, 2004), p.30.
[182] Jacques Derrida, 김보현 편역, 《해체》(서울: 문예출판사, 1996), 12. 데리다는 "(문자가) 열등하다"는 판단을 넘어 "유해하다"고까지 정의한 소쉬르의 구조주의를 겨냥한다.
[183] 위의 책, p.58.
[184] 데리다가 지목하는 소쉬르의 문자 체계 비판은 제6장 〈문자 체계에 의한 언어의 표기〉에서 7장 〈음운론〉까지 이어진다. Ferdinand de Saussure, 《일반언어학 강의》 pp.35-49. 그 외 데리다가 색출한 소쉬르의 문자 비하 발언은, "자연적 관계의 전복은 글자-이미지에 대한 타락한 숭배를 낳았다", "우상 숭배의 죄악은 글자에 대한 미신이다", "음성언어에 대한 문자언어의 반동적 행동은 사악한 것이다." 등. Jacques Derrida, 《그라마톨로지에 관하여》, p.75.
[185] Jacques Derrida, 《그라마톨로지에 관하여》, p.19.

았지만 지금부터라도 의심하지 않으면 안 된다"고 하면서[186] 언어 해체를 시도한 것은 다름 아닌, 그동안 열등한 것으로 간주되었던 문자, 특히 그중에서도 에크리튀르라는 개념을 통해서였다.

에크리튀르écriture는 (문자적) '글씨', '필적'을 뜻하는 프랑스어 단어지만 데리다가 쓸 때는 활자로 된 문자로서의 글씨라기보다는 어떤 흔적과 자국이라는 의미에서 채용된 술어로, 존재를 밝힐 수는 없는 개념이다.[187] 다만 에크리튀르는 원저자가 처했던 상황을 보존하고 있는 어떤 개념이다. 저자가 사라지면 문맥context도 사라지겠지만 데리다는 도리어 그렇기 때문에 그것은 반복된 읽기의 가능성으로 열린다고 했다. 사람들은 대부분 음성언어를 뜻하는 소쉬르의 이른바 파롤은 살아 숨 쉬는 창조적인 것인 반면 문자는 죽은 언어로서 창조적 호흡을 고착시키고 만다고 여겼다. 그렇지만, 데리다는 파롤만이 생생한 삶이라고 주장하는 로고스 중심주의야말로 진리를 '단수'의 음성으로 특권화하고 마는 신학이라고 비판했다. 그러면서 그는 도리어 반복 가능성을 지닌 (문자적) 에크리튀르야말로 우월한 언어라고 역설한 것이다.

여기서 바로 종래의 이데아식 동일성 개념은 해체되고, 그 동일성이란 반복에서 산출되는 타자와의 '차이' 그 자체라는 테제가 형성되는 것이다. 즉 이데아식 동일성에 의거하면 최고 지향점(진품)을 제외한 모방품들은 모두 모조품이다. 그렇지만 해체에서의 동일성은 최고 지향점(진품)이란 애초에 없는 것이므로 모방품은 모조품이 아

---

[186] Jacques Derrida, 《해체》, p.101.
[187] Jacques Derrida, 위의 책, p.111, p.116.

니라 그 차이를 통해 진품을 산출한다는 개념이다. 동일성 개념을 사이에 놓고 성립시킨 전통 이데아 개념과는 정반대 개념인 셈이다.

그래서 데리다의 해체에서는 (모방행위에서 발생하는) 이 같은 '흔적'이란 한마디로 '기원'이다. 다른 말로 하면 '절대적 기원이란 없다'는 포스트모더니즘 테제로의 치환이다. 이 흔적만이 음소를 존재케 해 나타나게 하며 의미화를 가능케 하는 차이$^{difference}$인 동시에 지연$^{différé}$이다.[188] 그렇다면 이제 음성언어는 완전히 소외된 언어일까?

데리다는 음성언어에 반하는 언어로서 에크리튀르를 소개했지만 개념적으로 그것은 마치 해석학상의 궁극적 언어인 '소리'로서 언어의 기능을 연상시킨다(즉 해석학에서 말하는 '소리'는 음성언어를 포괄하고 초월하는, 에크리튀르 개념에 가까운 것이다). 단지 그것은 해석학과 달리 문자를 통해 먼저 규명된다는 점, 그리고 어떤 형이상학적 인식의 틀로서 목적론을 지향하는 것이 아니라 해체를 꾀한다는 점이 다르다. 그럼에도 그것은 해석학적 언어가 소리언어와 죽은 문자언어 모두를 포괄하는 언어인 것처럼 (음성언어인) 파롤에서도 (문자를 원형으로 하는) 에크리튀르를 파악할 수 있다. 데리다는 그것을 원$^{原}$ 에크리튀르$^{archi-écriture}$라고 불렀다.[189]

## 차연

플라톤의 동일성 개념은 개별자보다 보편자를 우선시하는 전제 속에

---

[188] 해체에서의 동일성은 단수로 된 이데아가 아니라 복수로 된 '차이'에서 산출한다. 따라서 이와 같은 '차이'(들)은 계속 반복되어 가는 것이므로 '지연'(연기)이라는 술어로 설명하는 것이다. 참고. Jacques Derrida, 위의 책, p.118.

구축되어 개별적인 것은 보편적인 것을 통해 인식되는 것이었다. 앞서 제1장 '어거스틴·아퀴나스의 신'에서 예시한 것처럼 동그란 원을 그릴 수는 있지만 완전한 원은 이데아 속에만 존재하기에 실제에서는 표현할 수 없다는 식의 개념이다. 따라서 모방$^{mimesis}$이라는 반복의 양식도 플라톤에게서는 가치절하되었다.

그러나 아리스토텔레스는 플라톤과 달리 그 개별자를 통해 보편자 인식에 도달하는 것이라고 했다. 아리스토텔레스에게 모방은 참된 것이다. 플라톤의 본질 개념에서는 모방이 한낱 위조 정도에 지나지 않았지만 아리스토텔레스에게 와서는 본질을 완성해 나가는 존재의 양식으로 격상되었기 때문이다. 모방이 보편자가 된 것이다. 여기서 주의해야 할 것이 있는데, 그것은 개별자와 보편자의 위계는 다르지만 두 사람 모두 본질을 지향하는 목적론 속에서 동일성을 산출하는 점은 같다는 사실이다. 하지만 데리다는 여기서 아예 본질 개념을 제거하고 동일성 개념만 남긴 것이다.

그렇게 되자 본질의 해체 속에서 동일성의 가치는 곧바로 차이$^{difference}$라는 가치로 치환되었다. 본질이 사라졌기에 동일성은 본질이라는 구심력이 아닌 차이라는 원심력을 위해 종사하는 것이 되어 버렸기 때문이다. 여기에다 사라진 목적론을 보완해서 데리다가 만들어 낸 용어가 바로 차연$^{Différance, 差延}$이라는 말이다.

'디페랑스'는 사실 없는 단어다. 차이$^{difference}$라는 명사에 '다르게 되다'와 '연기하다'라는 두 가지 의미를 지닌 'différé'를 섞어서 데

---

**189** 파롤의 활동은 언제나 랑그를 원천으로 삼는다는 원리를 통해 원문자(archi-écriture)의 공간화를 규명한다. Jacques Derrida, 《그라마톨로지에 관하여》, pp.126-127.

리다가 만든¹⁹⁰ 일종의 조어다. 또한 그는 이 조어를 만들 때 자신이 주창하는 해체의 타당성을 반증하기 위해 이 조어에 언어유희를 고안해 넣었다. 차이différence와 차연différance은 'e'와 'a'라는 중간 철자가 다름에도 프랑스어 발음으로는 둘 다 '디페랑스'로 똑같아 소리로는 식별할 수 없고 오로지 문자만이 식별할 수 있게 한다는 일종의 '시위'인 셈이다.

> ……이러한 스펠링의 실수인 듯한 차연의 a가 전개할 수 있는 유희를 끈질기게 강화할 작정이다……(중략)…… 사실상 e와 a의 알파벳 차이는 눈으로 볼 수 있고 쓰일 수도 있지만 발음이 같기 때문에 그 차이는 소리로 들리지 않는다……(중략)…… 차연(différance)에 있는 a는 거대한 묘비(죽음)로 규정될 수밖에 없다. 차연 속에 있는 a는 들리지 않는다……(중략)…… 문자로 쓰인 이 텍스트로 어쩔 수 없이 되돌아올 수밖에 없을 것이다. 우리는 이 문자로 된 텍스트에 있는 통로를 거치지 않고서는 아무것도 알 수 없고.¹⁹¹

이와 같이 심혈을 기울여 고안한 조어 '차연'으로 주장하려는 것은 무엇일까? 그것은 한마디로 '차이'에 대한 정당성이다. 목적론과 본질 개념이 살아 있을 때 '차이'에는 변명과 해명이 따라붙을 수밖에 없지만 이제 본질 개념이 사라진 지점에서 '차이'는 명실상부하게 정당한 존재의 양식이 된 것이다.

아리스토텔레스의 모방 개념처럼 반복 가능성에 열려 있는 원

---

**190** Jacques Derrida, 《해체》, pp.126-127.
**191** Jacques Derrida, 위의 책, pp.118-121.

에크리튀르는 자연스럽게 차이를 가져오는데, 그것의 의미는 한계가 정해지지 않고—목적과 본질이 없는 것이니까—보충에 보충을 반복하지만 진본에 도달할 수는 없다. 단지 흔적에 의해 재편되어 언제나 다른(새로운) 의미를 부여받기 때문이다. 본질이라는 한 의미로 향하는 것이 아닌 차이 그 자신과 보충 운동, 이것이 바로 차연, 곧 해체인 동시에 포스트모더니즘인 것이다.

예컨대 다음과 같은 포스트모더니즘 키드로서의 역사 인식에서 나타나기도 한다.

> 역사의 최종 목적, 즉 텔로스(telos)를 대체한 것은 영웅들의 이야기 즉 미토스(mythos)다. 텍스트 세대의 롤 모델이 흔히 위인이라 불리는 역사적 인물들이었다면 이미지 세대의 그것은 신화적 인물들이다…… 이것이 이른바 역사 이후(post-histoire)의 의식 상태다…… 이른바 탈근대(postmodern)라는 이름의 지적 유행은 우리의 의식을 이 역사주의적 강박으로부터 해방시켜 주었다.[192]

> ……역사의 텔로스(telos) 즉 인류의 최종 목적이 되는 이상사회를 그려놓고 현실을 강제로 그리로 옮긴다는 발상은 시대착오다. 우리는 이미 역사이후(posthistoire)에 살고 있기 때문이다. 하지만 그러면서도 유토피아를 포기할 수는 없다. 우리가 현실로 누리는 것이 한때는 실현 불가능한 이상이었기 때문이다…… 과거의 유토피아는 완성태로 존재했다. 어떤 이들은 이 설계도를 그대로 현실로 옮기려 했다. 하지

---

[192] 진중권,《진중권 철학 매뉴얼 아이콘》(서울: 한겨레출판, 2011), p.126.

만 오늘날 '유토피아'가 아직 살아 있다면 그것은 존재하면서 부재해야 한다(데리다라면 '존재하는 동시에 부재하면서' 작동하는 이것을 디페랑스라 부를지도 모르겠다).[193]

이것은 한마디로 목적이 없는 역사, 목적을 제거시킨 역사 인식이 아닐 수 없다. 그것은 디페랑스의 차용일지언정 그 말이 뜻하는 본질은 아니다.

데리다가 이와 같이 심혈을 기울여 고안한 조어 '차연'으로 주장하고자 한 본질은 무엇일까? 그것은 '차이'에 대한 정당성이라고 앞서 요약한 바 있지만, 그 같은 본질 개념의 유실은 포스트모던 키드의 역사 인식에 나타난 것처럼 존재하지도 않는 유토피아를 지향점으로 하는 방종한 자유로서의 차이가 아니라 모든 '차이'로서 존재하는 각 개인에게 분여된 역사 인식을 의미한다. 명확한 목적의 균등한 분산이라고 할 수 있는 것이다.

이것이 바로 본질 개념이 사라진 지점에서의 '차연'으로서 명실상부한 존재의 양식인 것이다.

## 해체, 차연의 텔로스

이 책 서문에서 제기한 것처럼 현대 극예술을 몽타주로 이해하는 사람 가운데는 그것이 아무런 이유 없이 찢고 오리고 느닷없이 갖다 붙이는 것으로 규정하는 이들이 있다. 그것은 그런 행위를 포스트모더

---

[193] 진중권, 위의 책.

니즘의 진가로 오해한[194] 데서 비롯했을 것이다. 물론 〈헐리우드 키드의 생애〉와 같이 자신은 창작이라고 믿고 만든 영화가 90퍼센트는 완벽한 표절로 자신도 모르는 사이 표절 콜라주가 되고 말았다는 이야기에서는 그것이 통용될지 모르겠다. 또한 해체에 대한 그런 식의 인식 속에서는 아예 표절이라는 자체가 성립되지 않는다는 뜻일지도 모르겠다. 그런 의미에서라면 해체에서는 음악의 작곡도 기호의 재구성에 지나지 않을 것이며, 학문적 글쓰기 상의 인용과 재인용 역시 일종의 집단적 담합카르텔에 지나지 않을 것이다. 왜냐하면 그런 행위가 진본의 권위와 진리를 보존하는 행위 같지만 실상 최종 인용으로까지 올라가 보면 텅 빈 기호뿐일 것인바, 그야말로 해체의 전형이기 때문이다.

그러나 〈시네마 천국〉 속의 토토가 세계적인 영화감독이 되어 어린 시절 꿈을 심어 준 동네 극장의 영사기 기사 알프레드 아저씨의 장례식에 와서 유품으로 받은 오랜 필름뭉치를 돌려볼 때의 벅찬 감격은, 해체되었던 필름 조각들이 오로지 하나의 목적을 가지고 생기生起함을 예시하는 경우다. 그 필름 조각들은 토토가 어린 시절 영화관에서 그토록 보고 싶어 했지만 마을 사제인 신부의 검열로 삭제되었던 수많은 영화 속 키스 장면들만 이어지는 영상으로, 전혀 다른 목적을 띠고 현전하고(남겨져) 있기 때문이다. 차이difference의 이어짐연기됨, differe이 한 목적telos에 종사하게 된 것이다.

---

**194** 진중권, 〈미디어 강의〉에서. http://www.artnstudy.com/Lecture/default.asp?lessonidx=jkjin06&lessonpart=philosophy. 이 책 서문에 인용해 놓았다.

## 성서 텍스트에 나타난 문자 차연

성서를 예로 들면, 유대교의 경전이기도 한 그리스도교 구약성서에서 주요 신앙 분기점의 시조始祖로 등장하는 아담, 노아, 아브라함, 모세, 다윗 등의 인물들은 서로 같은가? 다른가? 분명 혈통적 계보로 구성되고 있지만 엄밀한 의미에서 그것은 해체되었던 편린들이라 해도 과언이 아니다. 이들 실존 공동체가 소수자로서 체험했을 역사 자신은 마치 그들을 잊힌 존재처럼 취급하기 때문이다. 외세에 의한 잦은 침탈과 장기간의 포로 생활이 가져다 준 역사의 공백은 그 공동체의 정체성을 상대적으로 혼탁하게 했다. '토라' 혹은 '구약'이라는 의미는 그런 묵시적 상황에서 조직된 텍스트임을 반증하는 용어이며, 그것은 어디까지나 눈에는 보이지 않는 손길이지만 기록한 자들의 성과라 해도 과언이 아니다. 따라서 이와 같은 텍스트에 기재된 캐논canon의 음성언어는 어떤 조직된 역사로 존재하게 마련이다.

그렇지만 분명한 것은, 이 성서 텍스트 상에는 기록된 실존written existences으로서 아담, 노아, 아브라함, 모세, 다윗이 (텍스트로) 살아 움직이고 있다는 사실이다. 그것은 앞서 텍스트를 기록하고 보전했던 실존writer existences과는 별개의 움직임이다. 때로 이들이 조직된 역사를 초월하여 서로 찢고, 오리고, 붙이고, 투쟁하는 양 읽히는 것은 그것이 바로 에크리튀르인 까닭일 것이다. 해석학적 표현을 빌리면 기록하고 편집한 저자의 손을 이미 떠난 텍스트의 힘인 셈이다.

다음 예시할 두 차연의 현장은 이 같은 차연들이 갖는 목적성을 보여 주는 성서 텍스트의 여러 예시 가운데 하나다. 하나는 구약성서의 예언자 엘리야가 속한 차연의 현장이고, 두 번째는 신약성서의 바울이 속한 차연의 현장이다.

§

통일 이스라엘이 남유다 왕국과 북이스라엘 왕국으로 분할되면서 유대인들의 성소도 분할되었다. 유대인은 본래 한 하나님과 한 성소라는 도그마로 집약되는 모노 야웨이즘mono-yahwhism 신앙을 고수했으나 결과적으로 다중성소poly-yahwhism가 되고 만 것이다. 그러나 북왕조의 아합 왕 치하에 접어들어서는 다중성소 개념을 넘어 아예 이교도의 신인 바알의 성소까지 등장하게 되었다. 특히 바알 신전을 들여온 아합의 아내 이세벨은 바알의 사제단을 구성했을 뿐만 아니라 야웨의 예언자들을 남기지 않고 학살하기에 이른다. 이때 홀로 살아남은 엘리야가 숨어 다니다가 바알의 모든 사제들과 결투를 청하는 장면이 구약성서 열왕기상 18장에 나온다. 엘리야는 이때 차이difference를 선포한다.

> 엘리야가 모든 백성에게 가까이 나아가 이르되 너희가 어느 때까지 두 사이에서 머뭇머뭇 하려느냐 여호와가 만일 하나님이면 그를 좇고 바알이 만일 하나님이면 그를 좇을지니라 하니 백성이 한 말도 대답지 아니하는지라

엘리야는 자기 제물과 바알 사제단의 제물 중에 불 없이 불을 붙이는 제사, 즉 하늘에서 불이 내리는 제물의 제단이 승리하는 것임을 선포한다. 바알 사제들은 점화에 실패했지만, 물로 흠뻑 적시기까지 한 엘리야의 제물에는 불이 내려옴으로 승리를 거둔다. 그러자 곧

바로 야웨 신앙의 반대편에 섰던, 곧 차이의 저편에 선 사제들을 모두 제거한다. 여기까지가 엘리야의 차연 현장이다.

다음은 바울의 차연 현장.

즉 "다른 복음은 없나니…… 혹 하늘로부터 온 천사라도 우리가 너희에게 전한 복음 외에 다른 복음을 전하면 저주를 받을지어다"(갈 1:7-8)라며 그 다름<sup>차이</sup>을 선언하는 또 하나의 차연 현장은 엘리야로부터 적어도 800여 년은 흐른 후다. 엄밀한 의미에서는 그리스도교의 그리스도 자신이 차연이라는 양의적 의미를 갖고 있다. 마치 차연이라는 조어의 원어<sup>différance</sup>의 a가 e와의 양의적 관계에 빠져드는 것처럼 신약성서가 갖는 모든 에크리튀르는 이런 이중 관계에 놓인다. 같지만 다르다는 것이다. 혹은 다르지만 같다는 것이다.

그리스도나 바울의 복음은 모노 야웨이즘에서 배태된 복음이지 다른 것이 아니다. 그럼에도 "다른 복음은 없다…… 다른 복음을 전하면 저주를 받는다"고 한 바로 그 다른 복음<sup>different gospel</sup>은 무엇인가?

그것은 유대인들의 종교적 풍습인 '할례'와 관계가 있다. 모노 야웨이즘의 중요한 기호 중 하나인 할례는 아브라함 이후로 필수불가결한 행위였다. 종교적 의미를 넘어 유대인이라는 민족적 정체성을 가르는 기표였던 것이다. 그러나 초기 그리스도교에서는 '그리스도를 믿는 것'과는 별개로 과거의 전통대로 할례를 행해야 하는가 하는 문제가 대두되었다. 왜냐하면 구원은 그리스도를 믿는 것만으로 완성되어야 하는 것인데 할례까지 받아야 한다면 전자의 믿음을 무의미한 것으로 만들기 때문이다.

이런 문제 때문에 바울의 시대는 그리스도인이 할례까지 받아야 복음의 완성이라고 주장하는 자들과—왜냐하면 모노 야웨이즘의 전통이니까—할례는 철폐되어야 한다는 입장 간에 투쟁이 발생하던 시기였다. 바울은 여기서 할례는 철폐될 뿐만 아니라 폐기되어야 한다는 주장을 가장 극렬하게 한 인물이다.

시대의 결과는 바울의 복음의 승리였다. 바울의 복음 외의 모든 복음은 '다른 복음'이 된 것이다. 성서라는 텍스트에 등장하는 기록된 실존들, 즉 아담, 노아, 아브라함, 모세…… 모두가 차연 작용의 등장인물로 이해될 수 있다고 했다. 모두 다르지만 같은 구심축을 중심으로 차연—각자 고유한 사명으로 삶—을 살았기 때문이다. 그리스도는 물론 바울까지도 그러했다. 다르지만 같다는 이 양의적 의미에 모든 그리스도교는 동의해 왔다.

그런데 문제는 엘리야의 차연 현장과 바울의 차연 현장의 비교에서 발생한다. 바울이 주장하는 복음이란 엄밀한 의미에서 엘리야에게 제거의 대상이었던 바로 그 '다른 것'이기 때문이다. 엘리야가 선언한 차이의 대상은 이교도들이었는데, 바울은 엘리야와 같은 극렬한 행위로 다른 것들을 갈라내고 있으면서도 정작 그것을 갈라내는 자기의 복음은 도리어 엘리야가 차이의 대상으로 선언했던, 즉 이교도들에게 적합한 복음이었기 때문이다(그는 사실상 헬라파였던 스데반이 가던 길을 걷고 있다. 그의 죽음에 가담했으면서). 정작 바울의 복음이 '다른 복음'이 되고 마는 셈이다. '다른 복음'의 음소가 해체되고 만 현상이다.

우리는 여기서 어떤 목적을 부여할 수 있을까? 데리다가 말한 바 형이상학과 그것을 이어받은 기호학이 신학이었던 이유는 로고스라는 집중적 기호를 바탕으로 하기 때문이며, 신학이 신학인 이유도 이러한 집중적 목적론을 바탕으로 하기 때문이었는데 철학과 신학은 포스트모더니즘과 함께 모두 해체되고 마는 것인가?

그런 것이 아니다. 그것은 신학의 오해에서 비롯한 것이다. 신학을 철학으로 이해하면 형이상학이 해체되면서 모든 것이 해체되겠지만 신학은, 특별히 데리다가 해체시켰다고 자부한 로고스 그 자신의 본성 안에서 여전히 신학적 참 신으로 임한다. 왜냐하면 그것은 집중적일 뿐만 아니라 분산적 존재이기 때문이다.

엘리야의 차연 속에서는 '다른 복음'일 수밖에 없을 법한 바울이 모노 야웨이즘이라는 구심축에 자리할 수 있게 된 것은 바로 '변화'하였기 때문이다. 반면, 엘리야의 차연 속에서 '다른 것들'을 제거하는 권능의 편에 섰던 전통들은 '변질'한 까닭이다. 이것이 바로 로고스 자신이 정반대의 차연으로 옮아갈 수 있는 원 에크리튀르 원리다.

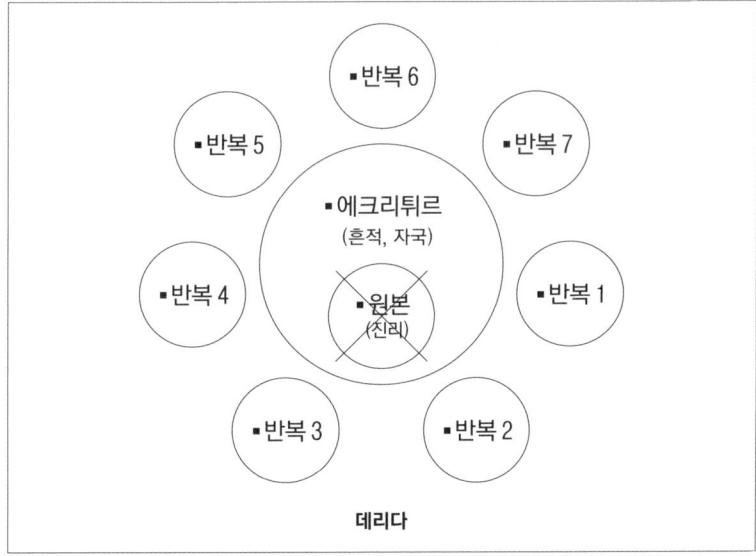

데리다

철학자의 재능에 따라 그 신을 해체하는 것까지도 가능하겠지만 집중적일 뿐만 아니라 분산적이기도 한 신 로고스는 '변화'와 '변질'의 중심선상에서 여전히 그 심판관의 임무를 다하고 있다. 로고스는 비율Logos이기 때문이다.194

목적 즉 텔로스는 어떤 한쪽 끝에만 있는 것이 아니다.
집중적이지만 분산적이기도 한 것이다.

---

194 로고스의 다의적인 뜻 가운데는 중도라는 의미로서 '비율'(ratio)로 번역할 수 있다. 예컨대 아리스토텔레스의 경우 감각기관의 운동을 설명하는 대목에서 "지나치게 과도하면 비율(logos)이 파괴될 것"이라고 경고하면서 마치 줄을 격렬하게 치면 조화와 음조가 깨지는 것과 같은 이치로 이 개념을 사용하고 있다. 참고, Aristotle, *De Anima* II:424a.

## 다이어그램으로 보는 이원론의 변천 (2)

니체는 마르크스, 프로이트와 함께 상징세계를 제거하려 한 탈신비화론자로 꼽힌다. 그는 철학적 신이라는 상징을 제거하고 허무(nihilism)를 현실 속의 단련으로 제시했다. 그러나 그것은 실천이라기보다 불교의 무한반복이라는 범주로서 또 다른 철학적 범주를 벗어나지 못하는 한계를 보였다.

니체, 마르크스와 더불어 상징세계를 파괴하려고 한 탈신비화론자이지만 프로이트는 자기우상 파괴라는 공적으로 다른 둘과는 달리 취급된다.

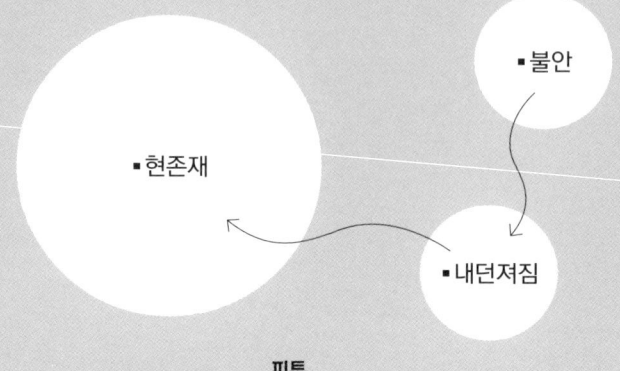

**피투**

하이데거는 인간이 불안이나 결핍을 통해 '처해 있음'이라는 상황 속에서 자기 자신을 존재로 인식한다고 했다. 이런 제과정을 피투라고 부른다.

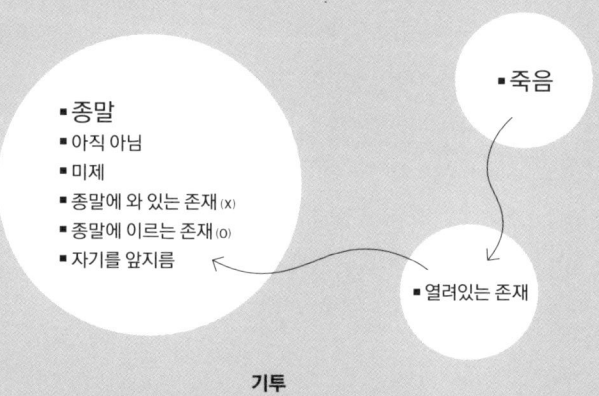

**기투**

위와 같이 피투는 자기 자신이 현존재로서 현실을 인식하는 양식이고, 하이데거는 계속해서 그와 같은 형식으로 (현재를 인식한 것처럼) 미래를 향해 자신을 내던지는 존재가 바로 인간이라고 정의했다. 이것을 기투라고 부른다. 죽음으로 대변되는 종말을 인식하는 유일한 존재인 인간은 이와 같은 기투를 통해 '아직 아님', '종말에 이제 곧 이르는 존재'임을 인식한다고 했다. 특히 인간은 자기를 앞질러 갈 수 있는 열려 있는 존재라고 피력했다.

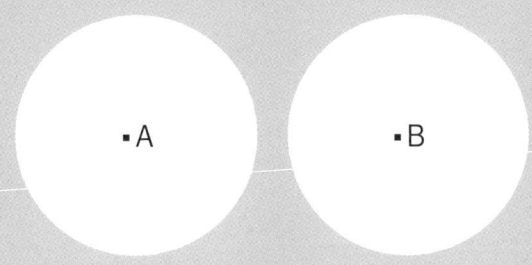

**소쉬르**

소쉬르 또는 레비 스트로스는 인간 그리고 인간이 이루는 사회가 구조로 장악되어 있다고 파악했다. 이것은 위로는 어떤 신이 아니며, 아래로는 어떤 영적 기운이 아닌, 단지 기호라는 개념으로 표방되는 그 어떤 것이다.

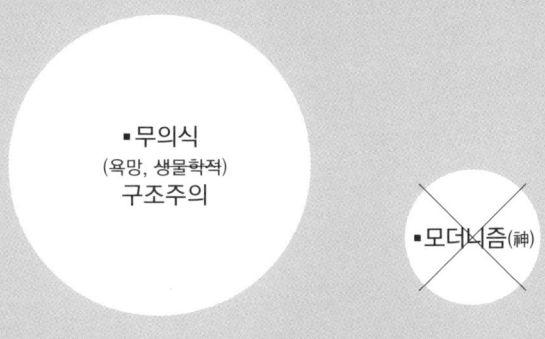

**라캉**

라캉은 프로이트가 발견한 무의식 속에 내재된 욕망을 복원해 냈다. 그것은 형식주의에 의해 타도되었던 프로이트의 복귀였다. 대신 라캉은 프로이트의 무모했던 생리/생물학적 틀을 과감하게 벗어 버리고 구조주의라는 새로운 틀 속에서 당시 사회의 욕망을 고발했다.

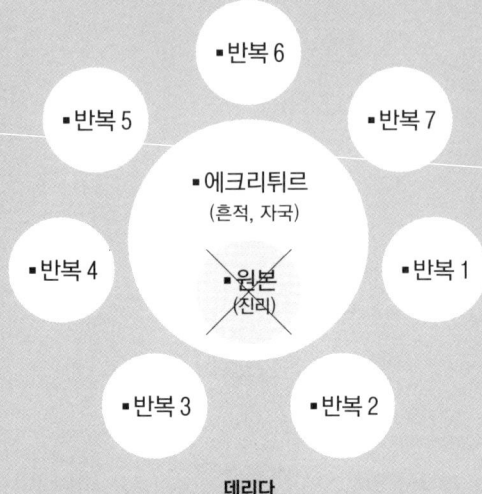

**데리다**

데리다로 대변되는 해체주의의 테제는 '원본은 없다'이다. 그러나 진리마저 부정하는 것으로 이해하는 것은 해체주의에 대한 온전한 이해가 아니다. 반복 과정에서 그 진리의 흔적을 본다는 것이 데리다의 해체의 핵심 명제이며, 특별히 그는 위축된 텍스트의 권위를 복원해 냈다는 점에서 성경신학자들에겐 연구 가치가 있다.

에필로그

헬레니즘은 신학에서 로고스를 빼내어 철학에 천착했다. 그 바람에 그들의 신학은 신화가 되고 말았다. 성서가 철학과 신화로 전락하지 않고 그대로 있는 것은 그 책에 철학과 신화, 두 요소가 없기 때문이 아니라, 도리어 그 양자로부터 로고스를 산출하는 기술Tekne을 잘 보전해온 터다.

"모세는 예언자답게 로고스에게 완전한 교사의 지위를 부여하고 그 교사의 이름과 역할을 예언하였다"라고 했던 알렉산드리아 클레멘트의 말은Tutor 1:7; 신명기 18:15-22 참조 로고스의 본성이 결코 국지적인 것이 아님에 대한 확실한 주석일 것이다.

그렇다면 이 몽타주 작업에 "왜 하필 영화였는가?"라고 물을 수도 있겠다. 그것은 근래 들어 유행하는 이 매개체가 반응에 용이한 어떤 수단이기 때문만이 아니라, 인류가 그동안 문자와 그림을 포함한 모든 언어에서 산출했던 로고스가 공교롭게도 이 매개체에 와서 다시 의인화된 상태로 일어서게 되었기 때문이다. 그것은 마치 시스티나 천장에서 창세기를 읽어 주던 일곱 예언자 사이사이에 들어앉은 시빌라들이 읽어 주던 보조 이야기와도 같은 것이라 앞서 일러두었다.

현대 그리스도인 가운데 더러는 이런 작품들을 접할 때 교리적으로 저촉되는지를 우선 판별하려는 경향이 있어 보인다. 그런 태도는 교리라기보다 일종의 편견이다.

영상을 포함하여 문자 텍스트든 그림 텍스트든 모든 작품은 로고스의 생산자들이 아니라 로고스를 가져다 쓰는 자들의 산출물이라는 사실에 유념할 필요가 있다. 그것은 지금까지의 철학적 신들이 사실상 신을 대항하기 위해 만들어진 신God Delusion일 수밖에 없지만, 그 신들은 언제나 로고스 권역 안에서만 숨 쉴 수 있었던 이치에 상응하는 것이다.

따라서 그들의 분산된 이성에서 로고스를 구상화해 다시 빼내 오는 일은 여간 흥미로운 작업이 아닐 수 없다.

여기 두 개의 그 온전한 예시를 부록으로 남기고 모든 이야기를 마칠까 한다.

# 기독교인이 영화 감상하는 법[195]
## 〈인터스텔라〉

감독: 크리스토퍼 놀란 | 미국 | 169분 | 2014

영화 〈인터스텔라〉를 SF장르에만 가둬 놓고 본 평론가들이 자연과학 평론만 일삼은 것은 매우 아쉬운 일이다. 이 영화는 엄밀한 의미에서 완성도가 향상된 〈인셉션〉 정도로 보면 별 무리가 없을 것이다. 〈인셉션〉이 심리학의 옷을 입고 '꿈과 현실'이라는 공간을 오갔다면, 〈인터스텔라〉는 천체 물리학이라는 옷을 입고 '우주와 현실계'를 오르내리기 때문이다.

## (1) 나쁜 일, 좋은 일, 꼭 일어나야 할 일

이 영화의 배경은 식량난과 대기 오염으로 죽어가는 지구다. 대학은 극소수만 보내는 시대, 왜? 한 사람이라도 더 농사짓게 만들어야 하는 시대이기 때문에. 게다가 미합중국은 어느 정도 해체당한 듯 보인다. MRI가 단 한 대도 남아 있지 않을 정도로 과학을 혐오하는 시대로 퇴행한 미국은 심지어 자신의 이상을 상징하던 '아폴로 11호 달 착륙'도 사기라고 하는 음모론을 교과서에 정식 등재한 시대를 도래시키고 말았다.

---

**195** 이 글은 블로그에 발표된 글로, 이 영화에 은폐된 고도의 이해를 꺼내오는 과정에서 불가피하게 포함된 스포일러가 담겨 있다. (1)~(5)까지는 플롯을 전치하고, (6) 이하부터 해석하는 구조로 되어 있기 때문이다. 이런 경우 관람 전에 읽어야 하느냐 후에 읽어야 하느냐 하는 문제가 대두된다. 저자의 입장에서는 전자를 추천한다. 다음과 같은 이유에서다. 가령 움베르트 에코의 〈장미의 이름〉을 사람들이 모두 읽었더라면, 영화 〈장미의 이름〉(1986)은 흥행에 좀 더 성공했을 것이다. 패트릭 쥐스킨트의 〈향수〉 역시 문자는 읽지 않은 사람들이 영화 〈향수〉(2006)를 포르노인 줄 알고 보았고, 기억의 잔상에도 여전히 포르노로만 남아 있다. 반면 빅토르 위고의 〈레 미제라블〉은 스포일러가 과잉 유포되었는데도 영화 〈레 미제라블〉(2012)에서 어떠한 반감도 느끼지 못하였다. 따라서 〈인터스텔라〉(2014) 정도면 비록 영화로만 제작되었지만 그 영화를 독서하게 만드는 수준의 정제된 어떤 것이라는 점에서, 영화보다 먼저 리뷰를 제공받는다 하더라도 볼 만한 가치는 여전히 훼손 없이 은폐되어 있는 것이다. http://mimoonchurch.com/?p=6

이런 시대의 농부로 살아가는 NASA 파일럿 출신 쿠퍼가 아내도 없이 기른 자녀 톰과 머피를 학교에 데려다 주던 어느 날 타이어에 펑크가 난다. 오빠 톰이 '머피의 법칙!'이라는 말을 내뱉자, 여동생은 대들며 싸운다. 자기 이름이 머피이기 때문이다. 이름 때문에 언제나 놀림 받는 머피는 왜 자기에게 그런 이름을 붙였느냐며 아빠에게 따진다. 그러나 쿠퍼는 '머피의 법칙'이란 "나쁜 일이 일어난다는 뜻이 아니라 꼭 일어나야 할 일이 일어난다는 뜻"이라고 한다.
　우리에게 어떤 일이 생기면 우리는 '나쁜 일 아니면 좋은 일'이라고 생각하는가? 아니면 '꼭 일어나야 했던 일'이라고 하는가? 이것이 이 영화의 씨줄과도 같은 것이다.

## (2) 유령이냐 에너지냐

딸아이의 방에서 가끔 이상한 일이 일어난다. 책장에 꽂힌 책이 불규칙하게 마구 떨어지는가 하면, 황사 바람이 지나간 후 바닥에 깔린 먼지에는 바코드 같은 결이 나 있다. 딸은 유령의 짓이라 하고, 아빠는 중력의 작용일 뿐이라고 한다. 그러던 어느 날, 부인할 수 없는 명확한 코드가 새겨졌다. 어느 지역을 특정하는 좌표였다. 그러나 그 메시지를 남긴 존재가 유령인지 아니면 어떤 에너지인지는 여전히 의문으로 남긴 채 그 좌표를 따라간다.

## (3) 플랜 A 혹은 플랜 B

사라진 줄만 알았던 NASA는 축소된 기구로 존재하고 있다. 죽어 가는 지구를 위해 연구하면서. 이들에게는 죽어 가는 인류를 구할 방도가 두 가지 있다.

플랜 A: 거대한 우주선을 띄우는 일. 생존자를 모아 지구를 탈출하는 방안이다.

플랜 B: 1천 개의 인공수정란을 외계로 보내 인종을 새롭게 퍼뜨리는 계획이다. 무게중심은 플랜 B에 쏠려 있다. 이미 12명의 특임 과학자들이 파송된 상태이며, 주인공 쿠퍼에게는 수정란을 싣고 이들이 찾아냈을 행성을 다녀오는 임무가 주어진다.

## (4) S.T.A.Y

주인공 쿠퍼는 이 제안에 응하기 싫었지만 딸이 살아갈 세대를 생각하며 희생하기로 마음먹는다. 그러나 그런 정황을 알지 못하는 딸 머피는 아빠를 만류한다. 특히 책장에서 쏟아진 책 배열의 코드가 'S.T.A.Y(떠나지마!)'라는 사실을 보여 주며 가지 말 것을 거듭 다그치지만 어린아이의 투정일 뿐이다.

아빠는 자신이 차고 있는 것과 똑같은 파일럿 시계를 머피에게 주고는 꼭, 반드시 돌아오겠다고 약속하며 떠난다. 그러나 머피는 아빠가 준 시계도 집어던지며 작별인사도 거부한 채 떠나는 아버지를 마음 아프게 만든다.

## (5) 첫 번째 행성 밀러—시간과 중력

산드라 블록의 〈그래비티〉가 순수한 중력에 관한 영화라면 이 영화는 '시간과 중력'에 관한 영화다. 중력이 무지막지한 블랙홀 곁은 지나가기만 해도 시간이 왜곡된다는 이야기 설정 아래, 쿠퍼 일행은 우선 가장 가까운 밀러 행성에 착륙을 시도한다. 그나마 그 별의 1시간은 지구의 7년이기에 가능한 한 빨리 임무를 마치고 복귀해야 한다. 물이 많은 그 별은 착륙하고 보니 엄청난 파도가 주기적으로 해일처럼 덮치는 곳이다. 게다가 알고 보니 밀러 행성에서 송출했던 강력한 신호는 밀러가 행성에 착륙하자마자 보냈던 신호로, 지구에서는 10년이나 그 신호를 받았으나 실은 강력한 중력에 의해 시간이 왜곡되었던 것이다. 밀러는 10년 전, 아니 '조금 전에' 파도에 죽고 없는 것이다. 우리가 밤에 보는 반짝이는 저 별은 지금은 이미 폭발해 없어진 별일 수 있다. 빛의 흔적이 여태 더디게 날아오고 있는 것이다. 따라서 우리가 기도하는 기도의 제목들은 이미 상황이 종료된 것일 수 있지 않겠는가. 응답이 종료되었는데 여전히 신호를…….

> 그가 내게 이르되 다니엘아 두려워하지 말라 네가 깨달으려 하여 네 하나님 앞에 스스로 겸비하게 하기로 결심하던 첫날부터 네 말이 응답 받았으므로 내가 네 말로 말미암아 왔느니라 그런데 바사 왕국의

> 군주가 이십일 일 동안 나를 막았으므로 내가 거기 바사 왕국의 왕들과 함께 머물러 있더니 가장 높은 군주 중 하나인 미가엘이 와서 나를 도와주므로(다니엘 10:12-13)

가까스로 이 행성을 탈출하여 모선 인듀어런스호로 복귀했지만 몇 시간을 지체하는 바람에 무려 23년이나 지나 있었다. 지구로 보내는 통신 기능이 망가져 모선에 대기하다 노인이 되어 버린 로밀리가 이들을 맞는다(이 같은 치명적인 시간의 함몰은 〈인셉션〉에서의 림보 Limbo를 연상시킨다. 림보는 성서에서 연옥이다).

모선 인듀어런스 호에는 23년간 지구에서 온 메시지가 보관되어 있었다. 쿠퍼는 아들과 딸의 영상 메시지와 마주한다. 중력 때문에 시간이 왜곡되어 버린 것이다(이렇게 왜곡된 시간 개념은 이 영화의 주된 날줄이다).

## (6) 시간의 왜곡은 대화의 한계로

떠날 때 소년이었던 아들 톰은 어느새 어른이 되어 영상에 나타난다. 아들의 모습을 보자 눈물이 복받쳐 오른다. (잠시 끊기고 새 메시지…) 아들이 어떤 여성을 사랑하게 되었다고 말한다. (잠시 끊기고 새 메시지…) 아들이 로이스란 여성과 만나 결혼해 가정을 꾸렸다고 한다. 쿠퍼의 얼굴은 웃음과 울음이 겹쳐 있다. (잠시 끊기고 새 메시지…) 아들 부부에게 제시라는 아기가 태어나 쿠퍼가 (젊었음에도) 할아버지가 되었음을 보고한다.

그렇지만 쿠퍼는 이 오랜 메시지 동안 아무 말도 할 수 없다. 들을 수만 있다. 게다가 지금쯤 딸 머피가 나올 때도 되었건만 이 아이는 한 번도 메시지를 남기지 않았다.

(잠시 끊기고 새 메시지…) 아들이 힘들어 하는 모습으로 등장한다. (잠시 끊기고 새 메시지…) 나빠진 환경으로 인해 결국 아기 제시는 죽어서 쿠퍼의 아내와 장인 곁에 묻었다는 보고를 끝으로 더 이상 아들은 메시지가 없다. 아버지가 죽은 걸로 간주한 것 같다.

눈물이 범벅이 된 쿠퍼가 초조해하고 있을 때 영상이 끊겼나 싶더니 성인이 된 머피가 드디어 등장한다. 딸의 첫 마디는 이랬다.

"Daddy, Son of a bitch!"

딸의 나이가 아빠와 같은 중년이 될 정도로 성장했지만 아직도 화가 안 풀린 것이다.

무지막지한 중력은 공간의 왜곡뿐 아니라 시간의 왜곡, 그리고 대화의 왜곡을 가져온 것이다. 이 장면에서 아무리 불러도 '대답이 없는 우리 하나님'을 떠올려 본다(이것이야말로 살아 숨 쉬는 우리가 구사할 수 있는 진정한 대화의 형식이라는 점을 감안할 때, 하나님과 더러 '주거니 받거니' 대화한다는 그는 의역의 이단 the heresy of paraphrase임이 자명해진다).

## (7) 머피의 법칙

밀러 행성에서 시간을 너무 많이 허비했기 때문에 지구로까지 귀환하려면 앞으로 한 개의 행성밖에는 방문할 수 없다. 쿠퍼 일행은 에드먼즈보다 주기적 신호가 확실한 만Mann 행성으로 결정한다. 그 시간 지구에서는 이 모든 플랜의 기획자인 존 브랜드 박사가 임종을 앞두는데, 쿠퍼의 딸 머피는 브랜드 박사의 수제자가 되어 있었다. 임종을 위로하러 온 머피에게 브랜드는 자신이 모든 것을 속였다고 고백한다. 지구 생존자를 우주로 이주시킨다는 플랜 A는 원래부터 (아예 실현할 생각이 없는) 불가능한 계획이었으며, 제2의 지구를 찾아 떠난 아버지 일행은 처음부터 돌아올 수 없는 출발을 한 것이라며 미안하다고 한다. 이에 격분한 머피는 아버지가 자기를 버렸는지 알기 위해 아버지도 그 사실을 알고 떠났느냐고 묻는다.

그러나 브랜드는 대답 없이 임종한다.

머피는 이러한 분노를 영상에 담아 아버지와 브랜드 박사의 딸 아멜리아에게 전송한다. 머피는 분노로 가득 찬 메시지를 쏟아내지만 아버지가 '알고 떠났는지 모르고 떠났는지,' 여전히 그녀는 알지 못하는 대화의 한계에 갇혀 있다. '있지도 않은 플랜 A' 이것은 나쁜 일인가, 좋은 일인가, 꼭 일어나야 할 일인가?

## (8) 두 번째 행성 만<sup>Mann</sup>— 존재와 시간

시간에 관한 저서를 남긴 학자들이 있는데, 인간의 존재와 연결 지어 가장 강력한 이론을 정제한 사람은 마르틴 하이데거일 것이다. 그는 인간이 자기를 존재로 인식하는 순간은 바로 '처해 있음'이라고 정리했다.(《존재와 시간》) '처해 있음'이란 무엇인가? 이 시대에 우리가 가장 손쉽게 '처해 있음'을 느낄 수 있는 순간은 대학 졸업 후일 것 같다(취직이 안 되니까).

그러나 사회에 첫 발을 내디뎠을 때뿐 아니라 고등학교, 중학교, 초등학교…… 모든 미지의 환경, 심지어 태어나면서부터 인간은 그 '처해 있음' 즉 '내던져진 존재'로 자기를 인식한다고 하이데거는 말했다. 그다음 존재로서의 인식은 죽음이다. 즉 인간은 죽음을 체험하지 않고도 죽음을 경험할 수 있는데, 하이데거는 바로 그것을 통해 시간을 인식하며, 그러한 '선 구조'가 인간으로 하여금 자신을 존재로 인식하는 방법이라는 사실을 밝혀냈다.

밀러 행성 다음으로 도착한 만 행성에서 우리는 그와 같은 '존재로서' 인간을 발견한다.

만 행성에 도착한 일행은 동면 상태에 있던 만 박사를 깨우는데, 만 박사가 깨어나자마자 한 행동은 바로 울음이다. 쿠퍼의 얼굴에 자기 얼굴을 맞대고는 한참을 서럽게 우는 것이다. 울음이 그치자 만 박사는 말한다. 인간이 홀로 있을 때 가장 힘들고 어려운 것은 바로 '얼굴을 보지 못하는 것'이라고. 'Face to Face.' (이 장면은 이 영화에서 가장 감동적인 장면 중 하나다.)

그는 마치 새롭게 태어난 것만 같다. 그렇지 않아도 이 플랜의 공식 명칭은 '나사로의 부활'이다. 지구를 출발하기 전 브랜드 박사도 말했지만, 지금 여기서 깨어난 만 박사 스스로도 자신을 부활한 나사로라 칭하고 있다.

만 박사는 곧 오랜 동면에서 깨어나 가장 처음 본 얼굴이었던 쿠퍼를 배신한다. 지구로 복귀하려는 쿠퍼를 못 가게 하고 죽이려는 것이다. 자신이 동면하기 전에 저지른 거짓말이 탄로날까봐 산소 헬멧도 깨뜨려 놓은 채 쿠퍼를 얼음산에 처 넣고 나온다. 그러면서 만 박사는 말한다. "떠나올 때 나는 분명 죽음을 각오하고 떠났는데…… 죽음에 직면하게 되니까 왠지 그런 행동을 하게 되었노라"고. 인간은 이와 같이 시간('처해 있음')을 통해 존재임을 인식하고,[투] 또한 시간('죽음/사건')을 통해 존재인 자신을 (미래로) '내던진다.'기투 아담이 첫 대면했던(Face to Face) 하나님을 그런 식으로 배신했을까?

## (9) 차원, 차이, 사이, 세계—사건의 지평선/지평융합

딸 머피로부터 메시지를 받고 전말을 알게 된 쿠퍼는 곧바로 머피가 있는 지구로 복귀하려고 한다. 그러나 만 박사로 인해 모선이 일부 파괴되고 현실적으로 복귀가 불가능해지자 방법은 하나, 블랙홀 진입 뿐이다. 블랙홀 주변을 통과하면서 지구 시간으로 56년이 경과하는데, 쿠퍼는 블랙홀로 자신과 같이 진입하는 줄로만 알고 있는 아멜리아의 안위를 위해 그녀를 세 번째 행성 에드먼즈로 보내고는 홀로 블랙홀로 진입해 사건의 지평선을 넘어섰다. '사건의 지평선'이라는 말은 벗어나 되돌아 올 수 없는 블랙홀과의 경계로, 블랙홀에서만 볼 수 있는 경계를 지칭하는 말이다. 지평 너머 형성된 공간에 들어오자 쿠퍼는 이제 저쪽 세계를 들여다볼 수 있게 된다. 저 너머에 있는 머피를 발견할 수 있게 된 것이다. 이 영화에서 이쪽 세계와 저쪽에 있는 머피의 세계의 경계를 '책(장)'으로 표현한 것은 실로 놀라운 일이 아닐 수 없다.

존재와 시간의 관계를 밝힌 하이데거의 제자 가다머는 '세계'the world라는 것은 '사이'between라고 하였다. 책장 밖에 있는 머피의 세계에서는 그것을 유령 내지는 어떤 알 수 없는 코드로만 인식할 뿐, 그것이 어떤 언어인지는 알 수 없었다. 즉 어떤 문학이나 예술 작품을 접할 때 그것이 지닌 진정한 의미는 저자가 입을 다물고 있는 한 알 방도가 없었던 것이다. 그러나 가다머에 이르러서는 달라졌다. 설령

저자가 미처 그 작품에 대한 설명을 하지 못했더라도, 아니, 원저자가 어떤 의도로 그 작품을 구성했더라도, 진정한 의미는 바로 그 '사이'를 통해서만 발생한다는 사실에 다다른 것이다. 머피와 아버지는 마주한 헤어짐의 자리에서 서로의 언어를 이해할 수 없었다. 그리고 편방향의 언어인 영상 메시지에서도 둘은 서로 마주할 수 없었다.

완전히 격리된 '사이'$^{between}$을 접했을 때 비로소 둘은 서로 해석의 이해에 다다른 것이다. 스티븐 호킹은 이를 두고 '사건의 지평선'이라고 불렀지만, 가다머의 술어로는 '지평의 융합'이라는 말로 고쳐 쓸 수 있는 것이다. between, 사이, 세계란 무엇인가? 그것은 장벽인가, 통로인가? 성서는 between을 '약속'이라고 부른다. '계약'의 히브리어 '베리트'가 바로 이 between에서 나온 말이다. 다른 말로 하면 시간은 분명 장벽과 공간을 형성하지만, 차이, 곧 그 사이$^{between}$를 통해서 나온 것이 계약인 셈이다. 이 영화에서 사이를 연결해 준 것은 바로 중력이다. 시간의 왜곡을 극복할 수 있는 것이 중력이기 때문이다. 중력이 무엇이던가? 우리를 무겁게 하는 것. 우리의 노동을 무겁게 하는 것. 노동 그 자신이 중력 아니던가?(저편 세계에 있는 딸에게도 바로 이 신실한 중력으로만 신호를 칠 수 있었던 것이다.)

그러한 노동이 바로 실천$^{praxis}$이라는 점에서 영화 〈그래비티〉에서의 중력은 단지 '무음'이었지만(또는 무음의 공포) 여기 〈인터스텔라〉에서의 중력은 바로 '약속'인 셈이다. 딸 머피에게 S.T.A.Y.라는 부호를 찍어 낸 존재는 유령도 아니고 외계인도 아니고 바로 저 '시간/사건의 지평'을 돌아 나온 아버지였던 것이다.

임종을 앞둔 딸 머피는 자기보다 젊은 아버지(128살) 쿠퍼를 바라보면서 말한다.

"I knew I'd see you again"(나는 아버지를 다시 만날 줄 알았습니다)

아버지가 묻는다.

"How?"

"cause my daddy promised me"(왜냐하면 아버지가 나에게 약속했기 때문이죠.)

# 기독교인이 영화 감상하는 법
## 〈노아〉

감독: 대런 아로노프스키 | 미국 | 139분 | 2014

〈노아〉는 비기독교인이 관람하기에는 상당한 성서 지식을 전제한 영화이고, 기독교인이라 하더라도 본문에 대한 고민과 체험이 없다면 이해가 어려울 정도로 성서에 집중한 수작秀作이다. 특히, 평소 노아를 사랑의교회나 순복음교회 장로님 정도로 연상했던 기독교인에게는 꽤나 실망을 안겨줬을 법하다. 이 노아는 러셀 크로우가 그동안 배역을 맡아 온 〈글래디에이터〉의 '막시무스', 〈장 발장〉의 '자베르'와 거의 같은 타입의 인물상이기 때문이다. 차라리 그는 부리나케 다메섹을 지나고 있는 바울, 아들을 데리고 모리아 산으로 올라가 버린 아브라함에 더 가깝다.

영화 초반, 노아와의 격투에서 패한 무리 중 하나가 노아에게 벌벌 떨며 "네…네…… 네가 원하는 게 (대체) 뭐냐?"라고 물었을 때 노아가 하는 말, "JUSTICE(정의)." 이것이 이 영화를 끌고 나가는 주제이며, 그것은 다음 세 가지 틀 속에서 전개된다.

첫째, 정의에 대한 노아의 오해와 이해.

둘째, 죄악의 전이와 그 경로.

셋째, 종말에 임하는 자세이다.

이 글은 이 세 가지 틀 속에서 성서 내적 요소와 바깥 요소들을 오가며 작은 플롯들을 정리해 가는 식으로 전개될 것이다. 본인의 교리적 입장이라기보다는 문학적, 특히 해석학적 분석임을 밝혀둔다.

## (1) 노아의 의$^{righteousness}$

노아의 가정을 구원시킨 성경 본문, "그러나 노아는 여호와께 은혜를 입었더라"(창 6:8)를 원문에서 직역해 오면 다음과 같다.

> 그러나 노아는 하나님의 눈(들) 안에서 은혜를 발견하였다.

이 본문에 담긴 노아의 능동적 태도는 그 계시와 사인이 노아가 워낙 '완벽해서' 어느 날 갑자기 불쑥 라디오처럼 들려 온 게 아니라, 우리와 똑같은 삶의 자리에서 어렵사리 인식해 간 것이라는 이 영화의 구도를 뒷받침한다. 그럼에도 우리가 읽은 성경과 다르게만 읽히는 이유는 동물구원이 인간구원에 종속되는 게 아니라, 인간구원을 도리어 동물구원에 종속시키는 노아의 이해 때문이다(그나마 구원시킬까 말까를 고민한다). 그러나 그것은 '노아가 동물 보호주의자냐!'라는 항의를 하기에 앞서 그동안 인간이 환경구원을 얼마나 자기네 구원사Heilsgeschichte에 종속시켜 읽어 왔는지, 그 이기심과 인본주의를 드러내는 대목이라 할 것이다.

## (2) 손녀들을 죽이려는 노아

심심한 선비나 신선 같은 노아가 아니라, 자기 손녀들을 죽이려는 광기의 노인으로 등장하는 노아는 우리에게 실로 충격적이지만 '인간은 다 사멸의 대상'으로 확정내린 노아의 입장에서 일차적 고뇌는 단연 자기 가족이다. 자기 가족을 구원의 대상으로 볼 것인가, 아니면 마지막 심판의 도구로 볼 것인가. 이를 초반부터 확정 짓고 나간 것은 아니고, 방주 축조 과정에 인식해 간 요소 가운데 하나다.

처음에 그는 성경에 기록된 대로 자신을 포함한 여덟 식구를 동물과 함께 구원받을 한 종족으로 이해했다. 하지만 며느릿감 고르러 나갔다가 목격한 인간시장의 광포함에 이내 그는 자기 가족도 예외가 아니라는 결론에 이르고, 임무 수행을 끝으로 더 이상 종족확산 없이 사멸해 가기로 결정한다.

그리하여 큰아들 셈의 짝 일라의 '불임'은 당초에는 승선 못할 사유였지만—생산능력이 없으므로—도리어 승선 자격으로 변한다. 그러나 예기치 않은 일라의 임신으로 빚어진 임무상 차질은 노아를 광기로 몰아넣는다. 그것은 마치 이삭을 죽이려는 아브라함에 다름 아니다. 아브라함이 이삭을 데리고 산으로 갔다는 소리를 듣고 놀라서 사라가 죽었다는 랍비 문헌이 있다.

## (3) 며느리 셋 중 둘은 태아

헐리우드 작품에서 '성경적' 작품을 요구한다는 자체가 무리지만, 작가와 감독이 심어 둔 해석학적 기도企圖를 어렵지 않게 찾을 수 있다. 노아 가족이 방주로 들어갈 때의 순서를 직역하면 다음과 같다.

> 노아와 그의 아들들, 그리고 그의 부인 그리고 그의 아들들의 부인들
> (창 7:7)

다음은 나올 때 순서의 직역이다.

> 너와 너의 부인, 그리고 너의 아들들 그리고 너의 아들들의 부인들
> (창 8:16)

들어갈 때는 남·여가 따로 남자끼리 여자끼리, 나올 때는 남·여가 한 쌍씩 나란히! '생명 보존' 공간에서의 '생육 금지'라는 이 신학적 의도를 이보다—두 여성을 잉태한 며느리—더 잘 표현해 낸 작품이 또 있을까?

## (4) 방주 축조를 타락 천사가 도왔다

따라서 '두 여성'을 잉태한 며느리 플롯과 마찬가지로 '타락천사'에 대해서도 교리적 입장을 가하기보다는 〈네피림〉에 관한 감독/작가군의 놀라운 이해와 상상력을 칭찬해야 할 것이다. 그들은 네피림에 관한 거의 모든 성서 안팎 문헌을 섭렵한 듯하다. 빛의 운반자였으나 타락한 천사로 사실상 루시퍼처럼 보이기에 기독교인이라면 누구나 눈살 찌푸릴 만한 플롯이지만, 인간을 도운 그들은 마치 프로메테우스인 것만 같다. 외경 에녹서 상의 명칭인 감시자$^{watcher}$로 명명되는 이들은 인간처럼 진흙에 버무려져 사람처럼 땅에서 살아간다. 단, 사람이 아닌 괴물 혹은 기간테스로—. 이들은 천사인가? 사람인가? 괴물인가?

올림푸스 신들이 등장하기 이전 이른바 '황금시대'를 지배했던 티탄족, 그리고 홍수(새 시대) 이전 시대를 호령하던 이들이 과연 타락천사인지 괴물인지는 알 수 없지만 분명 땅에서 힘으로 군림했던 어떤 종족이었던 것만은 확실하다.

왜냐하면 홍수 이후에도 최후의 르바임 족속으로—키 4.5m(신 3:11)—혹은 가드 지역 용병들로 여전히 존재하고 있으니 말이다. 거인은 골리앗 하나만이 아니었던 셈이다.

게다가 한 가지 흥미로운 점은, 다윗이 통일왕국 설립 직전 부하들과 소탕한 '기간테스'에 대한 묘사를 보면 그들의 손가락 발가락이 각각 여섯씩이나 된다는 사실이다(cf. 삼하 21:18-22). 이 영화의 거인들은 팔이 여섯 개다.

이들이 블레셋 편에 서서 용병으로 이스라엘/다윗을 대적했다면, 반대로 노아 편에 선 용병도 될 수 있는 것이다.

## (5) 두발가인과 므두셀라

두발가인과 므두셀라의 등장도 사람들을 심란하게 만드는 것 같다. 그러나 이 역시 의미 있는 구조를 구축하는 심벌이다.

땅에 번진 죄악의 궁극적 기점을 가인의 때로 지목하는 이 영화가 두발가인을 등장시킨 것은 의미심장하다. 두발가인은 가인의 마지막 자손으로 6번째다. 순교한 아벨을 대신한 아들 셋의 마지막은 노아지만 노아가 새로운 시작이라고 했을 때, 마지막 자손은 라멕으로 7번째 손이다. 7대손은 마지막 끝을 고하는 세대지만 6대손인 두발가인은 미완(악)의 세대며, 도구로 파괴를 일삼는다. 이 영화에서는 셋의 7

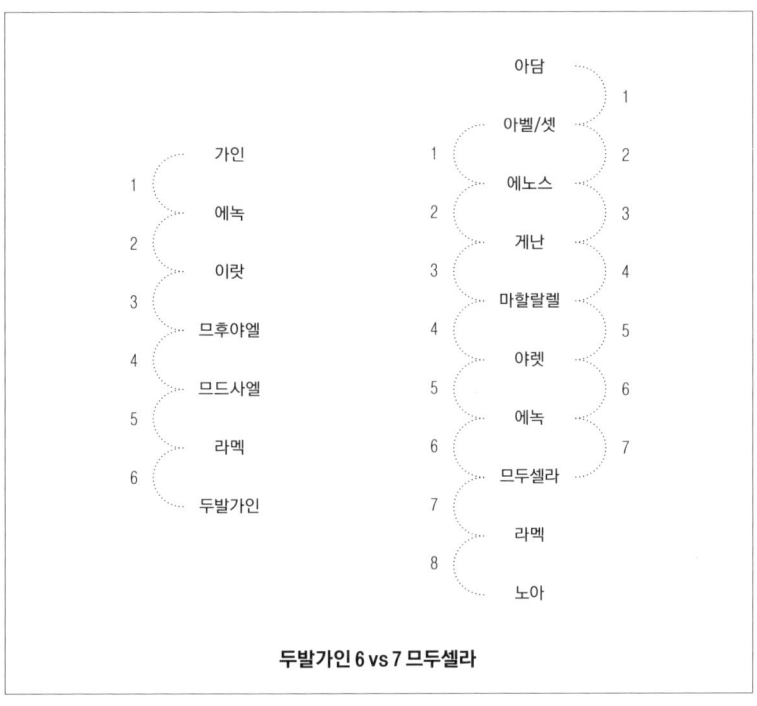

**두발가인 6 vs 7 므두셀라**

가인의 족보에서 마지막 후손은 두발가인으로 6번째 후손이다. 완전수 7번째 후손이 그의 족보엔 없다. 반면 죽은 아벨을 대신한 셋의 족보에서는 7번째 후손 라멕을 지나 8대손 노아까지 이어지는 동안 6번째 후손인 므두셀라가 계속 따라붙고 있는 구조로 되어 있다. 그가 마지막 종말의 순간까지 죽지 않고 있었기 때문이다.

대손 라멕을 그가 죽인 것으로 나온다. 불완전 수 '6'이 완전수 '7'의 종결 후 들어올 새로운 세계를 저지하거나 오염시키려는 것이다.

므두셀라는 거의 천 년을 살았는데, 그는 아버지 에녹을 하나님이 데려가신 특별한 경험을 한 후, 홍수 나던 해까지 살아 있었다. 그가 끝까지 살아 있었던 것은 그도 아담으로부터 7번째 후손, 즉 완전수인 까닭이다. 그가 노아를 보호하고 영적인 모티브힌트를 주는 것은 지당한 구조다.

그뿐만 아니라 두발가인의 아버지도 라멕이지만, 두발가인이 죽인 노아의 아버지도 라멕이라는 사실은 정경적 족보가 뒷받침하는 구조이기도 하다.

## (6) 두발가인이 방주에

나는 홍수 이후에도 등장하는 겐 족속$^{Kenites}$을 발견하고는 이들에 관해 추적한 일이 있다. 민수기 24장 21절, 사무엘상 15장 6절, 27장 10절, 30장 29절, 역대상 2장 55절에 등장하는 이들 'Kenites'란 다 가인$^{Cain}$의 후예이기 때문이다.

  노아 여덟 식구를 제외하고 호흡 있는 모든 사람이 죽었다고 했는데 어떻게 가인의 후예가 살아남을 수 있었을까? 노아의 홍수는 국지적인 홍수였단 말인가? 세상 전체를 덮었다면 가인의 후예가 대체 어떻게 홍수를 건너올 수 있었단 말인가?

  이 영화에서 정의$^{Justice}$ 다음으로 공을 들인 '죄악의 전이와 경로' 플롯에 해답이 있다. 그 죄의 씨앗은 어떻게 홍수를 넘어왔을까? 바로 방주를 타고 넘어온 것이다.

  밀항한 두발가인? 아니다. 바로 가나안의 아비 함의 심장을 타고 홍수를 건너온 것이다. 이는 노아가 인간이라는 종족을 세상에서 사멸시키려던 의도와 부합한다.

  두발가인의 밀항은 함과의 '접촉'의 상징인 셈이다. 함을 통상 가나안의 아비라고 부른다. 가나안의 음가는 '케난'이다. 겐 족속과 가나안 족속의 영어 음가는 각각 Kenites와 Canaanite, 다 같은 것이다. 이것이 홍수를 타고 넘어온 죄의 절대 경로를 말해 주는 상징인 것이다.

## (7) 종말: 노아가 찾아낸 은혜

홍수를 중심에 놓고 벌이는 노아의 신 인식 구조는 이 영화 플롯들 가운데 가장 탄탄하고 안전한 구조다. 특히 당대에 완전하다던 노인네가 난데없이 술에 취해 하체를 드러내고 누워 있는 성서에서의 모습은 이 영화를 통해 잘 해명된다. 그 인식의 벽에 부딪친 일탈이었던 것이다. 모든 가족이 살아남은 해피엔딩에 왜 일탈이 찾아들었을까.

그것은 홍수의 종결에서 오는 나태와 방탕함이 아니라 하나님 인식의 실패에서 오는, 일종의 바울의 눈에 씐 비늘과도 같은 것이다. 즉, 의義의 실패에서 오는 좌절. 모조리 죽였어야 했는데. 나는 내 가족만 살렸노라—.

하지만 그는 이 인식의 벽을 지나 비로소 하나님의 '눈들' 속에서 '은혜'를 찾아낸다(창 6:8). 과연 이것이 인본주의라면 신본주의자들의 믿음은 대체 어떤 것일까.

## (8) 끝으로 팔뚝의 뱀 껍질

이 영화에서는 뱀이 심상찮게 등장한다. 에덴의 원죄 회고도 회고지만, 방주로 몰려드는 수많은 뱀들이 문제다. 최근 들어 일루미나티, 프리메이슨 음모론에 경도된 사람들 간에 이를 두고 그 일루미나티의 노골적인 상징이라고 하는 경우가 많은데, 여기서의 '많은 뱀'은 노아 부부의 대화에 나타났듯 땅으로 기어 다니는 종족으로서 '많은 뱀'인 것이지 결코 '뱀 사랑'을 나타내는 것이 아니다. 일종의 파충류 종들도 구원했다……는 정도로 보면 될 것이다.

그럼에도 축복 기도하는 팔목에 찬 뱀 껍질…… 사실 기독교인들을 이 영화에서 가장 많이 돌아서게 만든 부분일 것이다. 이에 관하여는 번역가 이윤기 선생이 쓴 다음 글 한 편이 다른 어떤 해석보다도 참된 상징이해의 개념을 소개해 줄 것이다.

한 독실한 크리스천 의사 친구의 결혼 축하연에서의 일이었다. 한 군의관 친구도 참석한 자리였다. 축하 예배를 이끌던 목사는, 더할 나위 없이 훌륭한 설교거리를 찾아내었다고 생각했던지, 그 군의관의 군복 깃에 달린 지팡이를 감고 오르는 뱀의 형상이 수놓인 기장을 가리키면서 이런 말을 했다. "여러분, 이 군의관의 기장을 보세요. 지팡이와 뱀을 보세요. 〈구약성경〉 출애굽기에 나오는 모세와 아론의 지팡이랍니다. 하나님께서 모세와 아론에게 이르셨지요? 애굽 왕이 너희에게 이적을 보일 것을 요구하거든 그 앞에다 지팡이를 던져라. 그러면 내가 그 지팡이로 하여금 뱀이 되게 하리라. '십계'라는 영화에서도 보셨지요? 모세와 아론이 이 지팡이를 던지자 지팡이는 애굽 왕 앞에서 정말 뱀으로 변하지 않던가요? 애굽 마술사들이 마술로 만들어낸 뱀을 모조리 잡아먹지 않던가요? 군의관의 기장에 있는 지팡이와 뱀은 바로 이 지팡이와 뱀인 것입니다……"

나는 속으로 아닌데, 그것은 아닌데…… 싫었지만 가만히 있었다. 목사는 설교를 계속했다.

"…… 〈구약성경〉 민수기를 보세요. 하나님께서 모세에게 이르셨지요? 불뱀을 만들어 기둥에 달아놓고 뱀에 물린 사람마다 그것을 쳐다보게 하라, 그리하면 죽지 아니하리라. 모세가 어떻게 하던가요? 하나님의 말씀을 좇아, 구리로 뱀을 만들어 매달아 놓으니 뱀에 물렸어도 그 구리뱀을 쳐다본 사람은 죽지 않았어요. 군의관의 기장에 있는 기둥과 뱀은 바로 이 기둥과 구리뱀이랍니다. 사악한 시대가 뱀에 물려 고통을 받거든 여러분도 기둥에다 구리뱀을 매달아놓으세요…… 그러면 하나님께서 기적을 일으키실 것입니다."

끝내 가만히 있었으면 좋았을 것을, '상징해석을 그렇게 마구잡이로 하면 안 된다'는 투로 한마디를 건넸다가 독실한 기독교인들이자 용한 의사들인 친구들로부터 성경의 말씀을 잡학으로 해석한 독신자(瀆神者)로 몰려 말 몽둥이에 오지게 조리돌림을 당하지 않으면 안 되었다.

프로이트의 정신분석학이 억압된 본능의 충동에 눈을 돌린 것은 좋은 일이다. 그러나 정신분석학은 다른 것을 도외시함으로써, 말하자면 억압된 본능에만 현미경을 들이대는 바람에 인간에게 상처를 입히고 만 것 같다는 느낌을 나는 뿌리치지 못한다.

그 목사가 현미경으로 성경을 들여다보듯 하는 태도에서도 나는 같은 느낌을 받곤 한다. 현미경으로 보아야 할 것이 따로 있고 망원경으로 보아야 할 것이 따로 있다. 현미경으로 보아야 할 것을 망원경으로 보아서도 안 되겠지만, 그날 그 목사의 말을 듣자니 망원경으로 보아야 할 것을 현미경으로 본다는 느낌을 참을 수가 없었다.

내 친구 의사들이 뱀의 상징적 의미에 무지하다는 것은 슬픈 일이다. 상징 해석의 전문가여야 할 사제인 목사가 신화가 지니는 보편적인 의미에 무지한 것은 다시 한 번 생각해야 할 일이다. 사제의 직분이 무엇이던가? 세멜레가 제우스의 본 모습을 보고는 그 광명의 열기에 타죽고 말았다는 신화가 암시하듯이, 인간은 맨눈으로는 절대자의 광명을 볼 수 없다. 절대자와 인간 사이에는 상징이 있다. 사제가 서야 할 자리는 바로 이 상징의 자리인 것이다.

신화시대 그리스의 의신 아폴론에게는 아스클레피오스라는 아들이 있었다. 아폴론은 이 아들을 당시의 용한 의사이자 현인이었던 케이론에게 맡겨 의술을 가르치게 했다. 아스클레피오스는 케이론의 가르침을 받아 대단한 의사가 되었다.

아스클레피오스는 트라카라는 도시에다 요즈음의 의과대학 겸 부속병원 비슷한 걸 세우고 의술을 가르치는 한편 환자를 보았는데, 어찌나 용했던지 '아스클레피오스는 죽은 사람도 능히 살려낸다'는 소문까지 돌았다고 한다…… 이 아스클레피오스의 의과대학은 수많은 명의를 배출했는데 그 중에서도 가장 이름 높은 명의가 바로 오늘날 의성으로 불리는 히포크라테스이다. 의과대학과 그 부속병원과 아스클레피오스의 사당을 두루 겸하는 곳에다 제관들은 흙빛 뱀을 기른 것으로 전해진다. 제관들이 이 흙빛 무독사를 아스클레피오스의 사자로 여겼기 때문이다. 그러니까 지팡이는 아스클레피오스의 지팡이, 뱀은 바로 아스클레피오스의 사자인 흙빛 무독사인 것이다. 의술을 상징하는 엠블렘에 지팡이와 뱀이 그려지는 것은 이 때문이다.

그렇다면 뱀은 결국 무엇을 상징하는가?

조금 더 전문적으로 말해도 좋다면 그리스 신화는 뱀을 일단 죽음의 상징으로 기록한다. 의신 아폴론은 어린 나이에 죽음을 상징하는 거대한 뱀 퓌톤을 죽인다. 바로 이 때문에 아폴론은 〈퓌티온〉이라는 별명으로 불리기도 한다. 〈퓌톤을 죽인 자〉, 즉 〈죽음의 정복자〉라는 뜻이다. 영웅 헤라클레스는 생후 아흐레 만에 두 마리의 뱀을 죽이고 장성한 뒤에는 머리가 아홉 개나 되는 거대한 물뱀 휘드라를 죽임으로써 인간을 죽음의 공포로부터 구해낸다. 헤라클레스 역시 〈헤라클레스 칼리니코스〉, 즉 〈죽음으로부터의 빛나는 승리자 헤라클레스〉라고 불리는 것은 이 때문이다…… 파충류 시대에 인간의 유전자에 찍혀 버린 파충류에 대한 공포 때문일까? 그리스 신화는 죽음의 상징으로 무수한 뱀을 등장시킨다.

그리스 신화는 뱀을 재생의 상징으로 기록하기도 한다. 폴뤼이도스라는 사람은 죄를 지어 석실에 갇히는 몸이 되었다가 어느 날 우연히 수뱀이 몸에 약초를 문질러 죽은 암뱀을 소생시키는 것을 본다. 다음 날 석실에는 그 나라 왕자가 뱀에 물려 죽었다는 소문과 왕자를 살려내는 사람에게는 큰 상을 내린다는 소문이 들려온다. 폴뤼이도스는 뱀이 남긴 약초를 거두어 왕자를 살리고 자신도 석실에서 살아나온다. 〈구약성경〉 요나가 그랬듯이, 그리스의 영웅 이아손도 거대한 뱀의 뱃속에 들어갔다가 사흘 만에 새 생명을 얻어 나오고, 헤라클레스도 거대한 뱀이 삼키는 바람에 그 뱃속에 들어가 있다가 사흘 만에 그 뱀의 배를 가르고 나온다. 뱀이 허물을 벗는 것을 목격하는 데서 시작된 것일까? 그리스 신화는 재생의 상징으로 무수한 뱀을 등장시킨다.

그리스 신화는 뱀을 이승과 저승을 번차례로 오르내리는 상징으로 기록한다.

……십자가를 타고 오르던 뱀이 무엇을 상징하던가? 〈생명의 나무〉를 타고 오르는 예수의 원형이 아니던가? 초대 교부 테르툴리아누스는 예수를 〈선한 뱀〉이라고 부르지 않았던가? 그러므로 의사들 앞에서 목사가 한 말은 경솔했다. 병통에 사로잡힌 그의 대롱 시각견은 사악하기까지 했다. 그 병통의 대중요법에는 상징사전의 '뱀/serpent' 항목 하나만으로도 탁효가 있을 것이다. 그러나 그보다 중요한 것은 상

---

196 C. Cooper의 *All Illustrated Encyclopaedia of Traditional Symbols*의 번역 후기에서

징을 향하여 마음을 여는 일이다. 상징을 향하여 마음을 열어야 보편적인 우주를 향한 마음도 비로소 열릴 것이므로……**196**

이 영화의 하나님은 시종일관 '창조주'다. 어디에서도 '하나님', '야웨'…… 전통적 이름은—특히 오경의 전통적 하나님 이름은— 불리지 않는다. 이 이름을 통해 그 모든 신앙 요소의 프로토$^{proto}$ 타입을 유지한다. 믿음도 프로토, 하나님도 프로토, 구속사도 프로토다. 그렇기에 성서는 이 구간을 proto-history, 즉 원역사$^{primeval\ history}$라고 규정하지 않던가. 이제 이 프로토타입의 세계를 아브라함이 끝내고 새로운 진정한 구속사 세계를 여는 것이다. 노아가 하늘과 땅이 섞여 버린 그 프로토 세계를 끝냈듯이.

영화에서 두발가인이 하늘을 보면서 이런 기도를 올린다.

나도 인간입니다. 당신 형상대로 만든 인간. 근데 왜 나와는 대화를 안 하십니까?

# 철학과 신학의 몽타주
Montage of Theology
on Metaphysics

2015. 10. 20. 초판 1쇄 인쇄
2015. 10. 26. 초판 1쇄 발행

**지은이** 이영진
**펴낸이** 정애주
국효숙 김기민 김의연 김일영 김준표 박세정
박혜민 송승호 염보미 오민택 오형탁 윤진숙
이한별 임승철 조주영 차길환 한미영 허은
**펴낸곳** 주식회사 홍성사
**등록번호** 제1-449호 1977. 8. 1.
**주소** (04084) 서울시 마포구 양화진4길 3
**전화** 02) 333-5161
**팩스** 02) 333-5165
**홈페이지** www.hsbooks.com
**이메일** hsbooks@hsbooks.com
**트위터** twitter.com/hongsungsa
**페이스북** facebook.com/hongsungsa
**양화진책방** 02) 333-5163

ⓒ 이영진, 2015

• 잘못된 책은 바꿔 드립니다.
• 책값은 뒤표지에 있습니다.

ISBN 978-89-365-1120-3 (03230)